21世纪会计系列规划教材·致用型
会计教育创新教材

Accounting Theories and Practical Cases

（第二版）

会计理论与实务案例

左志刚 主 编

东北财经大学出版社
Dongbei University of Finance & Economics Press
大 连

图书在版编目（CIP）数据

会计理论与实务案例 / 左志刚主编. —2版. —大连 ：东北财经大学出版社，2022.4（2025.8重印）
（21世纪会计系列规划教材·致用型）
ISBN 978-7-5654-4487-6

Ⅰ. 会… Ⅱ. 左… Ⅲ. 会计学-教材 Ⅳ. F230

中国版本图书馆CIP数据核字（2022）第041217号

东北财经大学出版社出版
（大连市黑石礁尖山街217号 邮政编码 116025）
网 址：http://www.dufep.cn
读者信箱：dufep@dufe.edu.cn
大连天骄彩色印刷有限公司印刷 东北财经大学出版社发行
幅面尺寸：170mm×240mm 字数：280千字 印张：14.25 插页：1
2022年4月第2版 2025年8月第4次印刷
责任编辑：李 栋 王 娟 刘晓彤 责任校对：王 筱 李 茜
封面设计：张智波 版式设计：原 皓
定价：32.00元

教学支持 售后服务 联系电话：（0411）84710309

如有印装质量问题，请联系营销部：（0411）84710711

第二版前言

会计是一门实操性较强的专业，那么为什么还要学习会计理论呢？这可能是许多会计学专业学生心中的一个潜在疑问。

不仅在会计学专业学生中，而且在会计工作者中，也都存在一种“会计理论无用”的思想。这种思想认为会计学是一门纯实务、纯技术的学问，只要会记账、算账、报账，能参与企业核算，就是一个“好会计”，也就不需要去学习和研究会计理论。实际上，这是一种“形而上学”的思想，它对会计发展史上会计理论对会计实务的巨大影响视而不见。在当今社会，即使会计理论还存在一些与实践“脱节”的地方，但学习和研究会计理论，对会计实务仍然具有显著的现实意义：（1）会计理论对会计实务有解释作用，学习会计理论能够更好地理解会计实务。会计理论是会计实践发展到一定阶段的产物，它是会计活动规律性的概括，是用以说明和指导会计实务的知识体系。会计理论解释现存的会计实务是什么，以及为什么会出现这些会计实务。对于会计学专业学生和会计工作者来说，会计理论的解释作用能支持他们的会计行为。例如，在实务中，对固定资产折旧为什么要采用加速折旧法或直线法，会计理论可以解释这些会计行为背后的原因。（2）会计理论对会计实务有评价作用，学习会计理论能够更恰当地做出会计选择。会计理论的评价作用指的是运用会计理论所阐述的原理与原则对会计实务效果进行判别，确认会计实务的处理是否具有充分的理由和良好的效果。当会计人员用会计理论来解释会计处理方法时，可以进一步判定其是否符合会计准则，是否有其他更适合的方法、更能有效地服务于会计目标。注册会计师可以运用会计理论对被审计单位会计处理是否符合会计准则做出客观、公正的评价。在制定会计准则的过程中，也可以利用会计理论评价相关修订意见，使会计准则不断完善。（3）会计理论对会计实务有改进作用，学习会计理论能够更好地把握会计发展方向，提高未来职业发展能力。会计实务中总是存在一些模糊不清、矛盾和冲突的地方，会计理论也总是在不断地修正中向前发展，会计理论本身为协调这些模糊不清、矛盾和冲突提供了思路。随着会计理论的发展，会计准则相应地进行了变革和完善，进一步减少了实务中的模糊不清、矛盾和冲突，即发挥改进实务的作用。

忽略会计理论的学习，其负面影响不容小觑。首先，会计理论是对会计实务规律和处理原则的总结，不对会计理论加以学习，会影响学生对会计实务理解和学习的效果。其次，会计工作环境越来越复杂，许多实务处理并不存在单一方法或单一标准，因此会计工作对职业判断的要求越来越高，忽视理论学习和教学，会影响学生职业判断能力的培养。最后，会计制度、方法和实务应用都处于不断变革和完善之中，如果忽略会计理论的学习，会影响学生的职业应变能力和就业后的职业持续发展能力。

目前，我国高校会计学专业学生的会计理论教育现状如何呢？

在长期的会计教学中，编者明显感觉到大量会计学专业学生对会计理论学习的不重视，学校专业培养计划中对会计理论教学的课时安排也存在一些不合理的地方，有的学校没有开设专门的会计理论课程；有的学校仅在基础会计课程中讲述一些会计基础理论，而此时学生刚刚接触会计，很难理解理论；更普遍的情况是会计理论相关内容的授课学时安排不足。从本科生和硕士研究生的毕业论文撰写情况来看，会计理论教育的不足已制约了人才培养质量的提高。在撰写毕业论文的过程中，学生提不出选题，或者对给定的选题给不出完整的论证逻辑，更鲜见提出一些合情合理的独立观点，这是会计理论教育不足导致专业思辨能力缺乏的一种表现。

学生对会计理论学习兴趣不高，其关键原因有两点：一是许多学生抱着实用的学习态度，兴趣点主要在各类职业证书考试上，被这类考试占用了过多的精力和时间，而认为理论学习没有实际用处，是在浪费时间；二是现有的会计理论著作和教材较为学术化，大多是理论探讨，联系实践案例较少，对本科生和硕士研究生而言，阅读和理解的难度较大，提不起学习兴趣。

为了解决上述需求与现实的矛盾，本书在编写方面努力做出一些创新，以适应会计学专业本科生和硕士研究生的理论学习需求。

首先，本书力求理论联系实践，易于理解和接受，能够激发学生理论学习兴趣和开拓学生思维。其目标是为会计学专业本科高年级学生和硕士研究生提供一本好用的会计理论教材，满足会计、审计和财务管理等专业本科层次的会计理论学习、专业经典阅读、财务会计专题讲座的需要，也希望本书能够作为会计学专业硕士研究生开启学术研究的“启蒙”教材。

其次，本书在编写模式上做了两个创新：一是使用比较简明和贴近实务的理论结构作为本书的框架，即在导论之后，按照“会计目标→会计要素→会计确认→会计计量→财务报告”的框架进行阐述，这一框架基本属于会计应用理论的框架，强化与会计实务过程的对应性，学生更容易接受，理论学习的实用效能较强，而对于会计基础理论问题，本书放在导论中予以简要综述。二是在讲述会计理论之后，配备若干会计实践案例问题进行讨论，案例及其解析占据了本书大部分篇幅。这些案例均来源于上市公司的真实案例，案例多数来自我国证监会会计部总结的上市公司实践中碰到的易混淆、易失真的会计问题，编者根据这些会计问题与会计理论要点的关联性进行了挑选和整理。案例情节和数字均是真实的，但是为了避免造成对这些上市公司隐私的侵犯，编者将多数公司的名称以“A公司”的名称代替。这些实践案例大多为会计实务中存在的、值得探讨的热点或难点问题，通过引入学者们的讨论和监管部门的解读来明晰实务难点的解决思路，从而反观其中的会计理论问题，反思会计理论和会计实务可能存在的改进之处。

编者相信，通过对会计理论的阐述、经典文献的解读和实务案例的解析，能够帮助读者真正理解会计理论，将会计理论用于指导业务学习和实务操作。希望本书的出版能够对会计教育改革创新起到一定的推动作用。当然，尽管编者付出了很大努力，但囿于学识与水平，书中难免存在纰漏之处，真诚欢迎同行和读者不吝批评指正！

编　者

2022年1月于广州大学城

目 录

第一章　会计理论导论　⇨1

学习目标　1

第一节　会计理论的含义及功能　1

第二节　会计理论现状　2

第三节　会计理论体系基本框架和要点　10

第四节　会计基础理论要点　20

思考题　29

第二章　会计目标　⇨30

学习目标　30

第一节　会计目标基本观点及其提出背景　30

第二节　评价会计目标实现情况：质量特征及其度量　36

第三节　当前会计目标局限性的讨论　45

第四节　IFRS中会计目标和质量要求的修订与争议　46

第五节　东芝案例：受托责任目标的重大意义　56

第六节　夏新电子案例：决策有用目标的脆弱性　62

思考题　67

第三章　会计要素　⇨68

学习目标　68

第一节　会计要素概念的作用与发展　68

第二节　会计要素概念面临的挑战与创新　70

第三节　负债与权益的辨析：以信托注资为例　74

第四节　收入与权益交易：关联交易情形下的辨析　75

第五节　负债与收入的辨析：以政府补助为例　77

第六节　费用与资产的辨析案例　83

第七节　费用与利润的辨析：股份支付案例　86

思考题　92

第四章　会计确认　⇨94
学习目标　94
第一节　会计确认的基本问题和主要观点　94
第二节　初次确认案例一：混合金融工具的确认　99
第三节　初次确认案例二：代理收入的确认辨析　102
第四节　初次确认案例三：关联交易中资本性投入问题　105
第五节　初次确认案例四：自建固定资产还是为客代建　108
第六节　初次确认案例五：出租还是销售　114
第七节　再确认案例一：利息收入项目归属的辨析　115
第八节　再确认案例二：经营现金流还是筹资现金流　118
第九节　终止确认案例　120
思考题　126
第五章　会计计量　⇨127
学习目标　127
第一节　会计计量的基本问题和主要观点　127
第二节　投资性房地产的公允价值计量问题　133
第三节　金融工具的公允价值计量问题　137
第四节　长期股权投资初始计量：分步取得股权案例　141
第五节　长期股权投资后续计量：被动稀释案例　143
第六节　商誉后续计量：资产组和可收回金额的辨析　146
第七节　其他资产的后续计量：坏账准备的合理估计　150
第八节　或有事项计量问题：并购中或有对价案例　153
思考题　160
第六章　财务报告　⇨161
学习目标　161
第一节　财务报告理论　162
第二节　财务报告的构成　179
第三节　财务报告体系变革的一些主张　182
第四节　实务案例一：控制权与并表范围辨析　186
第五节　实务案例二：出售子公司附回购权是否出表　191
第六节　实务案例三：合并中取得资产的列报问题　194
第七节　实务案例四：估计变更与差错更正辨析　196
第八节　并购行为的并表效应：上汽案例　199
第九节　其他列报难点项目讨论　207
思考题　210

第七章 信息技术发展与BRL报告模式 ⇨211
学习目标 211
第一节 信息技术与财务报告形式变革的关系 211
第二节 XBRL的提出与基本应用框架 213
第三节 XBRL应用现状 215
第四节 XBRL对现行会计理论的挑战 217
思考题 220

第一章

会计理论导论①

学习目标

- 掌握什么是会计理论，会计理论的实用功效是什么
- 了解会计理论的主要流派有哪些
- 掌握会计理论的基本框架
- 理解会计理论基本概念及相互关系

第一节　会计理论的含义及功能

任何一门学科，都需要有一个理论结构，以建立统一的逻辑推理体系。会计这门学科亦不例外。有了一个科学的会计理论结构，就可以对复杂的会计实务进行抽象总结，从而更深刻地理解会计理论。科学的会计理论结构对于会计理论体系进行阐述和评价具有重要的作用。

理论来自实践，没有实践，就不能形成理论，这与不存在无源之水同理。理论又用于指导实践，它是从实践中抽象总结形成的，必然能够指导今后的实践。会计实践自其诞生之日起，就处于不断的变革当中，其中不乏革命性的变革，但如果没有会计理论的支撑，那是不可思议的，就会失去发展方向，难以形成共识，也就难有普遍接受的实践标准。具备一套逻辑一贯的、规范的理论体系，正是会计学科走向成熟的最重要标志之一。

会计学界对会计理论的探讨由来已久，但至今关于会计理论的阐述，特别是在对其基本结构的认识上尚不一致。在国际权威词典《韦氏新国际辞典》中，对会计

① 本章主要是对陈国辉所著《会计理论研究》一书（东北财经大学出版社2012年出版）的要点内容进行整理、摘录和补充。

理论是这样定义的："是一套以原则为形式的逻辑推理。这些原则可以用来提供：（1）评价会计实务所依据的通用观点；（2）指导新程序的开拓。（3）说明现行会计实务之性质，以获得对它们更好的理解。"但会计理论最重要的目的在于提供用以评价和开拓完善会计实务的通用观点所构成的一套前后一贯的、合理的原则。

我国会计学家娄尔行教授将会计理论定义为"记账、算账、编制财务报告的道理"，"会计理论是解释现行会计实务的"，"从特定的侧面来写会计理论又可以说是会计内在规律的反映"，"会计理论还可以说是非约束性的会计标准"。

从上述国内外著名会计学家对会计理论的阐述和分析中不难看出，会计理论就是人们从会计实践中概括总结出来的关于会计知识科学而又系统的结论。它不仅是在会计实践或会计实务基础上产生的，还是用来指导会计实践的。其主要作用是作为评价会计实务的一般依据或指导用以发展新的会计实务和程序。通过会计理论来解释现在的会计实务，以加深对会计实务的理解。

第二节　会计理论现状

一、依据对会计本质的不同认识进行理论分类

会计的内涵是指会计本身固有的、内在的、质的特征，表明会计与其他事物的本质区别。会计内涵的研究范畴包括会计的本质、会计的职能、会计的对象、会计的属性（性质）、会计的作用和会计的任务等内容，研究会计的内涵，尤其是会计本质问题，有助于解释会计是什么，以及怎样开展会计的理论研究等问题。

中华人民共和国成立以来，针对会计的内涵，会计学界经历了全盘照搬苏联模式、结合我国国情重新认识苏联模式、引进借鉴西方会计模式等几个阶段。其间，我国的会计学界和会计职业界从不同角度对会计的内涵进行探讨，形成了不同的观点和流派。目前会计学界主要有"会计管理活动论"与"会计信息系统论"两大学派，两大学派对会计的内涵进行了长期的争辩，但是，由于双方争论的出发点不同，且各学派对会计内涵的研究尚未形成前后逻辑一贯的体系，统一认识、消除争辩还有待会计理论研究的进一步创新发展。

下文以对会计本质的不同认识，按照历史脉络归纳会计内涵研究的主要观点：

（一）管理工具论

20世纪五六十年代，管理工具论在苏联、原东欧社会主义国家和中国较为流行，在我国曾一度成为占据主导地位的观点，现在已被大多数会计学者所否定。

管理工具论重点强调会计是一种文字与数字的结合，为管理提供有关情况的应用技术，或者说会计是一种处理数据的技术方法。持这种观点的学派将会计的本质归纳为管理经济活动的一种工具、方法或者提供财务经济信息的一种规则与方法。例如，《新大英百科全书》将会计看作"一种记录、分类和汇总一个企业交易并解

释其结果的技术”。苏联会计学家马卡罗夫和别洛乌索夫在他们合著的《会计核算原理》一书中认为，会计核算（也叫作会计簿记）是在完成国民经济计划的各个部门中反映和监督经济活动的方法。在社会主义经济中，会计核算是对国民经济统一体系的各个环节的活动进行监督和领导的最重要的工具。

中华人民共和国成立初期，我国也有不少会计学者持相同观点，较为有代表性的观点有：会计是一种物质生产和流通过程的文字和数量统计记录（陶德，1951）；原上海财经学院会计核算原理教研组编写的《会计核算》（1958年版）一书中指出，“会计核算是经济核算的一种，是反映经济过程中各个经济事实或经济现象的一种工具”；原厦门大学财务会计教研室编写的《会计学原理》（1962年版）一书中指出，会计是用来“反映和监督经济过程”，进行“观察、计量、登记和分析的方法”。日本会计学家黑泽清在复式簿记领域有很深入的研究，他对会计本质的看法是“在企业中用货币计算来控制（捕捉）资本循环的手段”。

据此可以看到，会计管理工具论片面强调会计只是一种管理的手段、方法、工具、技术等，降低了会计在经济活动中的地位、职能和作用，使会计工作长期处于记账、算账、报账等循环的阶段，阻碍了会计功能的发展。会计管理工具论是在不发达的经济、较低的科学技术水平限制下人们对会计本质的认识，随着现代经济迅速发展以及科学技术水平的不断提高，这种狭隘的认识必然会被会计学者们所淘汰。

（二）会计艺术论

会计艺术论因把会计的本质视为“描述性艺术”而得名。艺术本身有很大一部分是由艺术家通过个人的技巧和经验表现出来，对于会计而言，其“艺术”性就在于强调会计人员运用自己的会计知识，在解决特定的问题时所表现出来的创造技巧和能力。尽管会计可以用数学公式或逻辑法则表现出来，但在对会计信息进行记录、归类、加工以及编制会计报表等活动中，人为因素的影响占很大的比重，在公认会计准则所允许的范围内，会计信息使用者所获得的会计信息在很大程度上取决于会计信息提供者——会计师个人的偏好，也就是说，在允许存在多个会计政策时，由于会计师对会计政策的选择，对同一会计事项的处理往往会产生不同的结果。从这种意义上讲，会计是一门“艺术”。

会计艺术论的代表性观点有：美国注册会计师协会（AICPA）所属会计名词委员会（1952—1953）于1953年8月发表的第1号《会计名词公报》中认为：“会计是一门艺术，它用货币形式，对具有或至少部分具有财务特征的交易事项予以记录、分类及汇总并解释由此产生的结果，使之处于有意义（有用）的状态。”英国《大英百科全书》第15版中有一条对会计的解释是：“会计是一种艺术（art），它记录、分类和总结一个企业的交易并报告和解释其结果。”

会计艺术论在西方国家曾经流行较长一段时间，但在我国却很少有人提及，而且目前即使在西方会计学界也已不多见。

（三）会计信息系统论

会计信息系统论是把会计的本质理解为一个经济信息系统。会计信息系统是指在企业或其他组织范围内，旨在反映和控制企业或组织的各种经济活动，而由若干具有内在联系的程序、方法和技术组成的，由会计人员加以管理，用以处理经济数据、提供财务信息和其他有关经济信息的有机载体。

会计信息系统论的思想最早起源于美国会计学家A.C.利特尔顿，他在1953年编写的《会计理论结构》（Structure of Accounting Theory）中指出，“会计是一种特殊门类的信息服务”，“会计的显著目的在于对一个企业的经济活动提供某种有意义的信息”。

20世纪60年代后期，随着信息论、系统论和控制论的发展，美国会计学界和会计职业界开始倾向于将会计的本质定义为会计信息系统。例如，1966年美国会计学会（AAA）在其发表的《会计基本理论说明书》（ASBOAT）中指出：“实质地说，会计是一个信息系统。”从此，这个概念就开始广为流传。

20世纪70年代以来，将会计的本质看作“一个经济信息系统”的观点，在许多会计著作中流行，如以S.戴维森担任主编、R.L.威尔担任副主编的《现代会计手册》（1977年版）的序言中写道：“会计是一个信息系统。它旨在向利害攸关的各个方面传输一家企业或其他个体的富有意义的经济信息。”此外，《斐莱和穆勒氏会计原理——导论》（1980年版），凯索和威基恩特合著的《中级会计学》（第14版）等一些著作中都有类似的论述。

我国较早接受会计是一个信息系统的会计学家是余绪缨教授。他在1980年《要从发展的观点看会计学的科学属性》一书中首先提出了这一观点。目前，在我国具有代表性的提法是葛家澍和唐予华于1983年提出的“会计是旨在提高企业和各单位活动的经济效益、加强经济管理而建立的一个以提供财务信息为主的经济信息系统”。这种观点拥有比较多的支持者，在我国会计学界影响相当大，许多学者撰文阐述自己与之相同的观点，对会计的本质进行了比较深入和全面的讨论，并且完善和发展了会计信息系统论。例如，裘宗舜教授（1984）认为：“可以明确地指出：会计是个信息系统。会计信息系统是由会计、信息和系统等三个概念组成的。”

（四）会计管理活动论

会计管理活动论认为会计的本质是一种经济管理活动，它继承了会计管理工具论的合理内核，吸收了最新管理科学思想，从而成为当前国际、国内会计学界具有重要影响的观点。

将会计作为一种管理活动并使用“会计管理”概念，在西方管理理论中早已存在。“古典管理理论”学派的代表人物法约尔把会计活动列为经营的六种职能之一；美国人卢瑟·古利克（Luther Gulick）则把会计管理列为管理基本功能之一；

20世纪60年代后出现的“管理经济会计学派”（Managerial Economics and Accounting School）则认为，进行经济分析和建立管理会计制度就是管理。

我国最早提倡会计管理活动论的当数杨纪琬、阎达五两位教授。20世纪80年代以来，杨纪琬、阎达五教授对会计的本质进行了深入探讨，逐渐形成较为系统的“会计是一种管理活动”学说的理论体系。1980年，在中国会计学会成立大会上，他们做了题为《开展我国会计理论研究的几点意见——兼论会计学的科学属性》的报告，强调会计本身就具有管理的职能，是人们从事管理的一种活动。杨纪琬教授指出，“会计管理”的概念是建立在“会计是一种管理活动，是一项经济管理工作”这一认识上的，通常讲的“会计”就是指“会计工作”。他还指出，“会计”和“会计管理”是同一概念，“会计管理”是“会计”这一概念内涵的深化，反映了会计工作的本质属性，是统一概念的发展。先有会计实践，后有会计概念，会计就是会计实践的理论抽象。阎达五教授认为，会计作为经济管理的组成部分，它的核算和监督内容以及应达到的目的受不同社会制度制约，“会计管理这个概念绝不是少数人杜撰出来的，它有充分的理论和实践依据，是会计工作发展的必然产物”。

虽然，会计管理概念的提出是对会计本质一种精辟科学的论断，但作为一种理论，它仍然存在不足，在理论深度上也急需进一步完善和发展。杨雄胜教授在赞同“会计理论活动论”的同时，又提出了一些不同的看法：（1）会计管理就是价值形式的管理的说法过于笼统，未能表明会计管理区别于其他管理的特点。（2）会计管理是价值形式的管理的说法与会计的含义不相一致。（3）在企业管理中，会计管理与计划管理无法相对应。（4）把现代会计与现代会计出现以前的会计概念在外延上等同起来显然是不正确的。他认为：会计管理的实质是一种经济信息管理，会计管理的基本特征是运用连续综合的经济信息而实现对会计单位的经济活动的全面系统管理。

（五）会计控制系统论

会计控制系统论强调会计的本质是一个控制系统。它是继会计信息系统论和会计管理活动论之后我国当前会计学界的一个新兴观点。会计控制系统论认为现代会计相对于传统会计更侧重于对企业的决策与控制，现代会计之所以发展成为一个控制系统，是现在市场经济发展的必然结果。

会计控制系统论的主要倡导者有杨时展教授、郭道扬教授等。有关这方面的代表作有杨时展教授的《现代会计对传统会计的挑战》《现代会计的特质》《会计信息系统说一评》《会计信息系统说二评》《会计信息系统说三评》等；郭道扬教授的《会计控制企业》《走向宏观经济世界的现代会计》《二十一世纪战争与和平——会计控制、会计教育纵横论》等。杨时展教授的会计控制思想主要侧重于会计微观领域，其学术思想的基础是受托责任学说。根据受托责任学说，杨时展教授评价“会计艺术论”对会计本质的解释只解决了“会计干什么”的问题，而没有解决“会计是什么”的问题；而“会计管理活动论”实际上也只回答了“会计工作做什么”的问题，而没有解决“会计是什么”的问题；“会计信息系统论”试图解决“会计是什么”的问题，却未能彻底解决。着眼于现代会计发展方向以及现代社会经济的发展趋势，杨时展教授认为：“现代会计是一种以认定受托责任为目的，以决策为手段，对一个实体的经济事项按货币计量及公认会计原则与标准，进行分类、记录、汇总、传达的控制系统。”

郭道扬教授从会计史学研究出发，纵观世界经济发展的历史与现状，提出会计宏观控制思想。他认为，现代会计是现代经济控制工程中的重要组成部分，是信息社会中实现对经济信息优化计量及有效利用，以期实现控制目标的关键管理工作。郭道扬教授在其1999年4月份出版的《会计史教程》（172页）中将这一思想进一步明确：“现代会计是会计管理者通过会计信息系统与会计控制系统的协同性运作，实现对市场经济中的产权关系及价值运作过程与结果系统控制的一种具有社会性意义的控制活动。”

除以上几种观点以外，还有人提出一些观点，如“管理环节论”（即会计是财务管理的基础环节，属于对财务活动的反映和监督）、“价值管理控制系统论”、“会计价值信息控制系统论”和“经济信息控制系统论”等。

二、依据会计理论起点不同的理论分类

纵观中西方会计理论，虽然可依据不同标准对会计理论进行分类，但从理论的逻辑起点区分会计理论能够对其有更深的认识。科学认识论认为，逻辑起点是一门学科理论体系的出发点，是该学科理论体系中最基本、最抽象、最一般化的一个理论范畴，它对该学科其他理论要素的建立和发展以及整个理论体系的构建起着决定性作用。

依照起点的不同，可以将当前主要的会计理论分为七种类型：

（一）以会计对象为起点的会计理论体系

会计对象起点论认为：会计理论体系是反映会计对象而形成的概念、范畴、判断、推理的体系。会计对象决定着会计目标、会计原则、会计方法等，是会计理论体系中最本源性的抽象范畴，会计对象作为建立会计理论体系的首要依据，理应是会计研究的起点。张龙平教授认为，会计对象是价值运动，价值又是会计理论体系的逻辑起点，所以，研究会计理论应从会计对象入手[①]。劳秦汉教授也认为，理论体系是研究对象自身逻辑的科学反映，因而会计对象质的特点和量的规定性决定着所有的会计理论，是构成会计理论体系最本源性的范畴[②]。

我国传统的会计理论体系就是这种模式，这种模式的会计理论体系是依据“会计对象→会计本质和职能→会计任务→会计制度→会计程序和方法等研究对象”的

① 张龙平. 试论财务会计理论结构体系［J］. 会计研究，1989（2）.
② 劳秦汉. 论会计理论体系的基础理论与起点理论［J］. 会计研究，1992（1）.

逻辑结构进行划分的。会计对象作为连接会计理论和会计实践的纽带，由于其高度抽象性无法在实务上进行具体、清楚的反映，而必须对其具体化，从而形成会计要素，所以，以会计对象作为会计研究的逻辑起点对会计理论体系构建的指向性作用并不强。

（二）以会计假设为起点的会计理论体系

会计假设起点论认为会计假设是一个基本命题，是会计理论的最基础部分，是会计理论体系中最高层次的概念；同时，会计假设是会计实务的基本前提，是客观环境对会计的约束。这种会计理论体系是将会计假设作为建立会计理论的首要依据，西方传统会计理论模式就属于这种结构。会计学家杨时展教授认为，我们今天的这一套会计工作、会计理论、会计准则，完全是建立在会计假设基础上的，会计假设构成会计理论的最基础部分①。这种理论体系不是以会计研究对象作为确认体系模式的基础，而是以市场经济环境作为建立会计理论体系的前提，其逻辑关系为：会计假设→会计基本原则→会计具体原则→会计实务。此种会计理论体系结构强调客观环境对会计的制约作用，但会计假设是一个简单的抽象，它并不能对所有其他的抽象范畴进行推理，如从会计假设并不能推导出会计目标。以会计假设作为逻辑起点的会计理论体系缺乏明确的会计目标，使得会计理论很难发挥指导会计实务的作用，由于没有明确的会计目标，这使得会计理论缺乏逻辑上的一致性。所以，将会计假设作为研究起点，不能构建一个逻辑严密、内容完整的会计理论体系。在20世纪70年代，美国逐渐放弃了会计假设作为跨级理论逻辑起点这一事实，也说明了会计假设起点论的缺点。

（三）以会计目标为起点的会计理论体系

会计目标起点论认为，作为一个体系，会计理论应首要明确其目标，没有目标的体系是不可想象的。这种会计理论体系是将会计目标作为建立会计理论的首要依据，目前西方正在流行的会计理论体系就属于这种模式。这种会计理论体系既不是以会计对象作为确定会计理论体系的基础，也不是以市场经济环境作为会计理论的先决条件，而是以会计信息为依据来制定经济决策的目标，并作为建立会计理论体系的前提，其会计理论体系结构为：会计目标→会计基本准则→会计具体准则→会计实务。此种会计理论体系以财务报告目标作为最高理论层次，根据最高理论层次中的会计概念来推导和制定会计准则，再根据会计准则规范会计实务。这种会计理论体系本身比较合理，各要素之间具有较强的逻辑性，但会计目标的制定先于会计实务，所制定的会计目标具有很大的主观性，缺乏客观依据。

（四）以会计本质为起点的会计理论体系

会计本质起点论认为，本质是决定一物区别于另一物的根本属性，会计本质是

① 杨时展．审计公设刍议［J］．财会通讯，1985（7）．

确定和解释其他会计概念的依据，会计研究首先应解决会计本质的问题。实际上这一观点在20世纪50年代就已经被我国会计学界广泛认可，并在会计研究实践中得到广泛应用，对会计本质问题进行了长时间的讨论。杨纪琬和阎达五认为，在会计理论问题中，首先需要解决会计学的科学属性问题，即会计学有没有阶级性，会计学究竟是一门什么性质的科学，从而认为，会计研究首先要解决会计本质的问题[①]。王文彬认为，对会计概念的理解归根结底反映了对会计本质属性的认识。在实践中产生的会计概念，反映的是会计对象本质属性的思维形式，即在对会计所反映、监督、据此决策的对象的许多属性中，撇开非本质属性，抽出本质属性概括而形成的一种认识[②]。但由于会计本质是一个纯粹的理论概念，不能连接会计系统和系统环境、会计理论与会计实践，因而会计本质不能推导出其他与会计环境相关的抽象范畴，如会计目标、会计假设等。所以，以会计本质为起点不能构建严密完整的会计理论体系，会使会计理论无法反映会计环境的变化，脱离会计技术的实践。当前，我国会计研究已逐步放弃了这一学说，会计本质起点论将逐渐退出历史舞台。

（五）以会计动因为起点的会计理论体系

会计动因起点论认为，会计动因、对象、职能、属性、方法都属于会计的基本问题，而其中会计动因是其他会计理论问题的基础。吴水澎认为，会计动因是会计的基本理论问题，它要解决会计存在的客观必然性问题，这也是探讨其他基本理论问题的基础，如会计职能、对象、属性、环境等[③]。但研究会计动因的目的是研究会计本质，会计动因起点论类似于会计本质起点论，会计动因既不能联系会计系统与会计环境，也不能联系会计理论与会计环境，不是最基本的抽象范畴，所以，会计动因不宜作为会计理论研究的逻辑起点。

（六）以会计职能为起点的会计理论体系

会计职能起点论认为，会计职能内含结构与本质、外联系统与环境，包括核算和控制会计对象与要素，制约会计目标，贯穿会计工作的全过程，但会计职能是会计本质的具体化，会计本质是主观的，会计职能更是无法准确把握。会计职能是人们处理会计对象时为达到会计目标而赋予会计系统的，人们无法准确地知道会计的真正职能，而事实所表现出来的会计职能是人们根据需要而赋予会计的。由于会计职能的不可确知性和主观性，且无法推理论证目标会计等抽象范畴，所以，以会计职能作为理论研究的逻辑起点，不能构建出完整、严密的会计理论体系。

（七）以会计环境为起点的会计理论体系

会计环境起点论认为，前述理论体系都忽略了一个重要环境，即环境决定一切，存在决定一切。从哲学上看，世界上的事物都是由时间、地点等环境决定

---

① 杨纪琬，阎达五．开展我国会计理论研究的几点意见——兼论会计学的科学属性［J］．会计研究，1980（1）：2-10.

② 王文彬，林东模．对会计理论中几个概念的认识［J］．会计研究，1985（3）：42-44.

③ 吴水澎．财务会计基本理论研究［M］．沈阳：辽宁人民出版社，1996.

的，理论来自实践，又用来指导实践并接受实践的检验，从而促进理论向前发展。只有把会计理论放回具体的会计环境之中才能知道它正确与否。当会计环境发生变化时，人们对会计环境的认知（即会计理论）也会随之变化。无论是会计假设、会计本质、会计对象，还是会计目标，都是在一定的社会、政治、经济、文化、教育等环境下人们对会计现象的一种认识，有什么样的环境，就必然有什么样的会计理论出现。例如，20世纪60年代以前，美国会计学家认为会计是一项艺术；而到了20世纪80年代，由于“老三论”和“新三论”的应用，人们认为会计是一个经济信息系统。而我国会计学家在20世纪80年代初认为，会计是一个管理系统，到了20世纪80年代末则认为会计是一项经济管理活动，现在绝大多数人也持这种观点。

从历史上看，促进会计理论和实践发展的动力主要来自两个方面：社会经济环境的变化和会计信息使用者需求的变化，前者属于外部环境的变化，后者属于内部环境的变化。会计是各时代特定经济环境的产物，不同时代会有不同的会计活动，也就会产生不同的会计理论，会计自身的特点决定了它无法突破会计环境的制约。从实践上看，会计理论研究的重点课题总是随着会计环境不断变化。20世纪70年代，通货膨胀的加剧导致了物价变动会计的产生。目前，随着信息技术的高速发展和金融工具的不断创新，对这些方面的研究已成为会计理论体系的重要组成部分。

会计环境起点论进一步认为：会计内环境决定了会计的本质，从而决定了会计职能，进一步决定了会计程序与方法。会计外环境决定了会计目标，从而决定了会计信息质量特征，进一步影响了会计程序和方法。而会计假设则受内外环境的综合影响。因此，会计本质、会计对象、会计假设、会计目标最终统一在人类社会生产实践活动中，统一在特定时空条件下的会计环境中。

三、当前我国会计理论研究存在的主要问题

（一）会计理论研究存在着一种表面繁荣的假象

从表面上看，我国的会计理论研究“红红火火，一派兴旺”，会计书籍、会计文章数量非常之多，但是细致考察，不难发现，多数文章都缺乏理论上的创新，原创性的东西较少。

（二）会计理论研究与会计实务之间仍然存在严重脱节

会计理论及其研究必须能正确地解释、评价和指导中国的会计实践，才有价值和生命力，会计学是一门实务性很强的学科，如果会计理论不能解释、评价和指导会计实践，那么所谓会计理论的真实性和价值就值得怀疑。目前的会计理论研究存在较明显的与实务脱节的现象。一些“玄而又玄”的文章，只是在实证研究方面的技术方法花样翻新，其讨论的问题实则没有多少现实意义。而那些为数不多的真正会计理论研究文献，又把主要精力放在会计本质、会计属性、会计职

能与任务等基本理论问题方面，对会计实务中的重要现实问题，缺乏深入总结和理论创新。

（三）对会计政策的批判性研究较少

当前会计理论研究中，对新出台的会计政策“捧”的色彩较浓，会计研究的主要精力放在论证现行或新出台的政策、制度是否正确、科学上，而对政策实施中存在的缺陷进行前瞻性和批判性的研究较少。许多急需理论指导的实践领域则缺乏研究，较多的是针对实践的“制度注释”、内容空泛的所谓的“工作研究”、脱离实际的“纸上谈兵”、照抄照搬的“盲目引进”，难以形成体系，缺乏超前性、有用性和系统性。

第三节　会计理论体系基本框架和要点

一、西方的财务会计概念框架

（一）何谓财务会计概念框架

财务会计概念框架，也称财务会计概念结构（Conceptual Framework of Financial Accounting，CF），是财务会计理论的一种体现形式，强调对实务的指导作用，着重研究财务会计准则的理论依据，是直接用来评估现有的会计准则，发展未来会计准则的。财务会计概念框架作为专门术语，最早出现于美国财务会计准则委员会（FASB）1976年12月公布的《关于企业财务报表目标的暂行结论》、《财务会计和报告概念结构：财务报表的要素及其计量》和《概念框架研究项目的范围与含义》3份文件中。

按照FASB的解释，概念框架是由目标及相关的基本概念组成的逻辑严密的体系。1980年，FASB在其公布的第2号财务会计概念公告《会计信息的质量特征》中再次强调：“概念框架是相互联系的目标与基本概念协调一致的体系。这些目标和基本概念可望引出前后一贯的准则，并对财务会计和报告的性质、作用和局限性作出规定。”也就是说，财务会计概念框架是一套把目标和有关联的基本概念联结起来的固定体系，是用来指导并评价会计准则的基本理论框架。

由于概念框架着重研究与制定会计准则有关的概念及概念之间的关系，这些概念都是基本的，是其他概念产生的依据，其他概念都起源于它们，它们为财务会计处理和财务报告编制提供理论基础，协助信息使用者更好地理解和运用财务会计信息并据以作出恰当分析和判断，因而我们认为财务会计概念框架是财务会计理论的一种具体体现形式。

（二）财务会计概念框架的作用

从功能上看，一般认为财务会计概念框架是“构成新的会计惯例和评价旧的会计管理基础的理论原理体系”。从理论上讲，通过概念框架的研究，逐步确立了会计准则规定的科学化思想，并使现有的会计理论研究更加系统化。

FASB在其研究成果中认为，财务会计概念框架主要在以下方面发挥重要作用：①它能够为会计准则制定机构在制定和评估会计准则时提供指南，以保证会计准则的一贯性和系统性；②在缺乏权威文件的情况下，它能够为人们分析新的或正在出现的财务会计和报告问题提供参考依据；③在编制财务信息时，为会计人员进行职业判断提供理论依据；④它能够促进人们对会计准则的理解并增强使用者的信心。基于FASB对财务会计概念框架的作用分析，财务会计概念框架的作用主要体现在指导和评估会计准则以及指导会计实务等方面。笔者认为，财务会计概念框架的作用如下：

第一，为会计准则的发展与完善提供一定的理论指导。

财务会计概念框架对财务会计最基本的概念，如财务报告的目标、信息的质量特征、财务报表的要素，以及确认计量原则等都作出了规定，这样，概念框架就为分析、评估和指导会计准则的发展提供了一个“规范性”的理论基础。1982年，当时的FASB主席唐纳德·柯克（Donald James Kirk）认为：“有了概念框架，会计准则的制定就有了方向。否则，它们的制定将是缓慢的。如果缺乏概念框架，势必招致外界集团的批评，如指责会计准则的发展是毫无目标与宗旨的。或者说，只有以概念框架为指导，将来的会计准则才能以更为合理和一致的方式制定。”索罗门（Solomns）也曾说：“准则制定机构在制定准则时如果没有概念框架，就像立法机关在制定法律时没有宪法一样。”概念框架是制定会计准则的基础，是会计准则体系中的“宪法”，也就是说，它对会计职业界的影响有着很多与宪法对美国法律与规章一样的影响（安东尼，1987）。所以，概念框架可以使财务准则保持其内在的逻辑一贯性，减少或避免不同准则的冲突。

第二，对缺乏会计准则规范的会计问题提供指南。

会计准则是对具体会计实务的规范，但是，现实生活中的交易和事项千差万别，变化迅速，新的经纪业务、经济事项不断涌现，而准则制定却是一个相当耗时的程序，不可能及时跟上实务的发展，而财务会计概念框架是对会计实务背后的一些基础性概念等进行描述的，因此在会计实务缺乏具体准则规定的情况下可以发挥其指导的作用，为尚未制定会计准则的特殊会计问题的解决提供了参考的框架。

第三，可以节约准则制定成本，提高准则制定效率。

很多会计问题存在共同之处，而通过CF的研究，可使准则制定机构对这些问题更快地做出反应，不需要再花费较多的时间重新探讨其中所涉及的相同概念问题，可以相对减少准则文稿的数量和复杂性，不仅可以节省准则制定成本，而且可以提高制定效率。根据美国会计学者罗伯特·N.安东尼的调查研究，1979年4月至1985年12月期间，FASB共发布了63份公告和44份解释，其中有28处引用了CF的研究成果，CF的运用为FASB节约了准则制定时间。

第四，有助于信息使用者更好地理解财务会计信息。

公开的财务会计概念框架可以帮助使用者了解财务会计的一些基本概念与原理，理解会计信息的含义、作用与局限性，提高财务报表使用者对财务报表的信任与理解，据以进行分析判断，作出正确的经济决策。这一方面可以帮助利益相关者降低在理解会计信息时的困难程度，提高理解力，发挥会计信息在价值决策中的作用。另一方面也可使其明确会计信息的有限作用，会计信息只是信息有效集中的一个组成部分，不能代替其他信息，而且也存在时效性的问题，概念框架可以提醒使用者加以注意，对会计信息的作用有一个正确的认识。

第五，抵制利益集团的政治压力。

会计准则的制定过程在一定意义上也是一个政治过程，各相关利益集团为了追逐各自的利益而对准则制定机构进行游说并施加不同的压力，对准则的制定形成一定的干预，这也是其寻租的一种表现。对于民间性质的准则制定机构来说，借助既已制定的概念框架可在一定程度上应对这种挑战，可以有效地阻止其他利益集团对会计准则制定活动的干预，更好地体现“公众利益”。从这个意义上而言，框架概念起到了一种“借口”的作用。索罗门（Solomns）曾指出：“假如FASB能够表明其准则源于一套内在一致和看似合理的概念，它将大为增强财务报表的可信度，我不知道还有什么更好的途径可以缓解会计界易受政治压力攻击的情况。”

FASB曾在第2号概念公告的前言中对概念框架做出明确的定义：概念框架是由互相关联的目标和基本概念所组成的逻辑一致的理论体系，并对财务会计和报告的性质、作用和局限性做出规定，并期望可以用来引导首尾一贯的准则。人们期望概念框架能够通过提供财务会计呈报的结构和方向为公众利益服务，并有助于提供公正的财务信息以及有助于资本市场和其他市场有效分配稀缺资源的相关信息。

（三）西方各国财务会计概念框架的比较

美国的概念框架是由FASB发布的，其目的是“用来评估企业财务会计和报告，并解决会计准则尚未规定而已经产生的新的会计问题”。FASB于1976年提出的名为《概念框架研究项目的范围与含义》（Cope and Implications of Conceptual Framework Project）的研究计划中指出，概念框架是由目标及相关的基本概念组成的逻辑严密的体系。其内容主要包括：①确认财务会计和财务报告的目标；②对财务报表要素作出定义；③评估财务会计和财务信息的质量特征；④解决如何对财务报表要素的确认、计量和报告；⑤分析某些重大财务会计问题。

美国财务会计准则委员会（FASB）对财务会计理论结构的论述如图1-1所示。

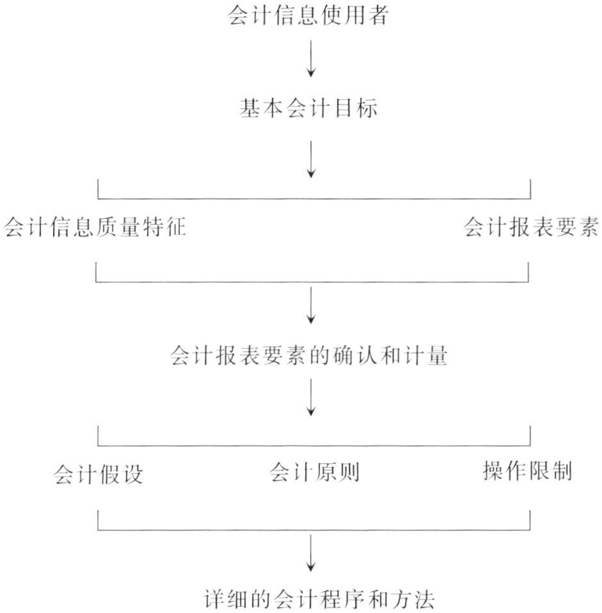

图1-1　FASB的会计理论结构

加拿大特许会计师协会（Canadian Institute of Chartered Accountant，CICA）1980年6月发表了《公司报告的未来演变》（由爱德华·斯坦普教授撰写，又称斯坦普报告），研究属于概念框架的要素包括公司财务报告的目的、公司财务报告的使用者、使用者的需求以及评价准则质量和公司受托责任的判断标准。该协会发布的具有财务会计概念框架性质的文件称为《财务报表概念》（Financial Statement Concepts，FSC）。该文件认为，财务报表概念的目的是描述那些指导建立和使用通用目的会计责任的概念。其所讨论的概念主要有财务报表的目标、效益与成本约束、重大性、信息质量、财务报表要素、确认标准、计量、公认会计原则等。

英国会计准则委员会（ASB）1999年12月发布的《财务报表准则公告》（Statement of Principles for Financial Reporting，SP）包括：财务报表的目的，报告实体、财务信息的质量特征，财务报表的要素、确认、计量、财务信息的列报、对在其他实体中权益的会计处理等主要内容。该公告指出：准则公告确立了指导对外财务报表编制的概念，其主要目的是为会计准则委员会制定与审查会计准则，提供一个内在一致的参考框架，还可在特殊情况下为选择不同的会计处理方法提供依据。

澳大利亚的类似文件称为《会计概念报告》（Statement of Accounting Concepts，SAC），由澳大利亚会计研究基金会（Australian Accounting Research Foundation）下属的公共部门会计准则委员会（Public Sector Accounting Standards Board）以及会计

准则审查委员会（Accounting Standards Review Board）制定，由澳大利亚会计研究基金会（AARF）代表澳大利亚注册实务会计师公会（Australian Society of Certified Practicing Accountants）和澳大利亚特许会计师协会（The Institute of Chartered Accountants in Australia）以及会计准则审查委员会（Accounting Standards Review Board）发布。该报告列示了“报告实体的定义、通过财务报告的目的、财务信息的质量特征、财务报告要素的定义和确认”4个部分，并明确说明：会计概念报告确定了通用目的的财务报告的编报所必须遵守的基本概念。与其他国家不同，它们直接被财务报告实务所遵守，通过影响会计准则来间接影响会计实务。此外，该报告强调会计准则是概念报告的补充，在特殊的情况下，准则可改变概念报告的要求。当准则与概念报告发生冲突时，准则具有优先权。

国际会计准则委员会（IASC）1989年7月发表了《编制和呈报财务报表的框架》，主要包括财务报表的目标、编制财务报表的基本假设、财务报表的质量特征、财务报表的各要素及其确认和计量、资本和资本保全概念。该框架的目的在于：①为IASC制定新的国际会计准则和评价现有的国际会计准则提供理论基础；②为减少国际会计准则所允许选用的会计处理方法的数目提供理论基础；③帮助各国会计准则制定机构制定本国会计准则；④为财务报表编制者理解和应用国际会计准则提供指南。

纵观西方财务会计概念框架体系，可以将其概括为两种模式：一种是以英美为代表的模式，概念框架游离于法律体系外，不具有直接的法律效力；一种是以澳大利亚为代表的模式，会计准则规范（概念框架）散见于公司法、证券法等商法法典中，或者得到法律的支持，具有法律效力。FASB在定义中明确地认为概念框架并不涉及具体的准则，准则是“章程”，而概念框架仅仅作为发展未来准则和惯例的“概念和关系”（Concepts and Relations），并且作为“基础”服务于对现行准则与惯例的评价。因此，美国的财务会计概念框架仅仅是一个理论基础，并不需要严格遵守，没有得到法律的直接支持，不具备法律效力和约束力。澳大利亚的会计准则是以立法的形式保证其在社会经济中的法律地位，其公司法中明确规定所有企业必须遵守会计准则，而作为会计准则体系的一部分的概念框架的法律地位更是在公司法中得到了明确体现，因此，从制定机构的性质和法律体系来分析，澳大利亚的概念框架具有一定的法律地位，有较强的约束力。概念框架公告并不单纯是用来指导会计准则制定的理论，同时也对实务具有直接的指导作用，并要求实务中遵守概念框架公告。

西方各国及IASC财务会计概念框架的比较可见表1-1。

表1-1 西方各国及IASC财务会计概念框架的比较

项目	美国	加拿大	英国	澳大利亚	IASC
会计目标	向现有和潜在的投资者、债权人和其他使用者提供对其作出合理的投资、信贷及类似决策所需的有用信息	传输有助于投资者、组织成员、捐赠者、债权人和其他使用者用来进行资源分配决策和评估管理当局受托责任的信息	向广大报告使用者提供经济决策所需的企业财务情况、业绩及财务适应能力的信息	提供对使用者在制定和评价有限资源的配置决策时有用的信息	提供关于企业财务情况、经营业绩和财务状况变动方面的信息
会计假设	不涉及	不涉及	不涉及	不涉及	权责发生制、持续经营
会计信息质量特征	主要质量特征：决策有用性（相关性和可靠性）；次要质量特征：可比性、可理解性；约束条件：收益大于成本、重要性	可理解性、相关性、可靠性、可比性	相关性、可靠性、可比性、可理解性、重要性、及时性、中立性、一致性等	选择财务信息的质量特征；呈报财务信息的质量特征	主要质量特征：可理解性、相关性、可靠性、可比性；制约因素：及时性、效益和成本之间的平衡，以及各质量特征之间的平衡
财务报表要素	资产、负债、权益、综合收益、所有者投入、向所有者分配、收入、费用、利得、损失	资产、负债、净资产、收益、费用、利得、损失	资产、负债、权益、收入、损失、所有者投入、向所有者分配、收入	资产、负债、权益、收益、费用	财务状况要素（资产、负债、权益）、经营业绩要素（收益、费用）、资本保全调整概念

二、我国财务会计理论基本框架

（一）会计理论中基本概念相互关系的梳理

从会计的内涵和外延看，会计理论结构中应包含会计本质、会计属性、会计目标、会计假设、会计对象、会计职能、会计信息质量特征、会计报表要素、会计原则、会计程序和方法等构件。综合分析我国现有会计理论体系，对这些构件进行不同解析，会计理论基本概念及相互关系如图1-2所示。

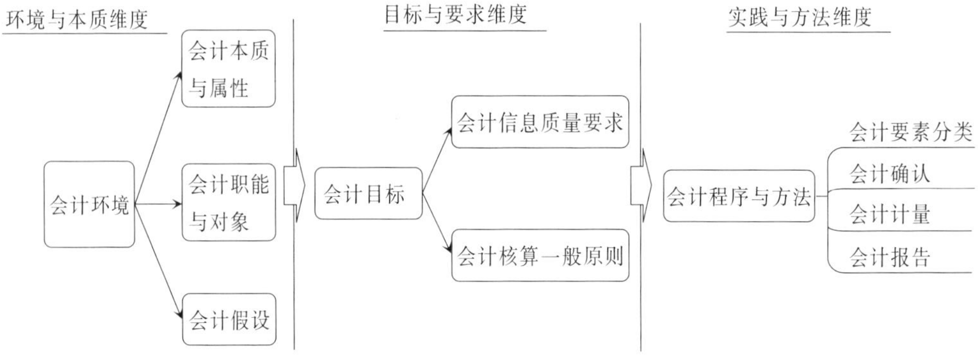

图1-2　会计理论基本概念及相互关系

首先，由会计环境（如社会经济环境，信息需求者需求情况等）决定会计这项活动在社会经济生活中的定位，也就决定了会计本质和属性（会计是什么的问题）、会计职能与对象（会计干什么的问题）和会计假设（在什么前提下干会计的问题），这些都属于对会计本原的认识问题，是会计内涵研究。

其次，会计环境与本质维度的一些认识共同决定着会计目标，从会计目标又衍生出会计信息质量要求、会计核算原则，这是对会计本原认识的具体化，是联结会计主观（基础认识）与会计客观（实务活动）之间的中间环节，起着承上启下的作用。

最后，由会计目标和原则要求决定会计程序与方法的选择，包括如何将会计对象具体化，界定各项会计要素，如何对会计要素及其具体项目进行确认、计量、记录和报告等。

我们可将上述第一个层次的理论问题称为基础会计理论问题，而将第二、第三层次的理论问题称为应用会计理论问题，应用会计理论与实务问题联系较为紧密，直接发挥会计理论应有的对实践进行“评价、指导”的作用，因而是本书讨论的主要内容。

（二）会计基本准则、会计制度与财务会计概念框架

我国企业会计基本准则是否就是财务会计概念框架？答案是否定的。虽然我国的企业会计基本准则在一定意义上发挥了财务会计概念框架的作用，但是并不能等同于概念框架，因为财务会计概念框架制定的目的在于为评价现有的和制定未来的财务会计准则提供指南，更多地应注重其科学性和理论性，“概念框架的任务主要是用来指导各种应用性准则和会计制度的制定，而不是用来直接规范会计核算工作。”但是我国的会计基本准则在制定时，表述上更多地考虑了可操作性、政策性和通俗性，将一些属于对会计实务的具体规范也纳入企业会计准则，造成了有些规定与企业会计制度和具体会计准则在内容上的重叠，削弱了会计基本准则作为准则制定指导的理论性。

例如，1992年出台的《企业会计准则——基本准则》在行文上完全采取了一般法规的行文方式，侧重于文字通俗易懂，而忽视了表述的科学性和逻辑性，层次也不明确。作为一个理论框架，应该有一套逻辑严密的层次结构，《企业会计准则——基本准则》以总则、一般原则等形式构成，一般原则中包括目标、信息质量特征、财务报表要素和会计确认计量等方面的内容，但是这些内容是以一种平行的关系表达的，缺乏一种清晰的逻辑层次关系。

而在2006年发布的新准则体系中，取消了会计原则的说法，提出了会计信息质量要求，明确了我国的财务会计报告目标，更多地体现了财务会计概念框架的内容，因此也有人认为修订后的基本准则就是我国的财务会计概念框架，基本准则发挥着财务会计概念框架的作用。但我们应该看到，《企业会计准则》毕竟只是一种法律规范，不能代替作为理论范畴的概念框架，其中的基本概念缺乏层次性，概念与概念之间的相互关系不明朗，且概念过于抽象，影响其对准则指导作用的发挥。

另一个相关问题是，会计准则与会计制度之间是什么关系？这一问题早在1993年7月发布并实施《企业会计准则》时就引起过激烈的讨论。在准则体系之外还存在一系列财政部颁布的部门规章作为企业会计活动的规范，如1992年发布的《工业企业会计制度》、2000年发布的《企业会计制度》，2001年发布的《金融企业会计制度》等。虽然财政部于2011年、2015年等不同时间分批取消了《金融企业会计制度》等十三个行业性会计制度及其他有关的会计制度文件近千件，但仍然保留有一些会计制度文件，其中就包括2000年发布的《企业会计制度》，因而我国目前仍是会计准则体系和会计制度并存。实际上，会计制度在我国有相当的群众基础，如果一下子取消会计制度，全面改用会计准则，一方面会计人员可能会感到困惑而无所适从，另一方面我国的会计准则也尚未完善，因此笔者认为，在相当长的一段时间内，我国会计制度和会计准则将并存。企业处理各项经济业务时，若会计准则已作出相应规定，则以准则为准；若会计准则没有作出相应规定，则仍按统一的会计制度进行处理。当然，这样两者并存的局面在会计准则全面替代会计制度之前，需要不断地协调会计准则和统一会计制度的内容，以免给会计人员带来混乱，等到会计准则形成一个较为完整的体系后，包括社会经济环境、法律法规、教育、人员素质等在内的方方面面的配套系统准备工作都已完备时，最终会实现从统一会计制度到会计准则的平稳过渡。

还有一个相关问题是：会计准则应该由谁来制定，政府还是民间团体？国内会计界曾就中国的会计准则应由谁来制定展开过讨论，主要有两种不同的观点：一种观点认为，改革开放已历时多年，中国已走上了发展市场经济的道路，会计准则的制定应该借鉴多数西方国家的经验，由民间团体来承担。另一种观点则认为，按照我国的经济体制和现实环境，会计准则仍应由政府制定。

按照目前的情况来看，第二种观点是较合理的选择。首先，从世界各国的市场经济实践以及我国改革开放以来的会计工作经验看，国家在会计管理中的地位和作用，国家管理会计工作的范围和深度并不是人为规定的，而是由市场调控要求、所有制结构、资本市场特征等因素决定的。我国实行以公有制为主体，多种所有制经济共同发展的基本经济制度，这就决定了国家是会计工作的主要服务对象和会计信息的主要使用者，会计选择、会计报表的信息内涵、会计信息的披露方式、报送时间等，都应当充分考虑国家的经济制度特征。由政府机构来制定会计准则是满足这种需要最为直接的手段。其次，会计准则是有经济后果的。在我国，目前有能力协调会计准则的经济后果的，只有政府，至少目前为止民间团体尚不具备这个能力。这是由政府部门制定我国会计准则的根本原因。此外，我国的统一会计制度一直就是由政府部门制定的，由政府部门来制定会计准则具有广泛的群众基础。当然，由政府部门制定会计准则不意味着独断专行。相反，会计准则制定机构应该细心听取并认真吸纳社会各界对会计准则的意见和建议。会计准则制定过程尽量公开，遇到会计准则制定中的问题，以多种形式发动高校、学术团体和会计职业界的力量，共同研究解决。1997年10月，我国设立了财政部会计准则委员会，其委员分别来自财政部门、证券监管机构、会计职业界、高校和科研机构等单位，在会计准则制定中发挥了重要的作用，这是一个良好的开端。同时，2006年新的企业会计准则的发布更具可实施性，可以说是会计准则制定机构和其他团体共同努力的结果，相信在未来的会计准则建设过程中，将会有更多的社会团体以更加积极的态度参与进来。

（三）我国财务会计概念框架的建议方案

财政部2005年把会计准则建设作为一项重要任务列入其工作日程，加快了会计准则体系建设的步伐，并对我国会计准则体系建设目标做了较大调整，把会计准则体系建设目标设定为：建立起与我国市场经济相适应并且与国际财务报告准则充分协调，涵盖各类企业各项经济业务，可独立实施的会计准则体系。从理论上讲，为了适应会计准则体系的建设，建立相应的财务会计概念框架是必要的，因为：一方面建立一个单独的财务会计概念框架可以更好地发挥其对于指导准则制定和评价现有准则的作用，而且从国际上看，在会计准则之外建立单独一个概念框架已经显示出了积极意义，也是符合国际趋势的一个表现；另一方面，从实践来看，我国已经颁布的基本准则对于具体准则制定的指导作用极其有限，无法担当概念框架的角色。所以建立我国的财务会计概念框架既有理论意义又有实践意义。

如果构建我国的财务会计概念框架，我国的财务会计概念框架应由以下四个层次组成（如图1-3所示）。

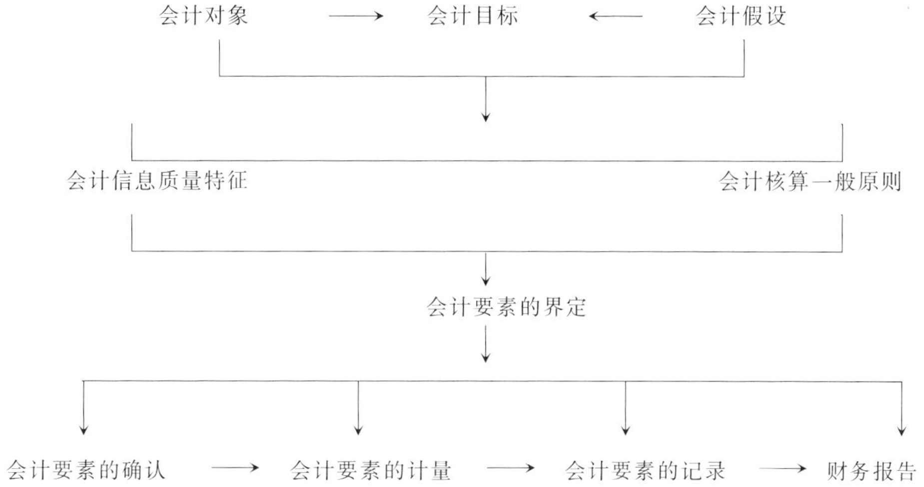

图 1-3 我国财务会计概念框架构建图

整个概念框架应以会计目标为逻辑起点，在对会计服务对象和会计假设适当把握的基础上，对会计目标展开演绎的过程中建立各层次。

第一层次包括会计目标、会计服务对象和会计假设三项内容。会计目标主要应确定：①谁是会计信息的使用者？②会计信息使用者需要什么信息？③财务会计可提供什么信息？在充分考虑会计服务对象和会计假设的情况下，会计目标对具体会计准则的制定起着引导方向的作用。我国的财务会计目标总体应定位于三种目标，即会计信息应符合国家宏观经济管理的需要，满足有关各方了解企业财务情况和经营成果的需要，满足企业内部经营管理的需要。会计目标、会计对象、会计假设都受会计环境的影响，信息使用者在具体经济环境中提出对会计的需求，会计假设受客观环境所制约决定了会计能够发挥作用的前提条件，两者在特定经济环境下的具体表达共同决定了会计目标的定位。三者相互作用，相互影响，处于同等地位，构成财务会计概念框架的第一层次。

第二层次包括会计信息质量特征和会计核算一般原则。为了实现会计目标，保证会计信息的有用性，会计信息应具备规定的质量特征。为了保证能够达到会计质量要求，相关人员在会计核算工作中必须坚持一些原则，即会计核算一般原则。会计信息质量特征是对财务报告目标的具体化，是选择和评价可供选择会计准则、程序和方法的标准，因此，会计信息质量特征比财务报告目标更加具体地指导要素的确认、计量和披露，它是连接财务报告主体和其他概念的桥梁，在整个概念框架中占有重要的地位。

为了进行具体会计核算，须首先把会计对象予以分类，具体化会计要素，即对会计要素进行界定，明确质的规定性，构成第三层次的内容。

第四层次包括会计要素的确认、会计要素的计量、会计要素的记录和财务报告四部分内容。根据确认与计量的概念和标准，把应由财务会计系统处理的数据——产生于过去的各项交易和事项，按照会计要素的定义和特征，分别当作不同的会计要素及其所属的账户来计量、记录，并通过会计报表和其他财务报告等手段，转变为有用的会计信息，传递给会计信息使用者，这就是财务会计的最终要求。因此，这一系列的会计处理过程构成了财务会计概念的第四层次，也就是与具体准则和实务联系最密切的层次。

上述概念框架就是在对会计目标的演绎中展开的，在回答谁是会计信息使用者时，产生了会计服务对象；在回答会计信息使用者需要什么信息时，产生了会计信息质量特征；在回答财务会计可以提供什么信息时，产生了会计对象和会计要素；在回答如何提供信息时，产生了会计要素的确认、计量、记录和报告以及进行会计核算的一般原则。这些内容层层推进，共同构成一个完整、严密的概念框架系统。

第四节 会计基础理论要点

一、会计本质

会计的本质，亦即会计的含义。会计的本质应当是会计持有的质的规定性，这始终是会计内涵研究的一个核心问题，一方面，会计的本质应当在理论上明确会计的质的规定性；另一方面，能否科学准确地把握会计的本质，又直接关系到现代会计理论结构的构筑，因此，明确会计的本质，既是会计理论研究的基本要求，又是指导会计实践活动的具体需要。

对会计本质的认识不仅受到会计实践发展水平的影响，还受到人们对社会经济发展和经济规律认识程度的限制，科学技术和其他相关学科的发展也对人们科学地认识会计的本质起着较大的推动作用。长期以来，由于受到实践和认识的双重影响，会计本质一直是人们争论的焦点。

在前文所述的“管理工具论”“会计艺术论”“会计信息系统论”“会计管理活动论”“会计控制系统论”“管理环节论”“价值管理控制系统论”“会计价值信息控制系统论”“经济信息控制系统论”等众多对会计本质的不同认识中，会计学界关注和争论较多的主要是“会计管理活动论”与“会计信息系统论”两个学派，两个学派对会计本质进行了长期的争辩，下文拟通过对两者争辩的梳理来帮助读者认识会计的本质。

（一）对会计信息系统论的辩驳

会计信息系统论是把会计的本质理解为一个经济信息系统。会计信息系统是指在企业或其他组织范围内，旨在反映和控制企业或组织的各种经济活动，而由若干具有内在联系的程序、方法和技术组成的，由会计人员加以管理，用以处理经济数据、提供财务信息和其他有关经济信息的有机载体。

一些学者就上述认识提出了质疑。阎达五教授在对“会计信息系统论”分析后得出以下结论：①认为“会计是收集、加工、储存、输送信息的系统”，是对信息系统的歪曲理解，信息系统实际上是信息控制系统，把控制排除在外也是对信息系统的误解。②会计工作既“生产”信息也利用信息，生产信息的技术方法可以逐步排除人的劳动，利用信息将愈来愈依靠人的高级脑力劳动。③从理论的观点出发，与其把会计称为信息系统，莫不如称会计为价值信息控制系统，这样才更明确、更具体。④把“信息系统论”作为否定“管理职能论”的依据，只能给人们的认识带来极大混乱，结果是适得其反，反而说明会计信息是管理信息的重要组成部分，会计工作是管理工作的重要组成部分。

杨纪琬教授则进一步指出：“信息系统论和工具论差不多。好像是，你要的信息我来提供，你来管理。大家都知道，社会主义会计具有监督的职能，监督就是管理。既然承认会计具有监督职能，那么说会计是一种经济信息系统，起码是不完全的。说会计是经济信息系统，就没有监督，这种说法是值得商榷的。”有人从会计的基本含义出发，指出信息系统论的根本缺陷在于“这种观点立论的基本前提并不正确”，进而指出会计管理活动论的进步性“不只是基于对会计职能基本方面的高度抽象，而且高度抽象了会计内涵中最深刻的规定性（会计‘控制’或会计管理）”[①]。

（二）对会计管理活动论的辩驳

会计管理活动论认为会计的本质是一种经济管理活动，“会计”和“会计管理”是同一概念，“会计管理”是“会计”这一概念内涵的深化，反映了会计工作的本质属性。

但是，支持“会计信息系统论”的学者对上述认识提出了质疑。余绪缨教授撰文指出：“根据当前的现实及今后的发展，应把会计看作一个信息系统，它主要是通过客观而科学的信息，为管理提供咨询服务。会计部门是企业中的一个服务部门，会计人员在企业中居于参谋或顾问的地位，他们为企业管理部门正确进行最优管理决策和有效经营提供所需数据，但他们并不对企业的生产经营活动直接进行管理或决策。所以，会计只具有咨询或参谋的职能，并不直接履行管理的职能。”[②]

葛家澍教授分析了“管理工具论”“管理活动论”“艺术论”三种观点之后指出：“我们是比较赞同‘经济信息系统论’观点的：一是这个定义比较简明；二是这个定义能比较准确地表述现代会计产生以来就始终存在的‘反映’职能，或称为‘提供数据和信息为经济管理服务’的职能；三是这个定义能突出在商品经济条件下会计必然以提供财务信息（能用货币来计量、记录、预测的那些数量方面）为主

① 马晓华，吴群. 对会计本质的哲学思考［J］. 中央财政金融学院学报，1985（6）：67-70.

② 余绪缨. 关于建立适应我国社会主义现代化建设需要的会计学科体系问题——兼论与此有关的几个会计理论问题［J］. 会计研究，1982（2）：38-45.

的特点；四是这个定义考虑到了现代会计的新内容及其发展……五是这个定义能较好地把‘管理工具论’或‘艺术论’同管理活动基本统一起来。”[①]

另外，也有学者指出，“会计信息系统论”包含了其他几种定义的主要观点，有助于把几种会计定义统一起来；而“会计管理活动论”存在定义空洞的问题，令人难以具体理解[②]。

（三）会计本质认识的协调

在较长时间的争论中，“会计管理活动论”和“会计信息系统论”都没有最终说服对方，因而有些学者从这些争论中看出了二者的相通之处，认为这两种观点可以“合二为一”。

吴水澎教授撰文指出，这两种说法并没有太多的本质区别，只是看问题的角度不同而已。“从信息论观点来看，经营管理活动就是信息的接受、转换与输出的过程，二者之间是完全相通的。”在另外一篇文章中，他又指出：“‘二论’有着共同的内涵，仅是认识问题方法和角度不同而已。”同时主张：“‘二论’可以在相互取长补短，在求大同存小异的原则下，合为一家。”[③]

这种观点也得到了不少人的响应，如有人认为，“对连续、综合的经济运动进行管理，是现代会计的本质。这是目前的‘会计管理活动论’与‘会计信息系统论’各自克服其理论的不完善性后而实现的一种理论上合乎逻辑的发展，因此，是两者合一的趋向”。也有人认为这两种观点是“相容的”，不是“相斥的”，“会计从系统行为的角度看是一种管理活动，从元素功能的角度看是一个信息系统”。

二、会计对象

会计对象即如何界定会计对象，传统的观点认为是价值运动（包括价值增值运动)；另一种观点认为是社会再生产过程。在市场经济条件下，会计对象究竟反映和管理什么内容，尚需进一步研究和探讨。

会计对象是会计工作在特定主体范围内指向的客体，是会计所要反映和管理的内容。会计对象的含义是什么？会计对象到底是什么？这些问题早在40多年前就在我国会计界开始讨论和研究，形成了不同的理论观点，到目前也还存在一些争论，但对“资金运动论”的支持较多。

（一）资金运动论

在20世纪五六十年代，对会计对象的普遍认识是再生产“过程论”，该理论认为社会主义会计对象是社会主义再生产过程和社会主义财产。《会计原理》（中国财政经济出版社，1963年版）一书中指出：“会计的对象是指会计所要反映和监督的内容。在社会主义制度下，会计所要反映和监督的内容是什么呢？概括说来，就是

① 葛家澍，唐予华．关于会计定义的探讨［J］．会计研究，1983（4）：26-30.
② 罗小昌．论会计信息［J］．闽西会计，1985（5）．
③ 吴水澍．会计“信息系统”与“管理活动论”可以“合二为一”［J］．厦门大学学报，1987（1）．

企业、事业、机关等单位中能够用货币表现的社会主义再生产过程和社会主义财产。”

后来的发展是“资金运动论”逐步成为主导，葛家澍教授早在1954年就指出：“在社会主义企业中，企业核算处理对象则是企业经营资金的周转，经营资金的构成及来源。”1962年，他进一步强调“资金运动是会计的对象”[①]。

在赞同“资金运动论”的学者中，对资金概念的认识也并不完全一致，这种分歧主要源于观察角度的不同。①有人从价值表现的形式出发，认为“资金就是社会主义资产”。②有人从价值增值的角度出发，认为资金就是社会主义再生产过程中帮助劳动者创造并实现新价值的价值。例如，资金可定义为：用货币表现的，代表一定物质内容的，并能够通过循环周转增值的价值。“资金是社会主义再生产过程中被劳动者共同占有，不断运动着的能带来社会剩余价值的价值。”③有人认为，会计工作范围已经从过去扩展至现在和未来，资金运动不仅包括已经发生的，而且包括可能发生的，其主要内容是预期的现金流动。根据当前会计的发展，会计所能反映的范围已经比过去有所扩大。这就是说，作为会计对象的价值运动，不仅包括已经发生的，而且包括可能发生的，同时也不排斥其他重要的经济活动和经济事务。

（二）经济活动论

20世纪80年代，我国对会计对象的认识除“资金运动论”外，也有不少学者持“经济活动论”观点，认为会计对象是社会主义再生产过程中的经济活动。例如，有人认为“会计的对象泛而言之，就是企业、事业、机关等单位或个人在生产过程中的经济活动”。他们的理由是：“由于一切经济活动都必然产生一定的会计事项；由于会计能把各个单位的经济活动及其成果在其单位范围内全部当作一个完整的体系，进行连续不断的、相互联系的、系统完整的记录、计算和监督，既具体地、分门别类地反映各项经济活动的来龙去脉，系统地控制经济活动过程，又全面地、综合地比较劳动消耗，考核经济效果。”

会计是基于对再生产过程进行管理而产生和发展的，会计所要管理的是再生产过程中各种各样的经济活动，但是由于会计的特点，会计主要用货币形式来反映经济活动，所以，会计只能反映和管理再生产过程中能用货币去表现的那些内容，也即反映和管理再生产过程中的价值运动。价值运动包括价值的筹集、价值的耗费、价值的形成、价值的实现、价值的收回等内容。因此，笔者认为将会计对象界定为社会再生产过程中的资金运动更恰当一些。

（三）会计对象与会计要素的关系

研究会计对象是为了明确会计工作指向的客体，但理论上得到的会计对象又是一个很抽象的概念，无论是对它进行动态还是静态的描述，都不能立即用货币从总

---

① 葛家澍．社会主义会计对象的再认识［J］．厦门大学学报，1962（1）．

体上计量出来。因此，就有必要对会计对象进行再分类，以充分揭示其内部各有机组成部分，这样就形成了会计要素。

会计对象有动态和静态两种表现形式，即资金运动过程和资金运动结果，具体化为会计要素后，由会计要素组成的会计平衡公式也有静态与动态之分。静态平衡公式就是“资产=负债+所有者权益”，动态平衡公式则是“收入-费用=利润”。

会计要素，也称为财务报表要素。会计要素是组成会计报表的基本框架，是编制会计报表的理论依据，同时它还是日常的会计处理确认、计量、记录等的依据和指标形式。

通过以上分析可以看出，会计对象与会计要素之间首先是整体与局部的关系，其次是抽象与具体的关系。抽象是指会计对象不能直接作为会计确认的依据，具体是指对于具体的会计交易或事项可借助会计要素进行概括的定性说明和确定的定量描述。但是，会计对象规定了会计反映和管理的范围以及其基本内容的基本特征，通过会计要素的确认，并汇总全部确认的结果，就能用文字和数字完成会计对象作为整体性的描述。

三、会计职能

“会计职能”这一名词并不是我国所特有的，美国早期的会计理论研究中也曾有会计职能的论述。例如，1922年佩顿在其早期的著作——《会计理论》一书中提到：“会计的职能（function）就是记录、分类、整理与提供有价值的数据，以便（主体的）所有者和代表（即管理者）在处理（disposal）时能周全地（wisely）使用资本。”类似的论述在其他文献中也有。

我国对会计职能的研究是20世纪60年代受马克思关于簿记是“过程的控制和观念的总结”的论述的启发而开始的。当时受“会计管理工具论”的认识所限，对会计的职能基本倾向于认同“反映和监督”两大职能。

我国对会计职能的研究在20世纪80年代达到了高潮，从“一职能说”“二职能说”直到“六职能说”以至“全职能说”各种观点都有，分歧很大，呈现出“百家争鸣”的景象，下文将其中的一些要点归纳如下：

（一）“一职能说”

有学者认为，近年来我国会计理论界把会计职能的外延范围盲目扩大，把不属于会计的职能也看作会计的应有职能，其结果只能是导致以下不良后果：一是违反了社会科学研究的整体性原则；二是侵占了其他职业的职能范围；三是使会计“该管好的没管好，不该管的也去管了”。也有学者认为，会计职能认识上的分歧只是一种“虚假分歧”，只要统一认识层次，分歧就能解决。持此种观点的人认为会计的职能是“提供信息”，“会计职能是统一的，也是唯一的。”①

① 王正德．论会计职能的统一性和唯一性［J］．福建会计，1988（3）．

（二）“二职能说”

持“二职能说”的人为数众多，但对会计职能的具体内容却分歧很大。有人将之归纳为“核算和监督”，认为核算和监督是会计的两大基本职能，“离开了核算就无所谓会计，监督也无从谈起，核算是整个会计工作的基础，而离开了监督，会计也就失去了生命，监督是整个会计工作的灵魂。”有人将之归纳为“反映和控制”，认为“从会计产生的时候起，不论它原来是生产的附带工作还是后来由于分工，变成了一项专职工作，它总是有反映职能的。随着生产的发展和人们对会计信息的充分利用，它又起着控制（包括监督）的职能，反映和控制是会计的两项基本职能”。有人将之归纳为“反映和监督”，认为“反映和监督是会计的两个职能，实际已经包含核算、计划、保证、促进、分析、检查等许多功能的含义”。有人将之归纳为“反映和管理”，“管理职能包括会计组织（分工、协作、协调）、控制、监督、预测、决策；反映职能指处理信息（包括分析）。”有人将会计职能分为基本职能和具体职能，基本职能是指会计的“管理职能”，具体职能则可包括以下几个方面：“①预测职能；②计划职能；③反映职能；④控制职能；⑤分析职能；⑥组织职能。”也有人将会计的职能分为：“基本职能和历史职能”“会计的基本职能是反映和控制”“会计的历史职能是监督、分析等”，随着审计从会计中独立出来，“会计的监督职能就由审计取而代之，会计不再具有监督职能了。”还有人认为“会计的职能只能是马克思高度概括的‘过程的控制’和‘观念总结’”。“二职能说”中争执较大的就是“反映”与“核算”、“控制”与“监督”之间的关系，各方见仁见智，互不相让。

（三）“三职能说”

持“三职能说”观点的比较少，典型的说法认为“会计的职能是‘计算过去’‘控制现在’‘预测未来’。而资金运动的特点是：①在时间上是一个紧挨一个地出现；②在空间上是一个挨着一个排列。因此便完整地构成了会计的三项职能：计算、控制、预测”。①

（四）“六职能说”

关于会计的“六职能说”，学术界也存在较大的分歧。有学者认为会计“除了传统的核算和监督职能，还有预测、决策、控制、分析职能”。有人把会计的职能概括为“反映经济活动、监督经济行为、控制经济行为、分析经济情况、预测经济前景、参与经济决策”。有人将会计职能概括为“预测、反映、控制、监督、挖潜、决策”。也有人认为：“会计的职能是随着生产的发展而逐步扩大的。现代会计的职能应包括会计规划、会计制度、会计核算、会计控制、会计分析和会计检查等六个方面。当然，会计核算是基础，其他职能的发挥都必须依据会计核算所提供的可靠

---

① 姚树人．从会计对象谈到复式记账［J］．上海会计，1982（10）．

信息。”

（五）如何正确认识会计职能

第一，会计职能是会计本质的集中体现。前已述及，会计本质是一项经济管理活动，它必须具备相应的功能，体现会计本质的要求，才能充分保证会计管理活动的顺利进行。没有会计职能的切实保障，会计管理活动就无法实施，会计的本质就无从被人们认识和掌握。

第二，会计职能是处于发展之中的。会计职能的基本内核在不同时期是稳定的，但其实现的深度、广度、精度会因经济活动复杂性的增加和管理要求的提高而逐渐提高。随着社会主义市场经济体制的确立和发展，现代企业制度成为我国企业的发展趋势，在政企职能分开、企业所有权与经营权分离的条件下，企业面临着如何满足国家宏观经济管理部门、企业经营管理当局以及投资者、债权人、潜在投资者等会计信息使用者对会计信息的需求的现实，加之代理人理论、产权经济学等新兴经济学理论给企业管理提出了新的理论依据，企业会计由此也进入了新的发展时期，会计管理成为企业经营管理的中枢。

第三，会计职能是反映和管理两大职能。反映职能是指将会计工作的结果向会计信息使用者（包括内部和外部以及现实和潜在的会计信息使用者）进行充分揭示和披露。反映的范围大于核算，核算就其实质而言，属于会计方法的范畴，核算侧重于过程，而反映侧重于结果。反映的客体是会计工作的结果，核算只是为完成工作而实施的一种会计处理方法和程序。反映的最终载体是会计报表。会计报表包括的内容很多，有资产负债表、利润表、现金流量表、所有者权益变动表、各种成本分析报表、各种明细表等等。通过这些会计报表可以全面、充分地反映企业经营的财务状况、经营成果和现金流量。管理职能是指为满足国家宏观调控、企业所有权人、企业经营管理当局等的需要，会计工作参与企业经营管理的功能。管理职能又分为预测、决策、控制、分析等具体内容，而且随着管理科学的发展，社会经济的进步，会计管理职能的深度、广度、精度会越来越高。我国市场经济体制的建立和逐步完善，管理科学的进一步发展，不断促使和推动我国企业经营管理水平的提高。实践证明，企业经营管理水平越高，对会计与管理结合的要求也越高，会计的管理职能也就发挥得越充分。因此，无论从会计本质，还是从会计的发展趋势而言，会计的管理职能都是会计工作本身所固有的、客观存在的功能。

第四，管理是会计的基础职能。会计的反映职能和管理职能是相互联系、相辅相成、不可分离的。会计的管理职能是第一职能、基础职能，反映职能虽然是管理职能的基础和前提，管理职能的发挥离不开反映职能，但是反映职能始终是为管理职能服务的，因而我们认为管理职能是会计最基本的职能。

会计发展的历史实践证明，会计从产生开始，就一直具有管理的职能。作为企业的会计，其最初形态是“复式簿记”。复式簿记的本质职能是“期间损益的测定”。这种测定在资本主义初期的企业中，主要是测定企业活动期间的“综合成果”。由于综合成果的测定是站在个别企业所有者（同时也是经营者）立场上来记录其要求的，因此，企业会计在其形成之初就具有了以对内管理为目的的重要职能。美国会计学会管理会计委员会1958年度报告中也表明了同样的意见。随着股份公司的出现，资本集聚并向有效企业投资，出现了企业所有权和经营权分离的现象，股份公司的所有者——股东分散于广泛的社会阶层之中，其结果是大多数股东远离经营实体，失去了支配权力。股东集团关心的是投入资本的保全、维护及成果的分配，在这种情况下，企业会计的职能便转向对企业的利益关系集团提供财务报告了。

第五，会计管理是“能动地而不是被动地”参与管理。人们往往认为，会计管理是被动地参与管理，即仅仅向企业管理提供信息。这种观点是片面的，只看到了问题的一面，实际上会计管理是能动地、积极地参与管理，其含义至少包含以下几个方面：①会计管理内在于各项管理工作中，但并不直接履行管理的职能，对经济活动并不进行直接干预、指挥；②管理决策和其他各项管理始终依赖于会计工作，没有会计工作提供的数据，其决策或其他管理活动必将是盲目的、不科学的；③会计管理既表现为全面反映经济活动及其成果，以满足日常管理的需要，又表现为通过会计工作及时揭示或暴露管理中存在的问题，促使改善和加强配套管理服务，充当管理和具体经济活动的中介。缺乏有效的会计管理活动，整个管理系统就无法正常运行，经济愈发展，管理愈科学，会计管理水平就愈高，必要性亦愈大；会计管理水平愈高，管理运行愈顺畅，经济发展愈有保障。

四、会计假设

会计假设（Accounting Postulates），又称为会计假定（Accounting Assumptions），它是进行会计工作的前提或先决条件。会计始终处于经济、政治以及文化等社会环境中，进行会计工作，必然受这些环境限制和约束。为适应这种社会环境进而满足会计反映和监督的需要，必须在进行会计工作之前，设定一些先决条件，即会计假设。当然，这些会计假设不是凭空想象的，而是通过对会计实务实践经验加以总结和归纳形成的，一经形成后，它便成为人们进行会计核算的一种惯例。任何一个企业单位在建立会计系统，提供经济信息之前，首先必须明确为谁提供信息，提供什么范围的信息，会计所要反映和监督的企业能否永远经营下去，会计又用什么作为计量单位等，这就需要建立会计假设。早在20世纪60年代，美国就有人提出了会计假设，而且把它作为研究会计概念、处理会计业务的先决条件。尽管从西方国家目前业已构建的概念框架来看，在形式上会计假设并未被纳入其中，但究其实质，概念框架已经默认了会计假设的影响。会计目标侧重于主观需求的角度，会计假设侧重于对客观可行性作出一种前提规定，因为会计目标提供了一种发展动力，而会计假设则提供了一种客观基础。不能一味地囿于客观限制而使目标钝化，也不能脱离限制一味地追求过高的目标，只有将二者很好地结合起来，将主观目标和客观假设很好地统一起来，才能使整个概念框架体系更具有逻辑性和合理性。

会计基本假设主要有以下几项：

（一）会计主体假设

会计主体假设是指会计所服务的特定单位或组织，它要回答的是会计为谁记账的问题，即解决会计反映和监督的空间范围有多大的问题。在该前提条件下，会计只为本会计主体服务，以本会计主体的存在为前提，只记本主体的账，只核算本主体所发生的经济业务。会计主体是指那些独立核算的企业、事业单位，或其中的一个分部。这样明确，是由于在市场经济条件下，企业的所有权与经营权发生了分离，为了明确所有权和经营权的责任，同时每个企业都是一个相对独立的商品生产经营者，为了独立经营、自负盈亏等也要求会计只记本主体的账，不应同任何别的主体相混淆，另外，企业也必须同本主体所有者自己的资产、负债或其他经济事项划清界限。需要指出的是，会计主体可以是法人，也可以不是法人。

（二）持续经营假设

持续经营假设是指在可以预见的将来，企业将会按当前的规模和状态继续经营下去，不会停业，也不会大规模削减业务。持续经营假设带有一定的主观假定性，因为，在市场经济中，竞争非常激烈，每个企业都有合并、改组、破产的可能，这是不以人的主观意志为转移的。但大部分企业，还是可以持续经营下去的，破产、改组和清算的企业毕竟是少数。因此，应该立足于市场经济环境这一事实，假定企业将会持续经营下去，在企业能持续经营条件下组织会计核算。除非有充分的证据证明企业已破产或倒闭，否则，将认为每一个会计主体都将无限期地持续经营下去。

（三）会计分期假设

会计分期假设是指会计核算应当划分会计期间，分期结算账目和编制会计报表。为什么要设立会计分期假设？这主要是因为企业的资金运动是一个连续不断的过程，只有在企业完全停止其资金运动后才能精确地核算其经营成果。但是，在持续经营的前提下，资金运动过程是永不停止的，为了及时提供会计信息，有必要在经营期间分期进行会计核算。因此，必须建立会计分期的前提条件。会计期间一般分为年度、季度和月，我国按公历制确定会计期间。

（四）货币计量假设

货币计量假设是指会计核算应以货币作为计量单位。会计核算之所以应当以货币作为计量单位，是因为：其一，企业拥有的资产种类繁多，计量单位不同，会计若要综合地对其进行反映就必须借助货币；其二，在商品经济条件下，必然存在商品生产，有商品生产就有商品交换，有商品交换就有货币交换，只有货币才能代表一切商品的价值，为此，会计必须以货币为计量单位来衡量商品的价值。

以货币作为会计核算的主要计量单位，也即会计主要进行价值形式管理，但价值是非常抽象的，只能通过价格来计量价值，所以，会计主要是借助价格进行核算。为了保持计量单位的统一，使会计提供的资料相互可比，当用价格进行会计核算时，还应假定币值不变，这也是基于简化会计核算手续的原因。

五、会计目标

会计目标指明了会计实践活动的目的与方向，也明确了会计在经济管理活动中的使命，成为会计发展的导向。制定科学的会计目标，对于以下各方面的工作都具有重要的作用：把握会计发展的要点，确定会计未来发展的步骤和措施，调动会计工作者的积极性和创造力，促使会计工作规范化、标准化、系统化，更好地为社会主义市场经济服务等。由于会计目标直接指向会计实践工作，会计目标实现程度是评价会计工作质量的根本标准，本书第二章将专门讨论这一主题。

会计论道与课程思政：

近6%的上市公司财务报告被出具非标准审计意见

截至2021年4月30日，除3家上市公司外，沪深两市共有4 247家上市公司披露了年度财务报告。按期披露年报的上市公司中，254家上市公司年度财务报告被出具非标准审计意见的审计报告，其中，无法表示意见33家、保留意见109家、带解释性说明段的无保留意见112家。

证监会共抽样审阅了869家上市公司年度财务报告，年报审阅过程中发现，上市公司执行企业会计准则和财务信息披露规则整体质量较好，但部分上市公司仍存在对准则理解和执行不到位的问题，主要包括：收入确认和计量不恰当、金融资产分类不正确、资产减值估计不谨慎、合并报表范围判断不合理、预计负债与或有资产抵销不恰当、债务重组损益确认时点不恰当等。

资料来源：证监会．证监会发布2020年上市公司年报会计监管报告［EB/OL］．［2021-08-27］．http：//www.csrc.gov.cn/csrc/c100028/c8390c4e9d1bb4202b66e431fbb1d07cb/content.shtml.

课程思政问题：会计人员在新时代资本市场建设中如何承担“看门人”的角色？

思考题

1. 信息系统论和管理活动论的主要差异是什么？有没有协调的可能？
2. 如何理解会计准则的性质？它的本质是什么？
3. 我国会计制度、会计准则和会计理论概念框架之间的关系是什么？
4. 请谈谈你对会计职能边界的看法。

第二章

会计目标

学习目标

- 理解会计目标的内涵和对实务的影响
- 掌握两种主要的会计目标观
- 理解会计质量特征与会计目标之间的关系
- 了解常用的会计质量衡量方法
- 了解当前对会计目标的讨论和会计信息质量特征的发展趋势

第一节　会计目标基本观点及其提出背景①

至今，学术界和实务界对会计目标仍有不同主张，主要观点有受托责任观、决策有用观、双重目标观和经济效益观等。

一、受托责任观

（一）提出背景

受托责任的产生是以财产的委托-受托关系为基本前提的，“在受托责任学派看来，首要原因在于资源的所有权和经营权的分离。如果资源不实行两权分离，而是两权集于一身，是不可能产生受托责任的概念的。换言之，直接从事经营活动的所有者除了对自己，不需要向任何人解释与说明其经营情况（葛家澍，1996）。”

有些学者认为，受托责任观主要在德、日等资本市场不发达的国家盛行。因为德、日等大陆法系国家证券市场的规模较小，以普通股股本的市值占国民生产总值的百分比来衡量，在大陆法系国家，一般是在30%以下；而在普通法系国家，如

① 吴水澎，谢诗芬，薛祖云．会计理论［M］．北京：机械工业出版社，2007：205-216.

美国、英国等国家，则这个数字高达50%～100%，相差悬殊。这些大陆法系国家公司的资本主要来源于大股东，股权集中度较高，企业融资渠道主要是银行借款，银行和法人间持股非常普遍。与企业关系密切的主办银行会指派股东直接参与企业管理，影响或控制董事会，直接干预企业的经营决策。由于这些企业商业活动的利益各方的参与度比较高，相互之间可以取得所需要的内部信息，对公开披露信息的要求较低。因此，德、日等国的会计规范体系倾向于较低水平的公开披露、会计不重决策而重利益关系调整的政策。

（二）主要观点

受托责任观的代表人井尻雄士（Yuji Ijiri）认为："财务会计的目标是反映受托者对受托责任的履行情况。"在现代社会生活中，受托责任关系无处不在。会计史学家理查德·爱德华兹（Edwards）在《财务会计发展史》一书中明确指出："在每一个有组织的社会里，某个人或某一伙人总是代表另一些人持有财物……财物的所有权与保管权相分离的现象十分普遍。股东将现金托付给董事会；父母将货币托付给信托人，借此为子女谋得利益……会计之所以日益重要，其原因之一就是在国民生产总值中，委托给代理人的比例在持续扩大。"受托责任的关系可因宪法、法律、合同、组织的规则、风俗习惯，甚至口头合约而产生，一个公司对其股东、债权人、雇员、客户、政府或者有关联的公众承担受托责任。在一个公司内部，一个部门的负责人对分部负有受托责任，而部门经理对更高一层的负责人也承担受托责任。

对受托责任的认识经历了一个不断深入和系统化的过程，其包含的内容也在不断拓展，开始时，受托责任主要指由两权分离引起的财产受托责任。佩顿（Paton）和利特尔顿（Littleton）在《公司会计准则导论》中将受托责任分为财产受托责任（accountability in property）和管理受托责任（accountability in management），前者属于董事会、管理当局及全体员工对股东所承担的责任，后者属于员工对管理当局、管理当局对董事会所承担的责任。后来，受托责任的范围进一步扩大，不仅仅包括财产交付产生的责任，还指整个社会托付的结果，即除了维护包括股东、职工等利益外，还包括利益相关的社会就业、公共事业建设、生态环境保护等方面。伯德在其著作《受托责任：编制财务报告的准则》中，将受托责任按资财委托的主体不同分为公共受托责任（public accountability）和非公共受托责任（private accountability）。

但是，不管受托责任的内容如何拓展，受托者的责任主要包括三个方面的内容：一是资源的受托者接受委托，管理委托方交付的资源，受托方因此承担了合理、有效地管理与应用受托资源，使其尽可能地保值、增值并适当承担起相关的社会责任；二是作为资源的受托方，承担了如实向委托方报告其受托责任的履行过程与结果的义务；三是作为资源受托方的企业管理当局，还负有重要的社会责任：最大限度地保持并提高企业所处社区的良好环境，有效地利用并培养人力资源等（Yuji Ijiri，1975）。

那么，会计目标与受托责任是怎样建立联系的呢？会计作为一个信息系统，是计量受托责任内容的重要手段。“会计涉及三方：责任人、委托人和会计人员……会计人员是作为第三方介入受托责任关系之中的，以便在责任人和委托人之间可以顺利地把委托的责任和交卸的责任交待明白（Yuji Ijiri，1975）”。财务会计就是在受托人接受托付后，按照公认会计原则的要求，对受托责任的完成情况进行认定和计量，并定期编制各种受托财务责任报告，为委托人考察受托人财务责任的完成过程和结果提供信息。

二、决策有用观

（一）提出背景

会计目标的决策有用观大约形成于20世纪70年代，以美国财务会计准则委员会（FASB）发布的财务会计概念公告为标志。决策有用观之所以首先在美国产生，这和美国资本市场的发展特点即社会经济环境有着密切关联。美国的资本市场主要有如下两个特点：

第一，资本市场发达，股东股权非常分散。公司主要的资金来源于股票市场的机构投资者和私人投资者，这不同于大陆法系国家。美国企业的大股东主要是非银行金融机构，包括保险公司、养老基金和共同基金等，仅养老基金就占了公开上市公司的30%。但机构投资者却不能对被持股企业产生直接影响，因为：①受美国各州法律规定的制约，保险公司在任何一个公司所持股票一般不能超过公司股票总值的5%，养老基金和共同基金一般不能超过10%，否则会面临不利纳税待遇；②美国1934年通过的《证券交易法》规定，任何基金股东不能进入企业董事会或控制、影响企业的经营管理，以防各基金操纵董事会，损害个人股东的权益；③众多分散的小股东则由于存在“搭便车”（free ride）的心理，不愿意或不能参加股东大会，弱化了股东权利。

第二，管理者实际操纵上市公司，公司治理出现较为严重的“内部人”控制现象。董事会的组成和董事会的决议往往被少数核心管理者所操纵，许多企业的董事长由首席执行官兼任，公司的经营权往往被控制在少数管理者手中。

外部约束机制尤其是资本市场对管理者的约束显得非常重要，于是股东关注的重点便放在企业收益公告和与收益相关的控制权如关注分红派息、股票分割和股票转让等方面的信息上来。企业公布的这些信息对股东发挥着极强的激励作用，股东依靠企业发布的类似的信息来作出是否投资或者改变投资组合的决定。因此，企业公布的会计信息对投资者决策有着重要的作用，股东通过公布的信息决定买进或者卖出股票的行为成为对管理者的重要约束机制，再加上依赖同样会计信息的接管市场、经理人市场、产品市场的共同作用，对经营者形成了一个强大而完备的外部约束机制，以和“内部人”控制形成抗衡。

（二）主要观点

最早提出会计决策有用观的是美国，早期主要代表人物、组织及其观点有：1940年，美国会计学家佩顿和利特尔顿在《公司会计准则导论》一书中提出，会计的目标是“提供关于某一企业的财务数据，加以汇集、整理与提供，以满足管理当局、投资人和社会公众的要求”。1953年，美国会计学家斯朵伯斯（Staubus）提出，会计的目标是“提供对投资人决策有用的信息”。1966年，美国会计学会（AAA）在其成立50周年纪念日发表的《基本会计理论说明书》中指出，会计提供信息的目的是：

（1）对有限资源的利用作出决策，包括辨认决定性的决策领域，并确定目标和方向；

（2）有限地管理和控制一个组织的人力资源与物质资源；

（3）记录（保存）与报告资源的受托责任；

（4）促进主体（会计主体）的社会职能并控制此种资源。

特鲁伯罗德（Trueblood）会计目标研究小组1973年发布的研究报告《财务报表的目标》（Trueblood Committee Report）提出，财务报表的基本目标就是提供“据以进行经济决策的信息”。

美国财务会计准则委员会（FASB）在1978年正式发布的财务会计概念公告第1辑《企业财务报告的目标》（SFAC No.1）是迄今为止有关会计目标研究的最有代表性的成果。该公告指出，财务会计的目标主要包括以下六个方面：

（1）财务报告应该提供对现在的和潜在的投资者、债权人和其他使用者作出合理的投资、信贷和类似的决策有用的信息，这类信息应该是全面的；

（2）财务报告应该提供有助于现在和潜在的投资者、债权人和其他使用者评估来自股利或利息以及来自销售、偿付到期债券或贷款等的实得收入和预期现金收入的金额、时间分布和不确定性的信息；

（3）财务报告应该提供关于企业的经济资源，对这些资源的要求权以及使资源和对这些资源的要求权发生变动的交易、事项和情况的信息；

（4）财务报告应该提供关于企业如何获得并花费现金的信息，关于企业的举债和偿还债款的信息，关于资本交易的信息（包括分配给所有者的现金股利和企业其他资源的信息），关于可能影响企业的变现能力或偿债能力的信息；

（5）财务报告应该提供关于企业管理当局在使用所有者委托给它的经济资源时是怎样履行它对所有者（股东）的经管责任的信息；

（6）财务报告应该提供对企业经理和董事们在按照所有者利益进行决策时有用的信息。

从美国会计学会和财务会计准则委员会发布的研究成果来看，两者均确立了会计目标决策有用观的地位。但是相比而言，SFAC No.1的规定更加完整和具体，它明确了需要会计信息作出决策的使用者主体，并对其具体内容作出了详细的规定。前4条主要针对外部信息使用者而言，第6条则主要针对内部管理者的需要。值得注意的是，两个研究报告均同时提及了会计的受托责任，即会计应该同时提供有关于受托责任完成情况的信息。

英国会计准则委员会（ASB）在其发布的《财务报表目标和财务信息的质量特征》中也明确指出了会计决策有用性的目标，主要有如下三条：

（1）为信息使用者作出决策提供有用的关于企业财务状况、经营业绩和财务适应能力的信息；

（2）反映企业管理当局对资源的受托和经营责任履行的结果，使用者评估经管责任是为了经济决策；

（3）财务报表使用者的经济决策，要求评估企业产生现金的能力及其形成的时间和确定性，如果能提供企业财务状况、经营业绩和现金流动的资料，使用者就能更好地评估产生现金的能力。

国际会计准则委员会（IASB）在1989年7月公布的《编报财务报表的框架》中提出，提供财务报表的目标是：

（1）提供在经济决策中有助于一系列使用者了解企业财务状况、经营业绩和财务状况变动的资料；

（2）反映企业管理当局对交托给其的资源的经营成果或受托责任，这是为了能够作出经济决策；

（3）财务报表使用者的经济决策要求评估企业产生现金和现金等价物的能力及其产生的时间和确定性。如果使用者得到的是集中说明企业的财务状况、经营成果和财务状况变动的资料，他们就能更好地评估这种产生现金和现金等价物的能力。

澳大利亚会计研究基金会（AARF）在《会计概念的说明》中将财务报告的目标表述为：

（1）通用财务报告应当为使用者决策和评估有限资源的分配提供有用的信息；

（2）管理当局和控制机构应提供通用财务报告以帮助了解其履行经营责任的情况；

（3）财务报告应揭示与评价经营业绩、财务状况、融资和投资及符合相关性的信息。

我国1993年发布的《企业会计准则》指出："会计信息应当符合国家宏观经济管理的要求，满足有关各方了解企业财务状况和经营成果的需要，满足企业加强内部经营管理的要求。"

我国2006年发布的《企业会计准则——基本准则》（2014年该项准则虽有修订，但此处并未改动）第四条规定："企业应当编制财务会计报告。财务会计报告的目标是向财务会计报告使用者提供与企业财务状况、经营成果和现金流量等有关的会计信息，反映企业管理层对受托责任履行情况，有助于财务会计报告使用者作出经济决策。”

英国ASB、澳大利亚AARF、IASB与美国FASB发布的会计目标差别不大，均强调了决策有用的观点，只是详细程度有所不同。四者也同时强调了财务会计要反映管理当局受托责任的完成情况，但是ASB、IASB比起FASB、AARF，明确指出了会计报表之所以要提供管理者经管责任方面的信息，主要是为了“能够作出经济决策”，这便和前面强调的决策有用观有机地统一起来。

三、双重目标观

针对会计目标受托责任观和决策有用观的各自不足，有学者提出了会计目标的双重目标观。赵德武从融合的角度出发提出：“①会计的目标在于提供有用的会计信息，会计信息的有用性表现在有助于经济决策和反映受托经管责任两个方面。在这个意义上，会计反映受托经管责任和有助于经济决策可以看成会计的两个相互补充的具体目标。②会计信息系统是会计信息生成系统和会计信息分析利用系统的有机统一，会计信息生成系统侧重于反映受托经管责任的会计目标，会计信息分析利用系统侧重于有助于经济决策的会计目标。”

四、经济效益观

阎达五教授认为：“如果我们把会计管理的内容概括为价值运动，那么按照马克思的价值理论，把这种管理的目的确定为取得最大的经济效果就是顺理成章的，只不过是不同社会制度下，经济效果的内容、性质和讲求经济效果的目的和后果不同而已。”

吴水澎教授认为：“会计的目标可以大致归纳成：回顾和揭示有关企业过去各种不同性质的经济效益，观察和描述有关企业现在各种不同的经济效益，预测和报告有关企业未来各种不同性质的经济效益，联系分析有关企业过去、现在和未来同一类别经济效益之间的过渡、转化及影响关系，横向比较不同企业同一时期同一类别的经济效益，总体经济效益形成和分配的结构分析及其发展变化预测，直接应用上面有关经济效益的会计信息实行一定范围和程度上的经济效益控制。”

但是一些人对此提出不同意见，如王爱国认为：“提高经济效益并不是会计的‘专利’……因为：①经济效益是一个综合性的指标，它全面概括了经济工作各个方面的业绩，是所有经济工作追求的目标……②会计的目标是由会计的本质特性决定的，要体现会计的特殊性。”

五、不同会计目标对会计实务的根本影响

（一）会计报表的重点不同

在受托责任观下，会计报表的重点是反映经营业绩的信息，主要提供关于过去的交易和事项的信息，因此在会计确认和计量上均强调采用历史成本和稳健原则。

在决策有用观下，会计报表应该反映投资者决策需要的信息，而就决策而言，对投资者最重要的信息是关于企业未来现金流动的金额、时间分布及其确定性的信息。因此，在会计处理时不仅允许采用历史成本原则，而且允许采用多种计量方法，如未来现金流量现值、重置成本、可变现净值等，以反映企业未来经济利益和价值，摒弃了传统的“成本观”，提供公允价值计量。

（二）对会计信息质量特征要求的侧重点不同

在决策有用观下，要求注重信息与决策者决策的相关性，信息如果与决策者作出的决策不相关，就是没有用的。而在受托责任观下，提供的信息更注重可靠性，强调其客观性、中立性及可验证性的特点，认为会计的目标是要真实地反映过去的经营活动，以评价经营者过去一段时间的受托责任履行情况。

（三）财务报告采用的形式和提供报表数量有所不同

受托责任观下的会计信息提供方式和内容比较单一，主要是一些客观反映企业过去经营业绩的信息。在决策有用观下，财务报表是为了对信息需求者提供决策有用的信息，信息需求者的需求多样性和变动对会计报表提供信息的种类和形式产生影响，财务报告为了迎合外部信息需求，采取了灵活和不断改进的方式，例如，提供盈利预测表等。

第二节　评价会计目标实现情况：质量特征及其度量①

不论对会计目标持哪种理论观点，只有对会计目标的实现情况能够进行客观评价，会计目标的引导功能才有实际意义。为此，包括FASB、IASB在内的会计组织曾努力将会计目标细化和具体化，其成果就是提出了一系列关于会计信息质量特征的准则和公告。

一、会计信息的质量特征

会计信息的质量特征，是指财务报告提供的信息对使用者有用的那些性质。关于这方面的研究很多，富有代表性的是各个国际会计组织或各国会计准则制定机构对于财务报告质量特征的研究。

美国财务会计准则委员会（FASB）公布的财务会计概念公告第2号《会计信息的质量特征》提出了以“决策有用性”为最高质量，以相关性和可靠性为主要质量特征，以重要性和可比性为次要质量特征的会计信息质量分级体系。其中，相关性包括预测价值、反馈价值和及时性，可靠性包括可核实性、真实性和中立性。国际会计准则理事会（IASB）发布的《关于编制和提供财务报表的框架》中认为，会计信息质量由可理解性、相关性、可靠性和可比性四项主要质量特征组成，并认

① 孙光国，杨金凤.财务报告质量评价研究：文献回顾、述评与未来展望［J］.会计研究，2012（3）.朱连美.受托责任及其评价指标体系研究［J］.中央财经大学学报，2007（10）.

为相关性包括预测作用、证实作用和重要性，可靠性包括如实表述、实质重于形式、中立性、谨慎性和完整性等。

在我国，《企业会计准则——基本准则》中提出的会计信息质量要求包括可靠性、相关性、可理解性、可比性、实质重于形式、重要性、谨慎性和及时性。从排列顺序上看，我国的会计信息质量特征也强调可靠性和相关性，而且把可靠性放在第一位。

对于会计信息质量特征的研究，从来就没停止过。近几年来，FASB、IASB开展了联合研究。在其发布的《联合概念框架》中将财务报告的质量特征分为基本的质量特征和增进的质量特征。其中，基本的质量特征包括相关性和如实反映。相关性包括两个子质量：预测价值、确定价值；如实反映包括三个子质量：完整的、中立的、无重大差错。增进的质量特征包括可比性、可稽核性、及时性和可理解性。

从现有各个会计准则制定机构的研究成果来看，确定会计信息质量特征究竟包括哪些内容取决于财务报告目标，而确定目标的出发点是财务报告使用者，所以以上会计信息质量特征都是从财务报告使用者需求的角度入手。当然，也有提出其他目标的，如美国证券交易委员会（SEC）前主席阿瑟·莱维特提出了以保护投资人的利益为目标的另一种思路，形成了投资者保护观。在这种思路下，主要的质量要求有诚信、透明、公允、可比和充分披露等特征。其中，透明和充分披露是FASB的质量特征中所没有的，这也是SEC站在投资人的角度思考以保护投资人的利益为目标的体现。

二、财务报告质量衡量方法

目前，关于财务报告质量衡量方法的研究主要集中于三个方面：第一个方面是对财务报告整体质量衡量方法的研究；第二个方面是对财务报告具体质量衡量方法的研究；第三个方面是对建立财务报告质量评价体系的研究。

（一）财务报告整体质量衡量方法

许多学者选取盈余质量作为财务报告整体质量的替代变量进行研究。盈余质量是财务报告质量经验研究中研究最多、最具热点的一个分支。

关于盈余质量的定义，学术界至今未能形成一致的观点。根据吴德军（2009）的归纳，目前学术界从五个角度诠释盈余质量：①经济收益观下的盈余质量。在经济收益观下，只有反映真实收益的信息才是高质量的。因此，会计收益与经济收益的一致程度即是盈余质量高低的体现。②决策有用观下的盈余质量。在这种角度下，盈余质量被认为是盈余在评价公司绩效时的相关性。③现金流观下的盈余质量。在现金流观下，盈余质量是指盈余与现金流的匹配程度。④盈余管理观下的盈余质量。这种观点下的盈余质量用盈余生成过程中的盈余管理程度来衡量。⑤盈余特征观下的盈余质量。盈余特征观认为高质量的盈余应该具有持续性、变动性等会计盈余的特有特征。

至于对盈余质量的衡量，根据Schipper和Vincent（2003）的归纳，主要有五类：

（1）盈余的时间序列特性思路。其中，持续性、变动性和可预测性均为反映盈余质量的重要指标。Sloan（1996）设计出了能够检验盈余及盈余中不同项目的持续性的模型。关于可预测性，Francis等（2005）构造出了以10年为时间窗检验可预测性的模型。

（2）从收益与应计额之间的关联看盈余质量。由于盈余包括现金和应计项目，而应计项目又可以分为非操纵性应计项目和操纵性应计项目，许多研究都使用了应计项目或是操纵性应计项目衡量盈余质量，进而衡量财务报告质量。王庆文（2005）将会计盈余与经营现金流量的差值除以总资产定义为应计项目，以应计项目作为衡量会计盈余质量的标准，研究了应计项目对公司下一年度的会计盈余及未来两年内股票收益的影响。Jones等（1991）提出的Jones模型摒弃了先前模型中非操纵性应计利润每期不变的假设，考虑销货变动与折旧性资产总额对非操纵性应计利润的影响。该模型在得到非操纵性应计利润后，由估计期总应计利润减去非操纵性应计利润得出估计的操纵性应计利润。而Dechow、Sloan和Sweeney（1995）认为Jones模型只考虑了销货收入这一变量，无法测量公司以赊销为手段的盈余管理。因此，他们在Jones模型的基础上增加了应收账款的变动变量，消除了赊销对销货收入的影响，该模型被称为修正Jones模型。考虑到上述两个模型均忽略了无形资产和其他长期资产对非操纵性应计利润的影响，陆建桥（1999）在Jones模型的基础上提出了扩展的Jones模型，他在自变量中又增加了无形资产和其他长期资产变量。

（3）从收益与现金流量之间关联的角度看盈余质量。从这个角度考虑，以权责发生制和以收付实现制计量的利润从长期来看应该是相同的，所以应计利润与经营现金流量越相近，盈余质量越高。基于这种思想，有学者设计出了用应计利润和经营现金流量之间的差异来衡量盈余质量的应计质量模型，该模型线性回归获取的残值，即流动应计项目与前期、当期和下期现金流不匹配的程度，是对应计项目质量的逆向计量，匹配程度越低，盈余质量越差（Dechow和Dichev，2002）。然而，上述线性应计模型无法确认会计应计过程中的非线性因素。因此，Ball和Shivakumar（2005）在Dechow和Dichev的基础上进行了改进，引入虚拟变量，提出了分段线性应计模型，这一模型在其后的研究中也得到了广泛的应用。

（4）从审计水平推断盈余质量。很多经验研究成果表明，有效的审计对财务报告质量有提升作用。例如，有文献认为，“四大”审计的上市公司会计信息透明度显著高于非四大审计的上市公司（王艳艳和陈汉文，2006）；也有研究证实内部审计水平越高，越有助于减少代理人的逆向选择与道德风险，越能有效地侦查和抑制管理层过激的会计政策，财务报告质量越高（王守海等，2010）。

（5）从价值相关性角度推断盈余质量。经典的度量模型有收益模型（return model）和价格模型（price model）。收益模型是研究收益与剩余收益对市场调整后股票报酬率解释能力的模型。这一模型基于股票价格反映了公司经济价值这一假设，认为现期的会计盈余会影响预期盈余，而预期盈余将影响预期股利，从而对现期的股价产生影响（Easton和Harris，1991）。Ohlson（1995）设计的价格模型是另一个具有代表性的价值相关性模型。这一模型研究的是会计盈余与净资产对股票价格的解释能力，将企业的市场价值与财务会计信息直接联系起来。将两个模型相比较可以发现，价格模型具有两大优点：第一，如果股票市场对会计盈余的任何成分有所预期并反映在期初的股价上，那么应用收益模型得出的结论将产生偏差，而价格模型依然能证明会计信息对决策是有用的。第二，价格模型建立起了会计盈余、净资产与企业市场价值的联系，将会计信息有用性的评价范围由利润表拓展到资产负债表（王跃堂，2003）。在相关研究中，价格模型或收益模型都得到了广泛的应用，也有许多学者认为价格模型优于收益模型，价格模型的应用呈现增长的趋势。

综合来看，虽然在经验研究中，盈余质量已成为财务报告质量量化研究最常见的一种方法，盈余质量也确实与财务报告质量有一定相关性，但我们仍不禁怀疑这种相关是否真的强到可以用盈余质量替代财务报告质量，盈余质量究竟是财务报告质量的一种不得已而为之的替代还是一种有效替代？单纯从评价财务报告质量的角度来讲，恐怕盈余质量的高低不足以反映财务报告质量的高低。因为影响财务报告质量的因素有很多，具体的作用方式与作用机理也各有不同，如果用盈余质量的衡量结果直接替代财务报告质量，难免会给人以偏概全的印象。

（二）财务报告具体质量衡量方法

许多学者从衡量某一财务报告质量特征的角度展开了研究，例如，对可靠性等质量特征进行专门衡量。毋庸置疑的是，对某一财务报告质量特征的衡量是一件非常难的事情，有很多特征无法量化，甚至也无法从财务报告中找到蛛丝马迹来验证，只有在财务报告的形成过程中才能有所体现，如实质重于形式、谨慎性等质量特征。而有些质量特征尽管本身不能量化，但可以寻找到替代变量来进行衡量。下面选取可靠性、相关性、及时性、可比性、透明度及披露质量等质量特征进行阐述。

1. 可靠性

可靠性是指会计信息能够如实表述所要反映的对象，不偏不倚地表述经济活动的过程和结果，避免倾向于预定的结果或某一特定利益集团的需要（葛家澍等，2006）。

由于衡量可靠性存在着天然的难度，学术界对可靠性衡量方法的研究较少，视角也较为局限。目前，对可靠性的衡量可分成三个角度：第一个角度是从可靠性的定义出发，直接构建衡量可靠性的模型；第二个角度是针对具体行业的特点，定义出可靠性的具体衡量方法；第三个角度是从实务中表现出的现象归纳可靠性的衡量方法。

从第一个角度衡量可靠性的典型代表是井尻雄士、朱迪克（1972）和陈美华（2006）。井尻雄士和朱迪克用多次独立计量得出数据的离散程度来衡量财务报告的可靠性，认为如果多个人对同一项经济事项进行计量，得出的结果越相近，则意味着财务报告的可靠性越高。具体模型为：

$$V=\sum(x_i-\bar{x})^2\div n$$

其中，V代表可靠性，V值越小越可靠；n代表重复计量次数；x_i代表第i次的计量值；$\bar{x}$代表多次计量结果的期望值。由以上模型可见，他们主要是从真实性的角度来衡量财务报告的可靠性的。

在井尻雄士和朱迪克的研究的基础上，陈美华将可靠性的测度分成两个步骤。

第一步，对所测量数值的真实程度进行测量，具体模型如下：

$$V_t=[\sum(x_i-\bar{x})^2\div n]+(x-x^*)^2$$

其中，$(x-x^*)^2$表示被测量值与期望值之间的偏差；V_t表示调整后的均方差，它的值越小代表信息越真实。

第二步，结合信息使用者可容忍误差，提出用于计量可靠性的模型如下：

$$R=100\%-V_t\div(x^*\times p)$$

其中，R表示可靠性程度，p表示可容忍误差。由模型可知，在考虑信息真实性的基础上又考虑了可容忍误差，认为在一定的容忍程度范围内，财务报告反映的会计信息都是可靠的。这一模型是井尻雄士和朱迪克设计模型的改进，但这两种模型在实务操作中均存在着较大难度。

从第二个角度衡量可靠性的典型代表是王波和胡海边（2008），他们在研究制造类企业财务报告的可靠性时，选取了应收账款/其他应收款、主营业务收入/预收账款、销售商品提供劳务收到的现金/收到其他与经营活动有关的现金、主营业务收入/应收账款、销售商品提供劳务收到的现金/应收账款等指标，并用层级分析法来确定各项指标的权重，认为得分越多，财务报告的可靠性越高。

从第三个角度衡量可靠性的典型代表是刘建勇和朱学义（2008），他们以上市公司在年报披露之后，有无对年报的各类补充公告或更正公告（实务界称之为“打补丁”）为标准来判断财务报告可靠与否。补丁的出现意味着原来的年报中可能存在着错误或者缺失，会降低年报的可靠性。

财务报告质量的可靠性一直是一个易于定性而难以定量的质量特征，第一个角度对可靠性的衡量虽然紧扣可靠性概念，但实际上难以操作；第二个角度的衡量虽然容易操作，但考虑的是特定的企业类型、小范围的衡量，难以推广成为适合普遍意义上的财务报告可靠性的衡量；第三个角度从可靠性的反面角度入手（哪些指标会降低可靠性）来判断财务报告是否具有可靠性，这无疑是一种很好的思路，给可靠性的衡量提供了一个全新的视角。

2. 相关性

相关性是指企业提供的会计信息应当与财务报表使用者的经济决策相关，有助于财务报表使用者对企业过去、现在或者未来的情况作出评价或预测。现有的关于相关性的研究大多与证券市场的反应相联系，集中于对股价变动等市场反应的解释和预测上，与前面提到的盈余质量的价值相关性研究高度重叠。目前，衡量与价值相关性有关的模型主要有价格模型、收益模型、剩余收益定价模型等。

也有学者用财务指标对股价的解释能力来衡量价值相关性。潘立生、李华（2010）就是运用传统的财务指标，构建了股票价格、每股净资产和每股收益的线性回归模型，以此来对比研究新、旧会计准则的价值相关性。不同于单纯地选取财务指标，蒋义宏、陈高才（2006）选取了综合性指标衡量财务报告所蕴含的会计信息质量，他们考虑了盈余数据及财务管理指标，用非参数检验的方法对会计信息的预测价值进行检验。

由于投资者进行投资决策时往往会考虑企业产生的现金流量，即投资决策与企业的现金流量相关，因此也有一些学者以未来现金流量的可预测性作为财务报告质量的衡量标准。李青原（2008）在研究公司财务报告质量的决定因素时，运用了Lang＆Lundholm的分析框架，以未来现金流量的可预测性定义财务报告质量，认为未来现金流量的可预测性越强，公司财务报告质量越高。王化成（2003）等在研究历史现金流量信息对预测公司未来现金流量方面的相关性问题时，以扩展后的DKW模型（DKW模型是基于本期盈余是下期现金流的最佳估计的思想建立起来的现金流量预测模型）为基础，设计出检验历史现金流量的增量预测价值模型，检验中国资本市场披露现金流量信息是否具有决策有用性。

不论是盈余质量、传统财务指标、综合性指标的价值相关性研究，还是未来现金流量的可预测性研究，这些相关的经验研究都是基于大样本统计得出的结论，是从统计学意义上验证某些指标具有价值相关性，因此难于应用到单个财务报告的质量评价中。

3. 及时性

及时性包括及时确认计量、按时编报财务报告、及时披露等。关于及时性的衡量，国外文献中存在三种衡量标准：初步时滞（preliminary lag）、审计师签字时滞（opinion signature lag）与总时滞（total lag）。初步时滞是指上一会计年度结束日与年报预告日之间的间隔；审计师签字时滞是指上一会计年度结束日与审计师签署审计报告日的时间间隔；总时滞是指上一会计年度结束日与年报实际披露日的时间间隔。由Chambers和Penman（1984）提出的报告时滞（reporting lag）与总时滞相同，也被定义成上一会计年度结束日与年报实际披露日的时间间隔。因此，报告时滞与总时滞具有相同的含义。在国内，多数研究使用总时滞（报告时滞）衡量年报披露的及时性。

使用总时滞（报告时滞）衡量及时性还涉及一个关键问题——计算报告时滞时，是否将公告期间的节假日包括在时滞期内。一种方法是计算时滞期时考虑公告期间的节假日，有很多研究采用这种方法（伍利娜和束晓晖，2006；蒋义宏和湛瑞锋，2007；杜兴强和雷宇，2009；修宗峰，2009）。另一种方法是计算时滞期时不考虑公告期间的节假日（朱晓婷和杨世忠，2006）。除采用总时滞衡量绝对及时性外，蒋义宏和湛瑞锋（2007）又选用了年报实际披露日与年报预约披露日之间的时间间隔衡量相对及时性。与他们相同，王雄元等（2008）在研究年报及时性的信号效应时，也选用了实际披露日与预约披露日之间的时间间隔作为及时性的替代变量。程小可（2004）等在报告时滞这一衡量方法的基础上，用基于随机游走模型的定义标准，以年度盈余公告披露时间的滞后天数（即公司盈余公告时间与预期数之间的差，差值为正说明不及时，反之说明及时；公司盈余公告时间为盈余公告日与上一会计期间结束日之间的交易天数，预期数为上年度盈余公告时间）作为年报披露及时性的替代变量。

除上述方法外，也有学者提出用反算时滞衡量及时性。反算时滞即年报申报截止日与公司申报日之间的间隔（林有志等，2007；汪方军等，2008）。还有学者认为在三个月以内披露年报的上市公司及时性较好，在第4个月及以后披露年报的公司则及时性较差（刘建勇、朱学义，2008）。

4. 可比性

可比性体现在纵向可比和横向可比两个方面。纵向可比是指同一企业不同时期发生的相同或者相似的交易或者事项应当采用一致的会计政策。横向可比是指不同企业发生的相同或者相似的交易或者事项，应确保会计信息口径一致。由于可比性易受会计准则及会计制度的更改、企业行业特点、企业的组织形式等方面的影响，因此对其进行衡量有一定的难度，关于可比性衡量方法的研究也比较少。

根据魏明海（2005）的归纳，有的学者认为不同时期的盈余与应计额倍数差异、账面价值与市场价值倍数差异、现金流量与应计额相关性差异等变化都能在一定程度上反映可比性。除上述指标外，魏明海（2005）认为，现金流量与应计收益的相关性也能在一定程度上反映会计信息的可比性。

5. 透明度及披露质量

目前，关于透明度尚无一个明确的定义。葛家澍（2001）提出透明度有两种理解：“狭义的解释把透明度同充分披露视为同义语；广义的理解则将之视同为高质量的全部含义。”从狭义理解来看，透明度和充分披露关系紧密，并且它们同为投资者保护观下要求的质量特征，因此这里将财务报告透明度及披露质量一起论述。

现有的关于财务报告透明度及披露质量衡量方法的研究既包括许多权威机构设

计的测评方法，也包括学者们构建的指标体系或应用模型。与对透明度含义的两种理解相对应，学者们对透明度的衡量也包括两方面：对信息披露透明度的衡量和对会计信息透明度的衡量。

第一，对信息披露质量（信息披露透明度）的衡量。目前，比较权威的信息披露评级指数包括国际财务分析和研究中心（Center for International Financial Analysis and Research）所发布的CIFAR指数，标准普尔公司（S&P）发布的“透明度和披露评价体系”（简称T&D评级），普华永道（PWC）的“不透明指数”，我国深圳证券交易所进行的深市上市公司的年度评级等。

CIFAR指数共选取了90个重要的披露项目，并以这些项目在公司年报中被披露的数量多少作为透明度的衡量标准，披露数量越多，CIFAR指数越大，透明度就越高。T&D评级也是通过考察各公司相关内容的披露数量对其透明度进行评价，评价指标具体包含所有权透明度与投资者关系透明度，财务透明度，董事会、管理层结构及程序的披露程度三个层面，共计98项指标。CIFAR、T&D披露指数主要用于国家之间各公司的信息透明度的衡量与比较。“不透明指数”则主要从腐败、法律、财经政策、会计准则与实务、政府管制五个方面对国家整体的会计透明度进行评价，反映的是各个国家之间会计透明度的差异。

自2001年开始，我国深圳证券交易所根据《深圳证券交易所上市公司信息披露工作考核办法》对深市上市公司的信息披露情况进行年度评级。深交所主要从真实性、准确性、完整性、及时性、合法合规性和公平性等六个方面考核上市公司的信息披露工作，将上市公司的信息披露质量从高到低依次划分为优秀、良好、及格和不及格四个等级，并在深交所网站上发布评级结果。在经验研究中，许多学者直接运用了深圳证券交易所发布的评级结果衡量透明度（方军雄，2007；谭劲松等，2010）。

有的学者以上市公司披露的临时报告数量作为信息披露透明度的替代变量，其所构建的公司信息透明度指数为公司的临时公告数量和季报数量的加总（汪炜、蒋高峰，2004）；有的学者用企业自愿性信息披露的数量作为企业透明度的替代变量（崔学刚，2004）；有的学者借鉴了Botosan自愿披露指标的细分项目和归类的思路，将各类自愿披露明细项目归到五大类信息中，分别为这些明细项目赋分并加总，从而建立了公司自愿披露的评级体系（钟伟强、张天西，2006）。

此外，南开大学公司治理研究中心推出的南开治理指数（CCGINK）在对上市公司的治理情况进行排名时综合考虑了六个维度，其中也包括信息披露。该指数从完整性、真实性、及时性三个方面对公司信息披露进行评价。

以上不论是权威机构测评还是学者研究，多数采用了指数衡量方法，这是半客观法的一种，它事先列出一些项目，并仅评价这些项目的内容而忽略其他方面。与半客观法相对的是主观等级法，这种方法主要利用分析师评分的方法进行衡量，应用这种方法的典型代表是AIMR机构，但该机构已于1997年停止了等级评定（Beattie，2004）。

第二，对会计信息透明度的度量。这方面研究与财务信息整体质量的衡量有一定的重叠性。Bhattacharya、Daouk & Welker（2003）提出用盈余激进度、损失规避度和盈余平滑度以及三个指标的联合——总盈余不透明度作为透明度的替代变量。盈余激进度是指上市公司倾向于延迟确认损失或费用却加快确认收入的行为，在财务报告中会体现为应计利润的增加。盈余平滑度是指一定时期内上市公司盈余和现金流的相关程度。因此，Bhattacharya等用操纵性应计利润来反映盈余激进度，用应计项目的变化与相应年度现金流变化的相关系数反映盈余平滑度。其后许多学者都在Bhattacharya、Daouk & Welker（2003）的基础上，对会计信息透明度的衡量进行了研究。杨之曙和彭倩（2004）及周中胜和陈汉文（2008）均以盈余激进度和盈余平滑度作为上市公司会计信息透明度的衡量指标。王艳艳和陈汉文（2006）则用稳健性、及时性和盈余激进度作为会计信息透明度的替代变量。

可以看出，现有关于透明度的研究分为两个方面：一方面是信息披露的透明度；另一方面是信息内容本身的透明度。前者注重形式上的充分性，即注重披露形式、披露数量；而后者注重内容上的充分和真实，主要是从透明的反面——信息的不透明角度进行衡量。但信息内容透明度概念涉及范围过于广泛，与信息质量整体特征概念存在较大重叠。

（三）财务报告质量评价体系的构建

前述对财务报告质量的衡量，多数局限于学术研究而难以应用到实践，因而有学者探索建立一套切实可操作的信息质量评价体系。其基本思路是选择一系列评价指标，赋予不同的结构层次和权重值，进而得到综合评价结果，但这类研究仍处于探索阶段。

形成较为完整的评价体系的研究包括李丽青、师萍（2005）构建的评价指标体系。他们认为会计信息质量应包含会计信息披露的质量和会计信息内容的质量两个方面。因此，他们构建了一个二层结构的评价指标体系。它具体包括充分披露程度、会计政策一致程度、现金流量质量度和收入资产质量度4个一级测评指标体系，每个一级指标下设若干二级指标，二级指标为定量数据或可直接判断的定性数据，根据问卷来设置每个指标的权重。该套评价指标体系基本能够反映企业会计信息质量的内涵，所构建的一级指标，不仅包括会计信息内容的质量还包括会计信息披露的质量，是较为科学与全面的。当然，其二级指标及权重的确定还有进一步完善的空间。

第三节　当前会计目标局限性的讨论[①]

1990年以后，决策有用性财务报告模式受到了美国证券监督管理委员会（SEC）和FASB的支持（Wyatt，1991），并迅速在会计准则的制定中得以充分、全面的体现。2010年，FASB发布第8号财务会计概念公告确认决策有用性是财务报告的唯一目标，从而奠定了公允价值会计模式的基础。

FASB和IASB认为决策有用性包含了受托责任，其逻辑是，在有效的资本市场机制中，投资者买卖股票实际上就是对公司及其管理层的评价，为投资者买卖股票提供信息的同时也就意味着向股东报告受托责任的履行情况。这个逻辑的成立需要有两个基本条件：一个是存在规模大、流动性强的资本市场，使得股票价格的变化和控制权市场能够对公司管理层产生足够的约束和激励；另一个是股权高度分散，零散的股东无法对公司管理层形成威慑，公司治理机制作用有限。还应看到，这个逻辑成立的一个根本性前提是无缺陷的市场机制。但问题是，许多国家或者经济体都无法满足上述两个条件，这或许正是欧洲一些主要国家的准则制定机构强烈建议单独确立受托责任报告目标的原因（ASB，2007；EFRAG，2013）。显然，在全球很多国家或者经济体都存在同样的问题，而不仅仅是在欧洲。在缺乏规模大、流动性强、股权高度分散的资本市场的情况下，保护投资者或者股东权益的最优报告系统并不是以决策有用性为目标，而是以受托责任为目标。一个事实是，在资本市场发达之前的会计信息对保护投资者一直发挥着作用（Jones和Oldroyd，2009）。受托责任不仅仅在于法律意义上的问责、追究责任，还在于受托责任本身意味着管理层恪尽职守的职业道德。受托责任的特征是信任、信心、信誉，涉及勤勉、责任、守法、承诺。受托责任涉及的义务包括契约义务、勤勉义务和诚信义务。

即便一个国家或者经济体存在规模大、流动性强、股权分散的资本市场，公司治理机制仍然是保障股东权益不可或缺的条件，特别是作为大股东的机构投资者的受托责任。市场失灵的情况是经常出现的，平时通过公司治理机制来保证管理层的勤勉尽责，对于维护股东的权益是有价值的。历史经验表明，只要出现灾难性事件，人们就想起了“责任”，比如，安然事件、2008年金融危机等，这些时候也正是市场不能保护投资者的时候。市场是看不见的手，而公司治理则是看得见的手，就如同企业职业经理人的管理一样，两者是相辅相成的。通过治理机制维护自身权益是股东特别是控股股东的权利。现实中，市场机制毕竟很难替代公司治理机制，所以，各地的证券交易所都无一例外地制定治理规则或者指南，要求加强公司的治理结构。在正常情况下，市场机制是公司治理机制的外部环境，外因通过内因起作

① 夏冬林．受托责任、决策有用性与投资者保护［J］．会计研究，2015（1）．

用，忽略公司治理机制，不发挥会计在治理机制中的作用，最终通过“用脚投票”的方式来维护股东权益只不过是无可奈何的选择。此外，各个国家或者经济体的具体情况不同，公司管理层的受托责任也不尽相同，社会责任、关联交易、收购兼并等都会成为“受托责任”财务报告的重点内容。以“决策有用性”为唯一目标的通用财务报告模式不能满足“受托责任”的需要（Gjesdal，1981）。以FASB第8号财务会计概念公告为例，由于财务报告目标的变化，不再强调“受托责任”，公允价值成为会计计量的首选方式，“如实反映”取代了“可靠性”，删除了“稳健性”“实质重于形式”，最近发布的“来自顾客合同的收入”会计准则不再采纳“实现”。这些变化的直接后果是，财务报告的业绩只是资产或者负债价值变动的结果，与现金流量的关联变弱，与会计期间的联系变弱，偏离权责发生制和收付实现制的基础，这样的会计结果是无法衡量“受托责任”的，也超出了管理层受托责任的范围。会计信息对于债务契约和公司治理的价值主要是在于报告客观的、可验证的经营成果。“尽管通过公允价值会计将面向未来的信息包含在财务报告中可以改善主观评价企业经营成果或财务状况的相关性，但却削弱了会计信息在债务契约中的作用，以及在管理层报酬计划中的明显运用”（Shivakumar，2013）。

第四节　IFRS中会计目标和质量要求的修订与争议[①]

一、修订历程

从2011年开始，国际会计准则理事会（IASB）对IFRS体系中的财务报告概念框架进行独立修订。2015年，根据对2013年发布的财务报告概念框架讨论稿（DP：Discussion Paper）的反馈，对外发布了修改后的概念框架提议，即财务报告概念框架的ED（Exposure Draft）——“征求意见稿”（以下简称2015概念框架ED）。征求意见稿截至2015年11月26日。征求意见完毕后，IASB综合反馈意见对概念框架再次进行修订，并于2018年3月发布了财务报告概念框架的正式稿，规定相关单位的应用最迟不晚于2020年1月1日。

IFRS中的财务报告概念框架是由IASB前身IASC在1989年制定并发布的，并在相当长的一段时期内作为国际会计准则制定的依据。2004年，IASB和美国财务会计准则委员会（FASB）启动了一个联合项目，分八个阶段，拟制定一个统一的概念框架。IASB和FASB联合项目的成果是：（第一阶段）在2010年完成了一个共享概念框架的两章，主要内容是第1章的“通用财务报告的目标”及第3章的“有用财务信息的特征”，分别以不同的形式发布，FASB发布的是第8号概念公告，IASB根据联合成果对原概念框架进行了修改，发布了“财务报告概念框

① 彭宏超．IASB新财务报告概念框架征求意见稿综述及评价［J］．中国注册会计师，2016（3）：48-55.IASB. Exposure Draft：Conceptual Framework for Financial Reporting，May 2015.

架——2010”。除此之外，委员会（第四阶段）还在2010年3月发布了一个关于“报告主体概念”的联合征求意见稿，但至今尚未有定稿。联合项目的其他方面没有实质性的进展。但也是在2010年，IASB和FASB由于集中精力于更紧迫的项目而暂停了联合概念框架项目。

2011年，IASB就其议程进行公开征求意见，大多数意见反馈者觉得概念框架项目应是IASB的优先项目，所以IASB启动了“仅有IASB参与”的概念框架修订项目，不再分阶段而是“一揽子（综合）”完成概念框架的修订完善工作；与此同时，FASB也从2014年开始了“仅有FASB参与”的概念框架项目，仍是分阶段来完成美国概念框架的最终制定工作。所以2004年IASB和FASB启动的联合框架项目，于8年后夭折，我们也不可能再寄希望于IASB和FASB两个委员会制定一个统一的概念框架。2012年，IASB重新启动“一揽子（综合）”概念框架制定项目以来，进展较快。先是在2013年发布了关于财务报告概念框架的讨论稿（DP：DiscussionPaper），主要是基本会计议题内容的一些初步的观点，内容主要包括财务报表要素、支持资产和负债定义的额外指引、确认和终止确认、权益的定义以及负债和权益要素的区分、计量、列报和披露、综合收益表的列报以及其他问题等。经过征求意见，IASB于2015年3月，根据对2013年发布的财务报告概念框架讨论稿（DP：discussionpaper）的反馈，IASB对外发布了修改后的概念框架ED（Exposure Draft），即财务报告概念框架的“征求意见稿”或“拟定的框架”。在2015年11月26日征求意见截止后，经过进一步修订，IASB计划于2017年年底发布最终的财务报告概念框架正式稿，实际发布时间为2018年3月29日。最终生效时间为2020年1月1日。新版概念框架的内容分为九个部分，分别是：财务报告概念框架的地位和目的、通用目的的财务报告和目标、有用财务信息的质量特征、财务报表和报告主体、财务报表要素、确认和终止确认、计量、列报和披露、资本观和资本保全。其中，财务报表和报告主体、财务报表要素、确认和终止确认、计量、列报和披露修订幅度较大。

二、对财务报告目标、质量要求等的修订

（一）通用财务报告目标的修订

通用财务报告的目标构成了整个概念框架的基础。通用财务报告的目标是提供主体相关的财务信息，该信息可被投资者、贷款人和其他债权人用于作出向主体提供资源的决策。IASB在新概念框架的财务报告目标讨论中，新增并着重突出了“评价管理层对主体资源受托责任（stewardship）所提供信息”的重要性。“经济资源及其要求权信息”“经济资源及其要求权的变动信息”“权责发生制反映的一个报告主体、一定期间的财务业绩信息”“一个报告主体、一定期间的过去现金流量信息”“有效率、有效果地运用主体资源的信息”，都能帮助使用者评价管理层对报告主体经济资源的受托责任。

（二）有用财务信息质量特征的修订

新概念框架第2章为有用财务信息质量特征，这一章来源于2010年发布的现有概念框架的第2章，也是IASB和FASB委员会2010年联合项目的工作成果之一，所以只做了有限的变动。新概念框架中有用财务信息的质量特征包括三个层次：第一个层次是基本质量特征，包括相关性（重要性、计量不确定性）、如实反映；第二个层次是增进了的质量特征，包括可比性、可验证性、及时性和可理解性；第三个层次是约束条件，即有用财务报告的成本约束：信息的成本效益权衡。

新概念框架中信息质量特征的主要变化有三点：第一，在“相关性”基本质量特征中，为了考虑“可靠性”的提议，IASB增加了“计量不确定性”。指出“计量不确定性的程度”是影响财务信息相关性的一个因素，有时“高度的计量不确定性”在某种程度上会超过其他的相关因素影响，使生成的信息不再具有相关性，所以需要在“计量的不确定性程度”和“其他影响信息的相关性因素”之间进行权衡。第二，在“如实反映”基本质量特征中，IASB重新引入了“谨慎性”概念的详细指南。“谨慎性”被定义为“在不确定条件下，警惕、小心地作出的判断”，并指出“中立性”受“谨慎性”的支持；审慎性（曾于2010年从框架中删除）作为一项有助于实现中立性的原则再次回归。第三，在“如实反映”基本质量特征中，IASB重新引入了“实质重于形式”，并指出“如实反映”是按照经济现象的实质，而不是单单根据它所代表的法律形式去提供信息。

（三）财务报表和报告主体

新概念框架第3章为财务报表和报告主体，是新增章节，主要讨论了财务报表的作用和报告主体。①财务报表的作用。通用财务报表提供报告主体的经济资源、对主体的要求权和这些经济资源及要求权变动的信息。“通用财务报表”是“通用财务报告”的一种特定形式，主要内容包括两个方面：第一，通用财务报表的目标是提供一个主体财务状况和财务业绩方面的、对财务报表使用者有用的货币性信息，使用者用这些信息来评价主体未来现金流量的前景及管理层对主体资源的受托责任。财务报表是从主体作为一个整体的角度编制的，而不是从特定群体的投资者、贷款人或其他债权人的角度编制的。第二，说明了持续经营假设，基本上是IASB现行概念框架的内容。②报告主体。首先，对报告主体进行了定义。在新概念框架中，“报告主体”是选择、或被要求编制通用目的财务报表的主体，一个“报告主体”可以不必是法律主体，它可以包括一个主体的一部分、或两个、或两个以上的多个主体。这表明，在框架下汇总或剥离的财务报表是可以接受的，但是，征求意见稿并未指出何时编制上述财务报表是适当的，这一话题持续引起争议，但IASB并未在征求意见稿中表明如何编制，而建议将其作为准则层面的问题。其次，设定了报告主体的边界。包括三种情形：第一，当一个主体（母公司）控制另一个主体（子公司）时，报告主体的边界可以通过直接控制来确定，报告主体编制的报表叫“未合并财务报表”。第二，也可以通过直接控制和间接控制来确定。报告主体编制的报表叫“合并财务报表”。国际会计准则理事会认为，通常合并财务报表比未合并财务报表更有可能为财务报表使用者提供有用的信息。国际会计准则理事会还认为，如果一个主体选择或被要求编制未合并财务报表，那么该主体需要披露使用者如何能够获取合并财务报表。第三，报告主体不一定是法律主体。如果报告主体不是法律主体，报告主体的边界需要以这样一种方式设定，使得财务报表：提供给那些依赖财务报表的现有或潜在投资者、贷款人和其他债权人所需的相关财务信息；如实反映主体的经济活动。

（四）主要差异

在新概念框架中：①明确了满足通用财务报告目标所需的信息，包括用来有助于“评估管理层对主体资源受托责任”的信息。②明确了审慎性、实质重于形式在财务报告中的作用。③明确了“计量上的高度不确定性”有可能降低财务信息的相关性。④明确了“确认和计量等的重要决策”是通过考虑所带来的财务业绩和财务状况相关信息的性质及结果后作出的。⑤比原概念框架对“资产”和“负债”进行了更为清晰的定义，克服了原定义中的“不确定性”等不足，新概念框架从权利与义务的维度修订资产和负债的定义，删除“很可能”，用“经济资源”取代“经济利益”，并提供额外指引，从而支持这些定义成为“广泛的指引”。

三、对修订的不同观点[①]

（一）财务报告目标中受托责任是否应与决策有用性并列问题

IASB在早期的概念框架（1989）中将决策有用性（decisionusefulness）和受托责任（stewardship）并列为财务报告的两大目标。作为与FASB联合开展概念框架研究的成果，IASB在2010年版的概念框架中仅仅将决策有用性作为财务报告的唯一目标，将受托责任降格为决策有用性的一个子目标，声称此举是为了让使用者更好地理解受托责任。将双目标改为单目标所引发的争议是IASB所料未及的。欧盟、中国和日本等地区和国家的许多会计团体和个人，纷纷呼吁IASB在修订概念框架时重新将受托责任与决策有用性并列为财务报告的目标。

主张在财务报告目标中恢复受托责任显著地位的主要理由包括五个方面：①受托责任是股份公司的固有目标。委托代理关系是股份公司存续的契约基础，作为委托代理关系的基石，受托责任是股份公司财务报告必须反映的重要信息，不受外界因素影响。反观决策有用性的兴起，主要得益于资本市场的繁荣，其发展需要依赖一定的市场前提，难以取代股份制的本质关系所产生的信息需求。而且决策有用性立足使用者的信息需求，是一个权变目标，或者说是形式目标，受托责任作为实质目标则可以在一定程度上予以补充。②尽管上市公司的股东可以依据决策有用的信

① 黄晓韡，黄世忠．财务报告概念框架修订热点问题综述［J］．会计研究，2016（1）：25-30.

息“用脚投票”，但是对于上市公司的战略投资者和其他长期价值投资者而言，评价管理层和治理层是否有效地履行受托责任（主要体现为是否有效率和有效果地使用企业的资源）依然是其重要的信息诉求，只提决策有用性而不提受托责任，罔顾了长期投资者的信息需求。而且，现行准则体系同时适用于上市公司和非上市公司，大量非上市的国有企业和中小企业，其投资者主要关注投资回报（即资本的保值增值）以及管理层是否有效履行受托责任，换言之，提供有助于评价受托责任的相关信息，是非上市公司财务报告的本质要求。③受托责任体现法治精神，不仅有利于实现法律意义上的问责追究制度，而且也强调了管理层本身应该恪守的职业道德，起到保护投资者的作用。④受托责任不完全从属于决策有用性，二者虽有重合，但也存在六个差别：一是导向不同，决策有用性立足现在面向未来，受托责任则强调评价过去已发生的交易。二是覆盖的时间维度不同，决策有用性可以基于时点或较短时间维度的信息，受托责任则要求对管理层过去较长时间履职情况进行评价。三是对信息性质要求不同，现行准则特别强调披露涉及管理层的所有关联方交易，正是基于受托责任目标的考虑，如果从决策有用的角度，仅需报告满足重大性要求的交易即可。四是信息质量特征要求不同，决策有用性看重的是信息的相关性，而受托责任更强调的是信息的可靠性。五是计量属性不同，决策有用性推崇的是公允价值，受托责任拥戴的是历史成本。六是保护投资者的依赖机制不同，决策有用性倡导通过市场机制，受托责任则强调公司治理，这两种机制效应不可替代。⑤明确受托责任目标起到强调和指引的作用。强调受托责任有助于抑制决策有用性过度关注未来的价值导向，保持对公司业绩的恰当关注。同时，在目标层面保留受托责任能够引导IASB在制定和修订会计准则时兼顾评价受托责任的信息需求，避免向决策有用“一边倒”的会计处理。退一步说，夏冬林（2015）提出，决策有用观包含受托责任需要具备两个基本条件，即存在规模大流动性强的资本市场和保持股权高度分散，从而一方面借助市场约束管理层，另一方面又限制公司治理发挥作用。但是，显然这两个条件在诸多国家和经济体难以满足。因而，受限于具体会计环境，单一决策有用性的目标不具有可行性。

此外，主张将决策有用性作为唯一目标的拥护者也提出三大理由予以反驳。①将评价受托责任作为财务报告目标不具有可操作性。客观评价受托责任履行情况的前提是将管理层不可控的外部因素的影响从公司业绩中分离出来，并在财务报告上分开列示，这显然不可行。②双目标的信息要求存在重大重叠，基于成本效益原则和减少复杂性的考虑，采用决策有用性为主、受托责任为辅的方式更为恰当。而且，二者要求并非割裂，甚至是密切关联的。按照受托责任目标编制的信息必须包含资产负债表所反映的期末时点信息，而该信息又不可避免受到未来预期现金流的影响。例如，资产减值应考虑未来可回收金额。③受托责任目标的支持者可能混淆了财务报告和公司治理的问题。有效的公司治理确实要求管理层向股东提供有关受托责任履行情况的信息，但这些信息并不完全属于财务报告的范围，将评价受托责任作为公司治理的要求更合理。

（二）可靠性应否恢复为信息质量基础特征

IASB在2010年版的概念框架中，对信息质量特征做了重大修改，其中引起最大争议的是用“如实反映”（faithful representation）替代“可靠性”（reliability），并与相关性并列成为基础质量特征。

在修订中，IASB坚持认为，以如实反映替代可靠性并未发生实质上的重大改变。首先，可靠性一词没有直接表达出其试图要表达的内涵，且包含的意思复杂又不够准确，容易产生歧义。例如，可靠性容易与可验证性混淆。如实反映基本继承了可靠性的次级特征，因此二者的替代并不改变可靠性的内在要求。其次，如实反映的定义明确了其意图描绘的对象是“经济现象”，即经济实质，改进了可靠性定义中的指代不明。此外，也有观点指出，抛弃可靠性接纳如实反映，为公允价值会计的推广扫除了障碍。相对于历史成本，可靠性向来是公允价值的软肋，甚至可以说，在一些情况下公允价值信息的相关性是以牺牲可靠性为代价的。但是，可靠性不等于准确性，只要充分披露公允价值的确认和估值过程，满足程序合理，即可认为公允价值信息是可靠的，并不需要验证结果的准确性。这种要求同时也是如实反映的诉求，间接说明两个质量特征并无实质区别。

要求重新将可靠性作为基础质量特征的呼声高涨。欧盟要求恢复可靠性的观点认为，可靠性是一个重要的信息质量特征，其概念根深蒂固、被广为接受，且其内涵远大于如实反映，以如实反映替代可靠性，不仅仅是术语上的简单修改，而是影响了对核心理念的理解。计量的不确定性问题首当其冲。在现有概念框架中，确认和计量环节均有可靠性要求，例如，成本或价值能够可靠计量是确认标准之一。如实反映取代可靠性相应地改变了确认标准，实质上弱化了对计量不确定性的要求。在计量的可靠性方面，如何对如实反映进行衡量还有待商榷，但对如实反映的强调，有以反映经济实质之名贬低计量可靠性之实的嫌疑。作为过渡性解释，概念框架（2010）对确认标准的“能可靠地计量”通过备注的方式加以说明：如果能够清晰准确地描述估计的金额并解释估计过程的性质和局限，且在选择和运用估计的过程中没有发生错误，即可以认为该项估计是可靠的。这实际上是对原有可靠性等同于结果准确的认识的修正。此外，如实反映并非完全移植可靠性的子特征，IASB将可靠性的重要次级特征可验证性修改为增进的质量特征，而增进质量特征并非财务信息进表的必要要求，因此，如实反映对可验证性的要求显然不及可靠性。可验证性对于有用的财务报告依然重要，特别是在防范财务舞弊风险上具有不可替代的作用。

从审计的角度而言，将可验证性作为财务信息基础质量特征，有助于提高合理保证程度，便于执行审计程序。中国学者对可靠性尤为强调。他们认为，第一，可靠性可以在一定程度上弥补薄弱的外部市场保障机制。立足中国国情，我国的法律环境和资本市场的机制建设尚在逐步完善中，可靠性可以视为一种道德或伦理的判断标准，起到过滤和防范虚假会计信息的作用。第二，可靠性的影响是非中性的。不同于相关性的价值中性，不可靠的信息将误导决策，产生负的信息价值，因而，任何对可靠性的削弱都可能产生严重的负面影响。第三，如实反映对可靠性的替代，虽没有偏离其核心内涵，但是少了审慎性和实质重于形式两个指导性内涵，看似放松财务会计信息披露条件，扩大了披露范围，增加了透明度，但是在条件尚不具备时，增加这种透明度反而会产生不公允和误导等负面作用，因此可靠性作为财务会计信息质量的灵魂，地位不可动摇。

至于计量的可靠性问题，虽然界定不清，但是在实践运用中似乎也不成障碍。首先，在所有包含计量可靠性作为确认标准的准则中（IAS16，IAS36，IAS37，IAS38，IAS39，IAS40，IAS41，IFRS2，IFRS7，IFRS9），IAS38规定某些项目（内部产生的商誉和内部研发）计量如果不充分可靠则不允许确认外，其他准则均无特别规定。其次，IASB在IFRS13中将计量的可靠性视为披露的问题，而非确认问题。换言之，IASB倾向于先认可在财务报表中报告的数字，而后通过附注说明金额的可靠性问题。

IASB在新版本中依然保留着以如实反映取代可靠性的立场，但是会计界的许多团体和个人则坚持认为，IASB应该探索如何更好地诠释可靠性，不应因可靠性难以解释而草率地弃用这一耳熟能详且广为接受的术语。还有一种观点认为，IASB对恢复可靠性的呼声置之不理，与其推崇更具相关性但在很多情况下不那么可靠的公允价值会计有关。

（三）谨慎性应否保留为信息质量次级特征的问题

会计是一个高度依赖专业判断的职业，谨慎性在应对不确定性和选择风险偏好等专业判断上扮演着举足轻重的角色。但IASB在2010年将谨慎性剔除出如实反映的次级特征，声称谨慎性继续作为信息质量特征容易引入偏见，且与如实反映的另一个重要次级特征中立性存在冲突。但在对2013年发布的DP的反馈意见进行评估后，IASB在新版本中重新提及谨慎性，认为谨慎性是对中立性的支持。前后态度转变之快，令人瞠目结舌。

IASB部分委员认为谨慎性不适合作为财务信息质量特征。其理由有二：一是谨慎性适用标准的不平衡将导致偏误，与中立性要求相冲突。在面临不确定性时，谨慎性对资产和收入的确认标准高于负债和费用，这种会计处理的不对称导致资产和收入的低估以及负债和费用的高估，这有悖于如实反映经济实质的信息质量要求，损害了财务报告的透明度。二是谨慎性容易被管理层滥用，成为盈余管理的手段。由于谨慎性的运用涉及主观判断，不容易验证，因此，利用谨慎性可以人为地平滑利润，将好年份的利润通过减值等会计处理进行储备，等待坏年份再释放出来作为业绩缓冲。

对以上理由持反对态度的观点则提出强有力的辩驳。首先，绝对的中立是无法达到的。相关的信息都具有目的性，有目的信息就不中立。财务报告以决策有用性为目标，试图提供影响投资者的决策和行为的信息，这类信息本身就不具有中立性。其次，中立性的定义模糊。如果使用者本身具有不对称的偏好，如风险厌恶者，则中立本身就是带有偏误的。最后，中立的视角具有外部性，同时也会忽略内部的比较优势以及管理层对经济事项的影响力，不一定能够如实反映经济实质。欧洲财务报告咨询组（EFRAG）认为，谨慎性应成为重要的信息质量特征。主要理由包括：第一，谨慎性有助于提高财务报告的可信度。从受托责任的角度看，财务报告至少向投资者传递了实际净资产不低于资产负债表所列示金额的信息，并对报告的利润水平提供一定的保证，提供较高程度的可靠财务数据是财务报表相对于其他信息渠道的优势所在。第二，在面临不确定性的情境下，谨慎性标准要求以更高的概率水平来反映最有可能发生的现金流，因而更接近于如实反映的要求。同时，在判断中遵循谨慎性要求可以平衡盈余管理动机和管理层过度乐观的系统偏见，也为审计人员评价管理层估值提供参考依据。第三，谨慎性应与以公司法为主的法律制度背景相呼应。公司法强调公司治理制度以反映受托责任，欧洲是公司法的发祥地，欧盟又是IFRS的主要使用者，信息质量应该与所在区域的法律制度安排相匹配。第四，谨慎性理念已经贯穿在具体准则中，删除谨慎性，将导致概念框架不完整，使具体准则与概念框架不能相呼应。

中国理论界也极力推崇此观点，提出在我国当前经济环境下坚持谨慎性仍然十分必要。目前我国市场经济体制仍不完善，盈余管理机会较多，风险评估体系缺失，会计人员整体素质不高，职业判断能力较差，在这样的环境背景下监管层对于公允价值的推广尚持审慎态度，更强调会计信息应适度谨慎。

IASB在新版本中虽然恢复谨慎性作为如实反映的次级特征，但是提出的解释有些牵强，认为谨慎性的会计处理是对称的，即谨慎性意味着不高估资产和收入，也不低估负债和费用，相应地，也不应该低估资产和收入以及高估负债和费用，唯有如此，方可避免未来期间对资产和收入的高估、负债和费用的低估，换句话说，是为了保持未来期间对谨慎性的遵循。如果这不是对谨慎性的蓄意曲解，就是对谨慎性的刻意修正。但修正后的谨慎性原则能否取得这样的功效，令人生疑。

（四）不确定性标准应在哪个环节设置的问题

不确定性几乎伴随着整个会计流程。随着产业变革、技术进步、金融和商业模式创新等外部环境变化以及公允价值会计的推广运用，财务报告面临着越来越多的不确定性问题，因此，如何设置不确定性标准成为修改概念框架的一大热点问题。争论的焦点在于：若在要素定义和确认环节中设置不确定性标准，将引发存在与否的二元问题；若仅在计量环节设置不确定性标准，将只影响到财务报表的具体金额。

针对不确定性应在哪个环节设置的问题，存在两种观点。

一种观点认为，不确定性仅仅是计量问题，不应在确认环节考虑。IASB在修改中秉持这一观点，不仅删除了原有要素定义中对预期现金流的确定性要求，而且在确认标准中也不再强调对现金流入（流出）可能性的要求，而是集中在计量环节考虑不确定性问题。这种观点认为，资产与负债的存在与否是一个二元问题，性质重大。而且，不确定性作为连续函数，不适用于判断二元问题，更适合在计量金额时考虑。

IASB指出，不论是将不确定性纳入要素定义，还是将其作为确认的一个标准，都是不合理的。首先，资产与负债的存在与否源于合同的权利和义务，通常只有附加执行条件的合同才受到不确定性的影响，但执行这种合同的不确定性不能传导到现时的权利和义务。例如，彩票的购买者不能因为存在中奖的可能就确认资产，医疗事故引发的诉讼不确定性不能否定负债的存在，换言之，这是预期流入和流出的不确定，而非存在与否的问题。其次，在会计确认环节设置不确定性标准将造成部分资产和负债因为预期达不到所要求的确定性程度而无法确认，导致财务报表项目的缺失，从而影响完整性和可比性，也难以反映经济实质。例如，某些衍生金融工具可能导致未来现金流出，但基于当下时点判断，尚达不到“很可能”的确认标准要求，如果因此而不确认该负债，将导致财务报表的重大遗漏。

另一种观点认为，首先应在确认环节设置不确定性标准，然后才在计量环节设置不确定性标准。这也是现行概念框架所秉持的观点，主要理由包括：第一，若不在要素定义和确认环节设置标准，则财务报表将包含现金流入（流出）可能性大于零的所有项目，记录这些发生概率极小的未来现金流项目，不仅无法给使用者传递决策有用的信息，反而会影响其对经济实质的理解，从而忽略更为相关的重大信息。这种完整性是以牺牲相关性、可比性和可理解性为代价的，也会导致企业浪费过多的精力用于这些不确定性项目的后续计量，不符合成本效益原则。第二，估计小概率事件导致的错误比大概率事件严重。比如，估计小概率事件（2%～6%）所引起的误差是200%（（6%-2%）÷2%），而同样规模的大概率事件（80%～84%）只引起了5%（（84%-80%）÷80%）的误差。可见，小概率事件一旦入表计量，估计误差对财务报表的影响巨大，所以表外披露更为恰当。第三，在计量环节考虑所有的不确定性问题面临技术难题，特别是计量那些发生概率很小但潜在经济资源流入（流出）的可能性很大的或有事项时，需要基于高度主观的模型估计来获取价值，可靠性备受质疑，同时，复杂的技术将带来更高的成本，难以满足成本效益原则，在某些情况下，判断存在与否要比估计预期结果更为简单、方便。

（五）商业模式的角色在概念框架中的明确问题

IASB迄今尚未在概念框架中明确商业模式（business model）的角色。在第9

号国际财务报告准则《金融工具》中，IASB首次明确提及商业模式，将商业模式作为对金融资产进行分类和计量的两个判断标准之一，但却没有给商业模式下定义。批评人士认为，此举容易让财务报告编制者和使用者产生混淆。IASB在2013年发布的DP第九部分用了不少篇幅讨论商业模式在财务报告中的角色，引发不少争议。

争议主要集中在三个方面：财务报告应否反映报告企业的商业模式；如何定义商业模式；在财务报告中导入商业模式将对概念框架产生什么影响。

概念框架是否应该明确商业模式的角色问题，在对DP的反馈意见中，EFRAG赞同IASB的立场，主张概念框架应该明确商业模式在财务报告中所扮演的重要角色。其主要理由是：第一，商业模式有助于增进对财务报告目标的理解。商业模式提供了企业通过何种方式管理和使用资产以创造价值的信息，同时也反映了运用过往商业模式的效果，并从持续经营的角度预期按照现有商业模式将会在未来重现的结果，有助于使用者进行经济决策并评估受托责任。第二，商业模式符合会计信息质量特征的要求。从相关性的角度看，商业模式优先考虑按主体最可能采用的创造价值方式来描述现金流的产生。从如实反映的角度看，商业模式本身就是客观事实，它所反映的现金流量信息也是企业正在发生或最有可能发生的经济现象。从可比性的角度看，对于看似相同的交易，如果企业采用的不同商业模式，将会对现金流量产生重大的影响，按照不同商业模式对其采用不同的会计处理，实际上提高了可比性。从可理解性的角度看，披露商业模式信息，有助于使用者了解企业是如何创造价值的，这是企业最重要的经济实质之一，从而能更好地理解财务报告所传递的信息。第三，商业模式在确认、计量、列报和披露中均可以发挥重要的作用。例如，订立能源采购合同，对于期货交易商而言，应该确认一项金融工具，但是对于商业模式不同的能源生产商而言，这份合同属于未确认待执行的合同，在未交易之前无须进行确认。又如，衬衫的制造商以成本为基础对库存棉花进行计量，这是合理的，因为制造商采购棉花是准备用于生产，而不是为了出售，成本计量符合制造商的商业模式，但对商品交易商来说，采购棉花是为了从短期价格波动中寻求利润，应当采用公允价值计量并及时确认未实现的持有利得或损失，这种会计处理与交易商的商业模式相吻合。另外，从为股东创造价值的角度出发，基于商业模式理解资产的整合有助于选择计量单元。对于无法独立产生现金流的资源，割裂地分析其性质和预测未来现金流反而会误导投资者决策。商业模式能帮助理解资产组的整体运行，从而确定合理的计量单元。

对商业模式持反对态度的观点认为，商业模式的定义尚未统一，难以区别管理层意图。一旦被管理层主观滥用，将导致盈余操纵。因此，对商业模式的推广应秉持审慎的态度。或许是由于DP在征求意见过程中争议太大，IASB在新版本中回避了商业模式，不仅篇幅大为缩小，而且语焉不详。我们认为，这种回避态度与商业模式创新日新月异的氛围极不和谐。在商业模式不断创新的时代背景下，IASB应当直面商业模式这一问题，概念框架需要澄清商业模式在财务报告中的角色、地位和作用。同样的资产和负债，按照不同的商业模式加以运用，会产生不同的现金流量，创造不同的价值，这是谁也不能否认的客观事实。特别是在移动互联网时代，商业模式创新不仅日新月异，而且颇具颠覆性。创新的商业模式已经让许多因循守旧的传统行业（如商品零售）陷入困境，导致这些行业的获利能力极降，资产快速贬值。唯有在概念框架中明确商业模式的地位和作用，并允许企业按照各自的商业模式进行资产和负债的分类和计量属性的选择，财务报告才能如实反映报告主体的相关的“个性化”信息，决策有用性和受托责任这两个目标才有可能实现。

第五节　东芝案例：受托责任目标的重大意义[①]

一、事件介绍

（一）公司简况

东芝公司（Toshiba Corporation）成立于1875年7月，于1984年4月更名为株式会社东芝（以下简称东芝），业务领域涵盖数码产品、电子元器件、家电等。20世纪90年代，东芝在数字技术、移动通信技术和网络技术领域得到快速发展，成功实现从家电企业转变为IT企业的目标。2014财年的报表显示，东芝收入高达66 559亿日元（约合555亿美元）。

1999年，东芝引入“社内分社”的组织结构，该结构下业务部门被细分为不同的独立业务单元，自主经营、单独核算。业务单元负责人（president of the company，CP）有权决定该业务单元的重大事项，并能获得董事会的资源支持。东芝目前由七大业务单元和两个分部组成：七大业务单元分别为工业信息技术解决方案部（industrial ICT solutions company）、电力系统部（power systems company）、社会基础建设系统部（social infrastructure systems company）、社区解决方案部（community solutions company）、医疗卫生部（health care company）、半导体和存储产品部（semiconductor & storage products company）和私人客户解决方案部（person & client solutions company）；两个分部为材料设备分部和光盘驱动分部。对各业务单元负责的执行官被称为GCEO（Executive Officer in charge of business groups），GCEO对CP从公司层面给予必要的指导和监督，对董事长承担其被指派的业务单元的责任。

从公司治理角度来看，东芝近年来一直走在日本公司改革的前列，甚至被载入

① 袁敏．东芝公司舞弊案分析和启示［J］．中国注册会计师，2016（5）：108-113.

公司治理图书的研究案例。其变革历程始于1998年对董事会人员进行缩减，2000年自愿成立提名委员会和薪酬委员会，2001年率先引进3位外部董事，2003年还成立了审计委员会，2005年首次在年度报告中将“公司治理”进行单项阐述。2003年，在由“日本公司治理网”编制的治理良好公司榜单上，东芝在120家日本上市公司中名列第九。

（二）会计舞弊事件回顾

出人意料的是，一个公司治理的“楷模”却在2015年爆出持续时间长达7年的会计舞弊。

据《日本经济新闻》报道，日本证券监管机构——日本证券交易监督委员会（SESC）在接到来自东芝内部的举报后，从2015年2月开始暗中调查该公司会计违规问题。2015年2月15日，东芝收到来自SESC的通知，要求东芝针对员工举报的会计问题展开调查，尤其是对某些工程项目中采用完工百分比法的合理性进行审视。此后，东芝进行了自查，并于2015年4月3日成立特别调查委员会，就通知所涉问题展开调查。结果发现合同成本总金额低估、合同损失（包括合同损失准备金）没有及时记录等问题，错报金额约44亿日元；5月8日，东芝成立由在公司没有任何利益的外部专家参与的独立调查委员会，委托其针对下列四项会计处理的恰当性展开调查，如果认为会计处理不当，调查其原因并提出预防其再次发生的建议：与完工百分比法的项目相关的会计处理；与记录视频产品业务的运营费用相关的会计处理；与半导体业务存货估值相关的会计处理；与个人电脑（PC）业务部件交易等相关的会计处理。

调查委员会围绕2008财年至2014财年第三财季的上述四个方面的问题展开调查。2015年7月21日，该第三方委员会报告发布，结果显示，自2008年以来东芝累计虚报的利润高达1 518亿日元，加上此前东芝自查发现的44亿日元，累计虚报利润达到1 562亿日元（折合人民币约78亿元），占同期公司息税前利润的近30%。2015年8月31日，东芝提交了延期发布2014财年年度报告（2014年4月1日—2015年3月31日）的申请。9月17日，东芝成立由3位律师组成的董事责任调查第三方委员会，针对2008财年至2014财年第三财季期间担任董事和执行董事的98位高管展开调查。11月7日，提交的报告结果显示，第三方委员会认定包括前三任社长和两任CFO的5位高管未能履行应有的“注意义务”，忽视可疑的会计行为，从而给公司造成损失；在过去近7个财年累计发生的错报额为2 248亿日元，占更正前税前利润的38.56%。2015年11月18日，日本证券交易监督委员会建议对其处以约70亿日元（约5 700万美元）的罚款。

东芝财务舞弊案例概况如图2-1所示。

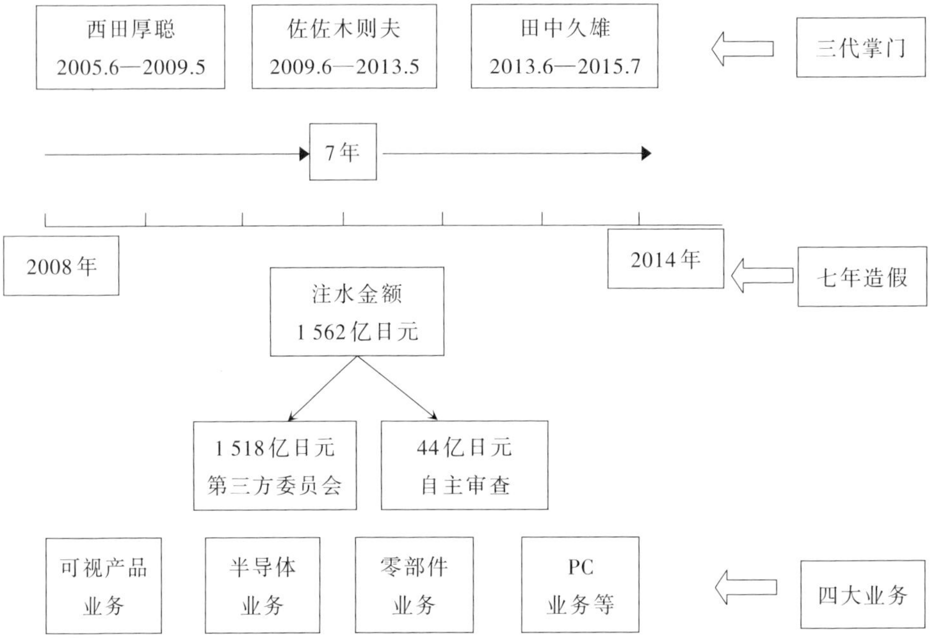

图2-1　东芝财务舞弊案例概况

二、会计舞弊手法辨析

（一）建设工程利润确认中的舞弊

在建设工程的收入确认中，东芝采用完工百分比法确认合同的利润。根据会计政策，某个合同的利润和成本使用下列公式计算：

$$\text{本期确认的合同利润}=\text{合同工作的估计总利润}\times\text{财政年度年末的合同完工程度}-\text{与该合同工作相关的前期已记录的合同利润}$$

其中：财政年度年末的合同完工程度=当前累计的合同成本÷估计的合同总成本

运用完工百分比法确认合同的利润时，公司需要对合同总利润、合同总成本、财政年度年末的合同完工程度等三个要素进行可靠估计，否则采用完工合同法。而无论采用完工百分比法还是完工合同法，一旦公司获得新的信息表明，合同总成本可能超过合同总收入，且金额能够合理估计，则预期的超过部分（合同损失）应在预期发生合同损失的当期记录为一项合同损失准备。

合同损失准备金的确认按照下列公式计算：

拟记录的合同损失准备金=估计的合同总成本-估计的合同总收入-前期已累计记录的盈亏

可见，在使用完工百分比法计算合同的收入或盈亏时，会面临一定的错报风险，合同总利润是一项估计，合同实际发生成本在操作中实际成本往往难以准确计量，尤其涉及多项工程和复杂工程时，而合同总成本涉及对未来的预期，合同期越长，该估计就越难以做到准确。如果“合同总成本”估计错误，就会造成会计错报：①高估收入——如果当期期末的“合同总成本”被低估，则完工进度将被高估，导致销售被高估。②低估合同损失风险——如果“合同总成本”在期末被低估，则忽视了可能的亏损，导致报告中“合同损失准备金”被低估。

表2-1可以说明上述问题。假设某项合同双方确认的价款为100亿日元，估计的总成本不同（如分别代表合理水平120亿日元和错误估计水平80亿日元），在年末已发生成本确定的情况下（如60亿日元），公司计算的完工进度各异（分别对应50%、75%），最终导致应计的收入虚增25亿日元，少计损失准备金10亿日元。

表2-1　**低估合同总成本影响当期损益确认的原理**　金额单位：亿日元

项目	估计的合同收入（1）	估计的合同成本（2）	实际成本（3）	完工进度（4）=（3）÷（2）×100%	应计收入（5）	准备金（6）=（3）-（5）
合理估计	100	120	60	50%	50	10
成本低估		80		75%	75	-15

此次调查中，独立调查委员会共调查了电力系统公司、社会基础设施系统公司、社区解决方案公司等共计15个工程项目，发现2008财年至2014财年第三财季，通过低估合同成本等手段，累计高报收入128亿日元，虚增税前利润477亿日元。

（二）营业费用处理中的舞弊

营业费用舞弊主要涉及东芝的视听产品业务以及生活产品事业部（TLSC）。东芝的视听产品业务在海外业务持续下滑，尤其是在2007财年之后，因金融危机造成的衰退导致相关业务面临严峻考验，2011财年开始情况更加恶劣。为达成盈利目标的路径，涉案人员执行了一个所谓的结转机制（C/O，carry-over）来高估当期利润。表2-2列示了东芝公司在营业费用舞弊中的不当处理方法。

表2-2　**东芝公司在营业费用舞弊中的不当处理方法**

	项目	主要方法
A	与准备金相关的方法	出于东芝合并会计的目的，在应该采用权责发生制的情况下，使用现金收付制少计费用
B	与延期记录运营费用相关的方法	涉及广告或物流费用的相关服务已经提供，但东芝要求供应商延迟到下个季度开票，从而将相关费用推迟到下个季度确认
C	与存货估值相关的方法	东芝在合并相关的交易时，会计系统未冲销未实现的盈亏，当东芝的毛利在与合并集团公司交易中是负值时，通过期末发货给海外附属公司，并增加产品价格（FOB价格）以将东芝负的毛利转移给海外子公司
D	与提早记录成本削减（CR）相关的方法	要求面板制造者、ODM（原创设计制造厂家）、OEM（初始设备制造厂家）削减其出售给东芝的价格，即使在获得CR的可能性很低的情况下，提前在报表中反映，以虚增利润

通过以上手法，视听产品业务及生活产品事业部在2008财年至2014财年第三财季涉及的不当费用结转额高达742亿日元，虚增利润58亿日元。

（三）存货计量中的不当行为

1. 减值计量中的不当处理

2013财年，半导体及存储事业部（S&S）记录了一项总计大约80亿日元的损失，其中大约45亿日元是为特定客户或特定用途的产品存货处置损失；大约34亿日元是系统LSI存货处置损失。

45亿日元的特定客户/特定用途的存货。此类存货因用于客户的指定或特定用途，当客户产品发生变化，东芝在估计客户需求时发生偏差时，就会出现存货积压。公司需要审视该类存货是否可以继续销售，以便确定减值。调查发现，在2013财年第二财季季末时，大约45亿日元的留存存货最终得以处置，除此之外，仍有大约6亿日元的留存存货未处置。上述处理中，东芝将达到出售状态的存货根据相关的减值制度进行了减值，但没有将未完工的存货进行减值测试。此外，对于预期完全不能变现的存货，也未按要求将其减值至零。

34亿日元的系统LSI存货。报告显示，该存货主要是东芝为客户B制造的X部件。2008财年以前，X部件由东芝Kita-Kyushu工厂生产。2008财年东芝决定关闭该工厂，并将X部件的制造业务转移到Oita工厂继续生产。由于该部件主要提供给客户B用于指定产品，因此生产此类产品的Oita工厂需要得到客户B的资质认证。东芝预期获得认证需要一段时间，在得到资质认证前，公司决定根据未来销售预算制造一部分存货以备销售。事实证明实际销售量低于预期销售量。随后公司对客户B进行函证，据此在2013财年年末处置大约34亿日元的留存存货；没有处置的此类留存存货大约30亿日元。对这些已经处置和未处置的存货，公司同样仅针对处于销售状态的存货进行了减值，在制造过程中的存货没有通过任何减值测试。

根据一般规则，流转缓慢（如超过正常运营周期或计划处置）的存货，将账面价值减计至零（预期无法销售时）或可变现净值（超出正常运营周期时）。但东芝的半导体和存储事业部（S&S）针对流转缓慢的存货建立自己的减值规则。调查发现，S&S减值政策存在下列不当之处：一是资产减值的存货范围。根据通用会计准则，资产减值针对“周转缓慢，超出正常运营周期，或计划处置”的存货，但在S&S的实践中，处于制造过程中的存货排除在减值范围之外。二是计算减值额的方法。S&S的减值政策仅允许按一定比率减值，未设置减值为零的情形。

2. 成本差异分配中的不当处理

S&S采用的成本会计是标准成本（TOV），成本标准根据预算中的产能利用率、材料成本、人工成本等计算得出，并区分为不同阶段，大体分为前端在产品、后端在产品、完工产品，制造费用和成本差异分不同阶段按季进行归集、分配。分配时将当季的成本差异总额以各类存货的标准成本为权重进行分配。

S&S以前对TOV每半年进行一次修订，但自2011财年开始，由于产能利用远远少于预算目标，S&S仅对前端在产品的TOV进行修订，并且是多次向上修订，而没有同步修订后端在产品和完工产品的TOV。这使得前端在产品承担过多的成本差异，从而人为减少完工产品应负担的成本差异，进而虚增公司的利润。

具体原理如下：假设前端生产中有需要分配的折旧费用为1 000元，正常情况下本季末有前端在产品200件、后端在产品100件、完工产品700件，共计投产1 000件产品，因而理论上每件产品承担的折旧费用为1元，即分配系数为1。而在本案例中，由于公司产能利用不足，S&S管理层对前端TOV进行了修订，提高了前端分配系数，假如从系数1调整到2，这样就导致前端在产品多分担了折旧费用，使这些前端在产品结转到后端在产品和完工产品时，导致后端在产品和完工产品的成本超过标准成本，形成成本借方差异，而这些成本差异又是在前端在产品、后端在产品和完工产品三者间进行分配，相当于把一部分成本又转回到前端在产品，导致依据完工产品成本计算的销售成本被低估。

（四）与个人电脑（PC）业务部件交易等相关的会计处理

一般性部件交易主要发生在东芝国际采购公司（TTIP，位于中国台湾）与原始设计制造商（ODM）之间。自2004年开始，东芝通过完全控股的海外子公司TTIP购买主要的PC部件，如记忆存储器和硬盘驱动，并将这些部件供应给ODM。为防止东芝的采购价格被ODM获悉，并预防ODM将价格泄露给竞争对手，东芝会在所采购部件的初始成本基础上加上一个“隐藏价格”（masking difference）提供给ODM，ODM对收到的供应部件以及自身采办的部件进行组装，形成完工的PC并通过TTIP发送给东芝。

在这些部件交易中，东芝公司将“隐藏价格”作为TTIP的应收账款予以处理，同时通过冲减产品制造成本记录一项利润，当完工的PC从TTIP配送给东芝时，东芝再将这部分隐藏差异注销。例如，TTIP初始以50元的价格采购部件，加上250元的“隐藏价格”，以300元的价格供应给ODM，ODM加上制造中新增的20元的加工成本，将完工的PC提交给TTIP，TTIP再配送给东芝公司进行销售。应注意到，在TTIP将产品移交到销售公司之前，250元的“隐藏价格”成为了TTIP的账面利润，因为一方面存货价值为320元/件，另一方面存货取得的实际成本为70元。于是，东芝通过期末将存货积压在TTIP、ODM的方法实现虚增利润的目的。

同样的情况也发生在2012年9月至2013年3月东芝贸易公司（TTI）、东芝信息设备（杭州）有限公司（TIH）之间。调查委员会发现，东芝因PC业务部件交易不当处理导致2008财年至2014财年第三财季累计虚增税前利润592亿日元。

三、启示

东芝舞弊的原因归纳起来主要包括：外部市场环境带来的公司业绩恶化；为保持良好市场形象，高管层提出不切实际的业绩目标；业务部门通过正常运营无法达成既定目标，采取压货、会计估计操纵等手段虚增利润；会计部门视而不见甚至助纣为虐；董事会、审计委员会、内外部审计等监控失效。

那么，在长达7年的舞弊过程中，为什么会计系统没有发挥其监督功能，为什么董事会、审计委员会、内外部审计都没有做到有效监控？这显然不是会计技术的复杂与否、舞弊是否容易发现的问题，而是应该对当前会计理论中关于会计目标的设定引起反思。

可以说，东芝舞弊案件具有一定的必然性，它暴露出在当前会计目标体系下，轻视会计对受托责任的监督功能，强调满足市场投资者的决策信息需求，会诱导公司管理层利用会计手段极力迎合市场投资者的预期，严重损害会计信息的可靠性，最终也会失去决策有用性。在东芝案件中，后续责任调查显示涉及管理人员高达98人，调查报告也认为高管层大规模地鼓励、参与舞弊或对发生在身边的不当会计处理行为置若罔闻。在强大的市场利益面前，会计的如实反映原则、外部审计的独立性原则荡然无存。

无论是美国的安然、世通，还是日本的东芝、中国的绿大地，绝大多数的舞弊案起因都是公司面临很大的业绩维持或提升压力。业绩压力是会计工作经常面临的环境，如何避免会计工作不受业绩压力的左右？扭转这一局面的根本之策是重新重视受托责任会计目标观，将有效反映管理层受托责任作为会计体系建设的根基，由于受托责任体现的法律上的契约精神，有利于实现法律意义上的问责追究制度，而且也强调了管理层本身应该恪守的职业道德，起到保护投资者的作用。受托责任会计目标在保持对公司业绩的恰当关注的同时，有助于抑制决策有用性会计目标所导致的过度关注未来业绩的导向，从根本上减轻业绩压力对会计基本原则的冲击。

第六节　夏新电子案例：决策有用目标的脆弱性

一、基本情况

（一）公司简介

夏新电子股份有限公司（以下简称夏新电子），原名“厦门厦新电子股份有限公司”，是1997年上市的一家福建省厦门市企业，主营声像及其他电子产品的开发制造。

夏新电子自1997年上市以来，在资本市场上动作不断，股本总额从最初的1.1亿股，迅速扩张至4.3亿股，增长近4倍。

夏新电子主业经历了三个发展阶段：①录像机阶段。夏新电子1997年上市时的主业是生产录像机，还研发出世界首台光盘录像机。②影碟机阶段。1998年，夏新电子转型生产影碟机，赚到了第一桶金，又因影碟机迅速衰落导致业绩亏损戴上ST帽子；1999年，2亿元的配股资金多数砸向无绳电话机、家庭影院，这一次夏新电子没把业务做起来。③手机阶段。在2002年靠手机暴富两年；2004年又濒临亏损绝境，2004年第三季度亏损4 163万元，每股亏损0.10元。

（二）2001—2004年财务状况

夏新电子2001—2004年营业收入变动情况如图2-2所示。

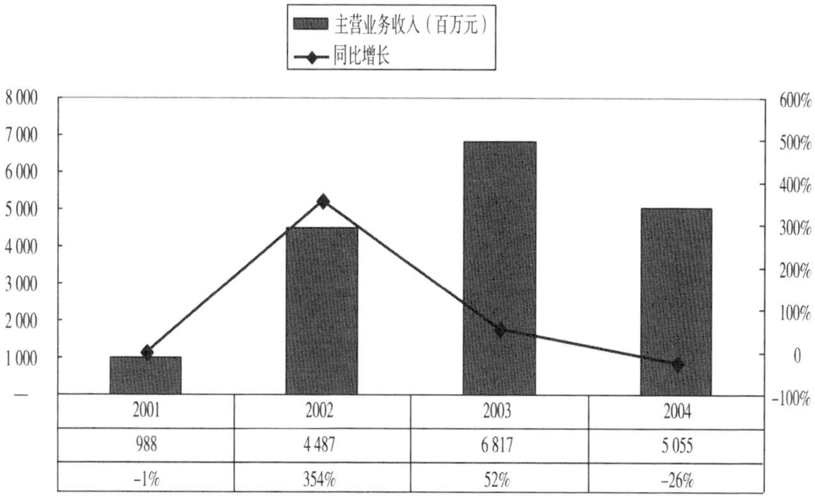

图2-2　夏新电子2001—2004年营业收入变动情况

夏新电子2001—2004年盈利变动情况如图2-3所示。

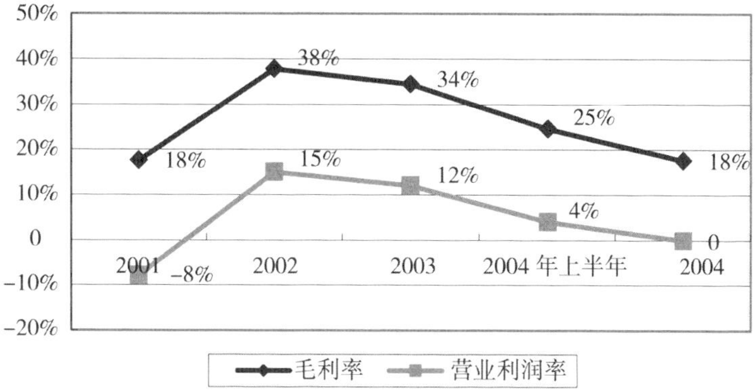

图2-3　夏新电子2001—2004年盈利变动情况

夏新电子2001—2004年三项费用变动情况如图2-4所示。

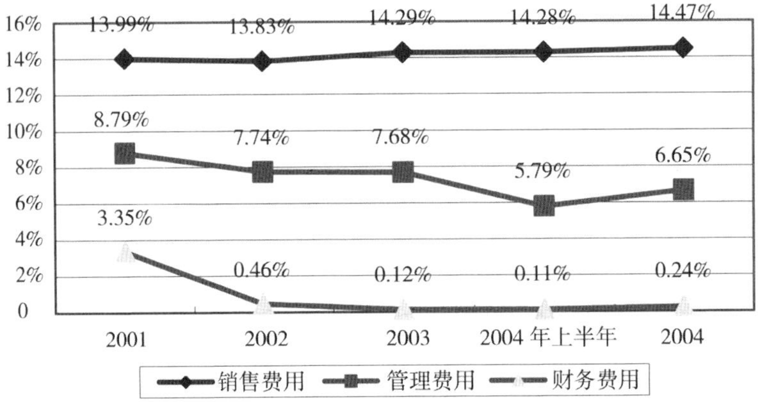

图2-4 夏新电子2001—2004年三项费用变动情况

二、盈余管理行为

(一)调整研发费用计提比率

《关于印发〈厦门市企业技术开发经费投入考核认定暂行办法〉的通知》(厦科发字〔2000〕4号)第四条规定:"……从事集成电路、移动通信、电子计算机、生物技术和新材料等产品生产企业,可按6%~10%的比例提取技术开发费。"经充分讨论,董事会一致同意自2003年起,比照该规定将原定每年按销售额提取3%的技术开发费提高至6%。2004年2月21日,《夏新电子第三届董事会第五次会议决议公告》决定,"根据公司实际情况,2004年度按销售总额提取技术开发费的比例由2003年度的6%调整为3%。"研发费用计提比率调整影响的利润金额见表2-3。

表2-3 研发费用计提比率调整影响的利润金额 单位:万元

项 目	产品销售收入	原应计提	本期实际计提	影响金额
2004年上半年	269 717	16 183	8 092	8 091
2004年	505 454	30 327	15 164	15 163

(二)关联交易

夏新电子与夏新电子有限公司(以下简称夏新有限)签订《注册商标使用许可合同》,合同约定,夏新电子每年以当年销售收入总额的8‰的价格向夏新有限支付商标使用费。

经与夏新有限协商,2004年4月30日,双方就整体商标的转让事宜在厦门签订了《商标转让协议》,根据协议确定整体商标转让价格共计15 000万元。本次关联交易完成后,夏新电子2004年度及以后不再向夏新有限支付商标使用费。夏新电子将对受让整体商标后形成的15 000万元无形资产分10年进行摊销,每年摊销1 500万元。此项关联交易影响的利润金额见表2-4。

表2-4　　关联交易影响的利润金额　　单位：万元

项　目	产品销售收入	原应付商标使用费	本期摊销商标使用费	影响金额
2004年上半年	269 717	2 158	750	1 408
2004年	505 454	4 044	1 500	2 544

（三）减值准备冲回

在2004年中期，夏新电子共冲回以前年度计提的各项减值准备2 100万元，剔除新提取的原材料减值准备982万元，共计冲回减值准备1 118万元。2004年中报资产减值准备变动情况见表2-5。

表2-5　　2004年中报资产减值准备变动情况　　单位：万元

项　目	期初余额	本期增加	本期转回	期末余额	变动金额
坏账准备	1 239		158	1 081	-158
存货跌价准备	8 800	982	1 870	7 912	-888
长期投资减值准备	54	—	54	—	-54
固定资产减值准备	2 869	—	18	2 851	-18
合　计	12 961	982	2 100	11 844	-1 118

（四）政府补贴收入

2004年，在市场不好的情况下，夏新电子共计取得补贴收入2 251万元（包括财政扶持、出口补贴、税收返还、产品奖励等），比2003年新增补贴收入2 140万元，比前三年的平均水平新增2 210万元。然而，在2004年上半年仅确认补贴收入11.3万元。2001—2004年补贴收入变动情况见表2-6。

表2-6　　2001—2004年补贴收入变动情况　　单位：万元

项　目	2001年	2002年	2003年	三年平均	2004年	比2003年新增	比前三年平均新增
补贴收入	12	0	111	41	2 251	2 140	2 210

三、盈余管理使决策有用目标受到严重挑战

夏新电子2004年盈余管理影响利润的金额见表2-7。

表2-7　　2004年盈余管理影响利润的金额　　单位：万元

项　目	本期实际披露金额	正常核算时应有的金额	盈余管理金额
当期计提的研发费用	-11 524	-30 327	18 803
商标使用费	-1 500	-4 044	2 544
补贴收入	2 251	111*	2 140
对利润总额的影响	—	—	23 487
每股收益（元/股）	0.04	-0.51	

*按2003年的实有水平估计。

夏新电子在2000年与2001年经历了连续两年的亏损，一度被特别处理，伴随着移动通信业务的快速增长，2002年度一举扭亏为盈，并实现1.58元的每股收益水平。面对良好的市场环境和收益水平，夏新电子2003年度对盈余进行管理，提高了研发费用计提标准，一方面为企业的长远发展储备力量，另一方面也可以起到合理避税的作用。但从2004年初开始，移动通信市场竞争加剧，商品价格一路下跌，致使毛利率大幅下降，面对日益严峻的盈利前景，夏新电子通过降低研发费用的计提比例，收购商标所有权，冲销减值准备、确认补贴收入等方法来对盈余进行管理，从而使用不真实的利润指标向市场投资者传递错误的信息。

从图2-5可以看出，夏新电子的每一次股价变动都与其业绩波动密切相关。1999年实现每股收益1.02元，股价处于高峰；后连续两年亏损，股价一路下跌，在2001年沦为“ST夏新”；2002年实现每股收益1.69元，2003年实现每股收益1.429元，股价又重回高位。2004年随着业绩下滑股价回落，可以预见，若非通过盈余管理维持不真实的盈利，其股价下跌会更大。在盈余管理行为下，会计信息误导投资者决策，严重丧失了其决策有用性的功能。

图2-5　夏新电子股价波动图

会计论道与课程思政：

诚信——实现会计目标的道德保障

一位顾客走进一家汽车维修店，自称是某运输公司的汽车司机。他对店主说：“在我的账单上多写点零件，我回公司报销后，有你一份好处。”但店主拒绝了他的要求。他纠缠着说：“我的生意不算小，会常来的，你肯定能赚很多钱！”店主告诉他，这事无论如何也不会做。他气急败坏嚷道：“谁都会这么干的，我看你是太傻了。”店主火了，他要那个顾客马上离开，到别处谈这种生意去，这时顾客露出微笑并满怀敬佩地握住店主的手说：“我就是那家运输公司的老板，我一直在寻找一个固定的、信得过的维修店，你还让我到哪里去谈这笔生意呢？”面对诱惑，不动心，不为其所惑，虽平淡如行云，质朴如流水，却表现出闪光的品格——诚信。

课程思政问题：人的道德品质是决定工作绩效的关键要素之一。在会计工作中，无论是决策有用目标还是受托责任目标的实现，都依赖会计人员诚实守信职业道德的建立。朱镕基同志曾为北京国家会计学院题词：“诚信为本，操守为重，遵循准则，不做假账。”就是对会计从业人员道德品质的基本要求。

思考题

1.“决策有用”的会计目标观受到了哪些挑战？它导致了实务中的哪些问题？

2. 国际会计准则理事会在财务会计概念框架的修订稿中是否体现了对“受托责任”会计目标的重新重视？如果体现了，又是如何体现的？

3. 请谈谈在盈余管理行为盛行的情况下，如何通过对会计信息质量特征的衡量来抑制这类行为？可结合文中案例展开讨论。

第三章

会计要素

学习目标

- 会计要素概念的发展历程及其现实意义
- 现行会计要素的具体定义面临的主要挑战
- 实务中新型业务与传统会计要素概念的冲突

第一节　会计要素概念的作用与发展

一、会计要素概念及其在会计理论中的地位

会计要素是对账户体系和财务报表内容最广泛、最高层次的分类，是一组对财务会计具有重大影响的基本概念，为会计信息带来质的规定性。在国际会计中，会计要素一般被称为"财务报表要素"（elements of financial statements），它是财务会计确认、计量、记录和报告的具体对象，是对企业经济交易和事项的归类。在财务会计系统中，会计循环是从处理一项交易或事项的经济业务开始，到最后形成使用者要求的有用信息结束，如此周而复始。这一循环过程离不开利用会计要素概念将数据与信息分类，正是由于不同的会计要素及其进一步的细化，财务会计才能成为一个以提供财务信息为主的经济信息系统。

在会计众多的概念当中，哪些可称为会计要素的基本概念？会计要素是否一成不变？实际上，会计要素是根据经济社会发展的实际需要不断地调整和完善的，会计要素概念的形成过程也是会计观念或会计思想变化的过程。直至今日，世界各国的会计准则都处在不断发展变化的过程中，而会计要素概念的不断修正和调整则是其中最为基本的。

二、会计要素概念的发展历程

回顾过去，会计要素的发展经历了以下几个阶段[①]：

（1）第一阶段。1907年，斯普拉格（Charles E. Sprague）在美国出版的《账户的原理》一书被公认为是涉及会计基本概念框架的第一部会计理论著作，提出了著名的基本会计恒等式——“资产=负债+所有者权益”。

在这个时期，斯普拉格虽然没有明确提出会计要素的概念，但就会计恒等式而言，其中体现的会计要素概念的重心是资产，其他要素的含义均依据资产得以展开。斯普拉格不仅明确阐述了资产的内涵，认为“所有资产是以前提供服务的具体化；从另一个角度看，资产是即将获得的服务的贮存”（Sprague，1922：105），而且确立了资产的核心地位，负债和所有者权益的含义都是在资产的基础上逻辑推理的结果。

当时主流的权益理论是企业主体理论，全部“资产”被视为企业所拥有；全部“负债”（包括所有者的要求权，即“资产=权益”）被视为企业所亏欠。

在这一时期，并不存在确定收益的单一的、可接受的程序，而仅仅是将利润与损失视为资产估价过程的剩余。收益及其从属概念的含义和界限，如收入、费用、利得、损失等，还很不清晰。

（2）第二阶段。在若干会计基本概念（基本假设）的基础上，佩顿（William A. Paton）和利特尔顿（Ananias C. Littleton）提出了会计学第一个完整的概念——主体理论，并为确定收益建立了一个“配比模型”。财务会计作为以成本与收入相配比为基础的成本分配体系这一基本形式得以定型，其中蕴含的会计概念和会计原则支配着之后数十年美国会计理论和会计实务变革和发展的方向。

会计要素概念的内涵在佩顿和利特尔顿精心设计的“配比模型”的支配下显得别具一格，会计要素可归结为“成本”“收入”以及成本与收入相配比而产生的“收益”三个关键的概念。即“收入-成本（费用）=收益”，这或许就是“收入费用观”术语的由来。

收益概念是整个配比模型的核心概念。“会计的基本问题是在计量定期收益的过程中将已发生成本在当前和未来期间进行分配。”资产负债表和收益表是报告这一分配活动所采用的技术性手段，其中，资产负债表是列示归属于未来期间的已发生成本（即未扣减成本）的一种手段；收益表则是最重要的报表，其报告计入当前成本的部分，并以连续的成本、收入流反映管理者对资源管理的效率。

从20世纪40年代到20世纪80年代的40多年间，配比模型在美国会计实务上的广泛运用，导致了对所有权理论的再确认以及会计重心从资产向收益的转移。

（3）第三阶段。财务会计准则委员会（FASB）在1985年12月发布了《财务会

① 杨宇. 论财务会计要素概念的历史变迁［J］. 厦门大学学报（哲学社会科学版），2008（4）.

计概念公告第6号——财务报表的要素》(Elements of Financial Statements, SFAC NO.6)。这份公告重新概括了财务报表的要素，把企业的要素和非营利组织的要素整合在一起并按照相同性和差异性进行分类与定义，成为财务会计对经济事项正确地进行确认、计量和报告的必要条件，以及有效制定和应用相应会计准则的一个重要依据。

FASB将企业的财务报表要素分为两大类型共10个要素。第一种类型（存量要素，资产负债表要素）的要素包括资产、负债和权益（净资产）3种，它们所描述的是在一定时点上的资源（resources）或对资源的要求权（claims）或资源中的利益（interests）的数额或程度（levels）。第二种类型（流量要素，收益表要素）的要素包括所有者投入、所有者分配、综合收益、收入、费用、利得、损失7种，它们所描述的是在一定期间内，因交易、其他事项和情况而影响某一主体净资产变动的结果。这两大类型要素之间是相互关联（勾稽）的，某一类要素（如资产）的确认将自动地要求对另一类要素（如收入）进行确认。这两类要素中必定有一类要素是另一类要素得以建立的基础。FASB会计要素概念体系的核心是建立在经济资源所体现的未来经济利益的流动和预期流动的基础之上。资产的本质是"未来经济利益"，因此它是会计要素体系的核心所在，也是最基本、最重要的要素，其他要素的定义都以资产为基础得以形成。

与佩顿和利特尔顿坚持的收入费用观不同，FASB坚持的是资产负债观，强调的是资产而不是收益。关于资产定义的显著区别，其表现为"资产"与"成本"概念的分离。资产主要强调未来价值，即未来的现金流入，而非过去为取得该资产所实际耗费的支出。因此，如果资产在取得时花费成本，那么这种成本只有能够带来未来经济利益才能视为资产；如果某项成本无助于未来经济利益的流入，或者说它们的效能已经消失，那么就不能确认为资产，而应当一次性转为费用。

在收益方面，SFAC NO.6首次提出了综合收益的概念。综合收益是指除与所有者交易以外的所有者权益（净资产）的一切变动，包括由于价格波动而引起的持有财产"损益"等净资产的价值变动。这一要素概念的提出还为因物价变动或其他一些外在经济环境影响所引起的"损益"的确认和计量提供了理论依据，对收益决定与报告产生了直接影响，并推动了西方财务会计理论和实务的进一步发展。

第二节　会计要素概念面临的挑战与创新

一、现行会计要素概念与业务准则存在一些冲突：以金融工具为例

（1）目前，在国内外的各种财务会计概念框架中，对资产和负债要素的定义均强调由"过去的交易或事项形成"，资产和负债的确认标准均要求经济利益"很可能"流入、流出企业，计量属性一直是历史成本占据主导地位。金融工具特别是衍

生金融工具，其形成的金融资产和金融负债部分是非过去交易所引起的，产生的未来收益极具不确定性，价格又频繁波动，在国际会计准则第39号（IAS39）发布以前一直无法在会计报表“表内”进行确认和列报，只能在“表外”进行披露。但是，表外披露存在较大的随意性，其可比性较差。为此，从20世纪80年代开始，世界各主要会计准则制定机构就一直努力将几乎所有的金融工具尤其是衍生金融工具纳入表内确认，使得金融工具具体会计准则与会计要素概念相冲突，使得基本的财务会计概念所应具备的内在协调性、相互关联性、完整性、逻辑一致性受到不同程度的损害。

在2003年修订的国际会计准则第32号（IAS32）中，国际会计准则委员会（IASC）将金融工具定义为“形成一个实体的金融资产并形成另一个实体的金融负债或权益工具的合约”，并具体列明了金融资产、金融负债和权益工具的内容。世界各主要会计准则制定机构对金融工具的定义均以资产（合约权利）、负债（合约义务）和权益要素为基础，反映了金融工具合约的本质属性。我国企业会计准则第22号也给出了相同的定义。但这几种定义都绕过了资产和负债是由企业“过去的”交易或者事项形成的这一重要界定。

从方便会计处理的角度来看，无论是FASB还是IASC，对衍生金融工具的定义都采用的是特征定义法。通过限定衍生金融工具的特征要素进行定义，采用这种定义的方法较为客观具体，会计处理可操作性强。这要求衍生金融工具的概念必须反映其经济实质，即以基本金融工具为基础和合约性。我国企业会计准则第22号也给出了与IAS39一致的衍生金融工具的定义。但其中的“在未来某一日期结算”与资产和负债是由企业“过去的”交易或者事项形成的相抵触。

（2）非金融资产的确认采用风险和报酬标准，即“几乎所有与该资产或负债相联系的风险和报酬实质上已经转移给了企业”。但将该标准应用于涉及大量个人主观判断的事项，必将降低会计信息的相关性和可比性。因此，IAS39并没有沿用这种方法，而是在此基础上，结合金融工具的性质，提出“当企业成为金融工具合约的一方时，应该在资产负债表确认一项金融资产或金融负债”。

（3）风险和不确定性是金融工具的突出特点，其价格的频繁波动正是金融工具的持有者实现投机、避险的关键。而历史成本信息只能反映交易发生当时情况的影响，价格变动也只有等交易结束时才能反映，这必然是滞后的，其相关性受到严重损害。而采用公允价值计量资产和负债能使计量结果更符合要素定义，更有利于会计信息使用者的正确决策，在提高会计信息相关性的同时，又不过分损害可靠性，且符合实物资本保全概念的要求，符合综合收益观的要求。FASB发布的财务会计准则公告第133号（SFAS133）中指出，“公允价值是计量金融工具最佳的计量属性，对衍生工具而言，公允价值是唯一相关的计量属性”。IASB和FASB也明确提出以公允价值计量所有金融工具的最终目标。但是，全面以公允价值对金融工具进行计量的可操作性不强。因为公允价值的确定具有一定的困难，尤其是部分金融资产在公开市场上没有标价，且其公允价值以现有的估价技术无法合理估计；以公允价值计量衍生金融工具具有一定的主观随意性，有可能助长利润操纵行为。

鉴于此，FASB和IASB都采用了一种折中的方式，即在分类的基础上采用混合计量属性。采用两种计量模式并行报告，既可解决历史成本与公允价值之间的矛盾和会计信息可靠性与相关性之间的矛盾，又可取长补短。我国企业会计准则第22号也采用了这种观点。但公允价值计量导致了未实现损益的确认，未实现损益显然不符合收入、费用要素定义中隐含的“已形成”“已发生”的概念，不论是直接计入所有者权益，还是直接计入当期损益，都使各要素概念的内在协调性、逻辑一致性受到冲击。

二、一种新思维：借鉴虚数概念拓展会计要素概念①

由数学史可知，人们对数的认识或者数的概念是逐步扩展的。最初认识的是自然数；在认识了分数和负数之后，数的概念就从自然数扩展到了有理数；在认识了无理数之后，数的概念又从有理数扩展到了实数；而当人们认识了虚数之后，数的概念也就再一次从实数扩展到了复数。对拓展会计要素概念最具启发意义的是虚数概念的提出和数的概念从实数扩展到复数。

1632年，法国数学家笛卡尔正式提出了负数的平方根的名称，即“虚数”。所谓的“虚”的含义，是指其不能反映量的大小那样实在性的缺陷。1768年，瑞士数学家欧拉再次对虚数做出解释，把$\sqrt{(-1)}$作为虚数单位，用符号i表示，相当于实数单位1。于是，任何一个虚数都能像实数一样，写成其单位的倍数。

数学家不仅将虚数和实数同样对待，而且还将其在复数的名称下统一起来。即复数包括了实数和虚数，用符号$a+b\times i$表示，其中，a、b为实数，i为虚数单位。当$a=0$时，$a+b\times i=bi$，表示一个纯虚数；当$b=0$时，$a+b\times i=a$，就是一个实数。18世纪末，挪威数学家威塞尔、瑞士数学家阿尔冈以及德国数学家高斯等人先后提出了将复数与平面上的点一一对应的做法。在这个一一对应下，实轴上的点对应实数，虚轴上的点对应纯虚数，原点对应0。在复平面上，人们再次看到了虚数与实数在数的地位上的对等性，当然也感受到了它们的实际存在性。

对数进行扩展的主要目的不在于提出一种新的书写形式，而是要使这个新的数真正成为原有数的扩展，即它既能包含原有数，又能保留原有数的运算性质，如交换律、结合律、分配律。新的数还应该具有原有数所不能进行的或者不是总能进行的某种运算。对于实数来说，开方运算不是总能进行的运算，当扩展到复数以后，开方运算就可以恒能进行了。后一个要求实际上是对数进行扩展的基本目的。

---

①　邓永勤，丁方飞．论会计要素概念的拓展［J］．会计研究，2011（6）．

数的扩展对拓展会计要素概念至少有如下三点重要启示：

（1）承认某些未来发生的交易和事项也形成资产、负债，只要这些交易和事项会导致该项资产、负债发生公允价值或现金流量变动，而不论该项资产或负债是现存的，还是将由这些未来的交易和事项形成的。

（2）承认收入不仅包括因交换活动新增的资产，也包括非交换事项上资产的增加，如市价上升。

（3）可以把满足传统会计概念框架要素定义的对象称为实资产、实负债、实收入等实要素，把这些由未来发生的交易和事项形成的公允价值或现金流量变动称为虚资产、虚负债、虚收入等虚要素。虚要素可采用货币为主要计量单位进行计量，计量属性应选择公允价值。虚要素也是实际存在的，和实要素一样应纳入财务报告进行确认。

资产、负债、收入、费用等会计要素包含了实资产和虚资产、实负债和虚负债、实收入和虚收入、实费用和虚费用之后，即是会计要素的最后扩展。

不仅是金融工具具体会计准则，如投资性房地产、生物资产等准则事实上已经承认了虚资产、虚负债、虚收入、虚费用等虚会计要素，并设计了确认标准，规定了公允价值计量属性。一般在资产、负债类一级科目下设置“成本”和“公允价值变动”明细科目分别确认实资产和虚资产、实负债和虚负债，设置“公允价值变动损益”科目确认虚收入、虚费用，并相应计入资本公积（虚所有者权益）或当期损益（虚利润）。但是，财务会计概念框架的制定却往往落后于具体会计准则的制定。

为了消除冲突，首先要重点研究资产概念的拓展、确认标准和计量模式的修改。

拓展资产的概念为：资产是指由企业拥有或控制的、预期会给企业带来经济利益的资源，包括实资产和虚资产。实资产是由过去的交易或事项形成的资产。虚资产是就目前金融工具、生物资产、投资性房地产等具体准则涉及的“将来的交易和事项形成的资产”，所以必须对其是多久的“将来”加以限制。

虚资产按其形成的方式可分为两种：一种是采用公允价值计量的实资产，其公允价值变动形成的虚资产。“将来”就是指某资产负债表日以后到该项实资产被处置的资产负债表日之前的任何时间。另一种是套期工具和被套期项目在套期指定期间的公允价值或现金流量变动形成的虚资产。

因此，虚资产是采用公允价值计量模式的实资产的公允价值变动，以及套期工具和被套期项目在套期期间的公允价值或现金流量变动。

第三节　负债与权益的辨析：以信托注资为例

一、信托注资的实践案例[①]

A公司为上市公司，A公司与B公司合资设立房地产开发有限公司C公司。C公司注册资本为5亿元，其中，A公司出资3亿元，占注册资本的60%，B公司出资2亿元，占注册资本的40%。2×13年3月，A公司、B公司与D信托公司签署了增资协议，由D信托公司发起设立“某股权投资集合信托计划”（以下简称“某信托计划”），向C公司增资5亿元。增资完成后，C公司的注册资本增加至10亿元，其中，A公司持有30%的股权，B公司持有20%的股权，某信托计划持有50%的股权。因此，该信托规模为10亿元。根据相关协议安排，A公司仍然控制C公司，C公司定期向某信托计划支付固定收益的利息，且3年之后，某信托计划收回所投入的全部资金。

问题：信托出资部分应确认为负债还是权益？A公司合并财务报表中对C公司的合并比例应该是60%还是30%？

二、案例讨论

通常情况下，企业比较容易分辨所发行的金融工具是权益工具还是金融负债，但也会遇到比较复杂的情况。如果企业发行的金融工具合同条款中包括交付现金或者其他金融资产给其他单位的合同义务或者包括在潜在不利条件下与其他单位交换金融资产或者金融负债的合同义务，该金融工具为负债。例如，企业发行的优先股，虽然形式是股权投资，但是由于该优先股合同规定无论当年是否盈利，企业要每年向出资方支付股利，且当企业清算时，优先股股东可以优先拿回所投资的资本。该项优先股实质上是企业发行的一项负债。如果企业发行的金融工具合同条款中没有包括交付现金或者其他金融资产给其他单位的合同义务，也没有包括在潜在不利条件下与其他单位交换金融资产或者金融负债的合同义务，通常会确认为权益工具。但是，如果企业发行的金融工具将来须用或可用自身权益工具进行结算，还需要继续区分不同情况进行判断：

如果发行的金融工具为非衍生工具，且该金融工具包括交付非固定数量的发行方自身权益工具进行结算的合同义务，则分类为负债；否则为权益工具。例如，企业约定将来交付等值于100万元的本企业股票进行结算的合同，虽然该项合同不是以现金或者其他金融资产结算的，但是交付的是非固定数量的股票（数量视结算当时的股票市价而定），该合同应当分类为一项负债。

如果发行的金融工具为衍生工具，且该金融工具不是只能通过交付固定数量的

---

① 中国证券监督管理委员会会计部．上市公司执行企业会计准则案例解析［M］．北京：中国财政经济出版社，2016：30.

发行方自身权益工具换取固定数额的现金或者其他金融资产进行结算的，则分类为负债；否则为权益工具。例如，企业发行的可转换公司债，其中的可转换权是一项衍生工具，该衍生工具结算时需要交付企业自身股票，如果合同条款中已经约定，以每股10元的价格进行转股，则属于将来通过交付固定数量的发行方自身权益工具换取固定数额的现金进行结算的合同，该可转换权应当分类为一项权益工具。

由此可见，法律形式上的债务，可能并不一定是会计上的债务，法律形式上的股权，也可能并不一定是股权，实务中应该根据准则的相关判断标准进行具体分析。

本案例中，C公司需要定期向某信托计划支付固定收益，且该信托是有期限的，到期需收回所有投资资金。因此，虽然某信托计划法律上是作为股权投资方，但该交易实质上是A公司通过D信托公司从外部引入新的债权人。C公司应当将某信托计划分类为一项负债。因此，A公司仍旧享有C公司60%的权益，A公司应当将C公司作为持股比例为60%的子公司合并。

第四节　收入与权益交易：关联交易情形下的辨析

一、关联交易情形下的政府补助收入

1. 实践案例

甲公司是上市公司，乙公司是甲公司的控股股东。2×16年，乙公司与甲公司及其所在地县级人民政府达成三方协议，由乙公司先支付给县政府3 000万元，再由县政府以政府补助的形式支付给甲公司。甲公司收到县政府拨付的3 000万元以后，拟作为政府补助计入当期营业外收入。

2. 案例讨论

本案例的补助方是否可视为独立的第三方，从而允许甲公司将此项“政府补助”计入当期营业外收入？

与独立的第三方之间的交易通常都应该是公平交易，但是有一些交易由于大股东与第三方存在另外的协议安排而变得不公允。面对这样一些与第三方进行的非公允交易，需要了解造成非公允交易的原因是什么，不能因为形式上的交易对象是第三方就按照形式简单处理，应该按照实质重于形式的原则进行综合判断，以确定其会计处理方式。

本案例中，甲公司获得的3 000万元的政府补贴最终由其控股股东乙公司承担，县政府将乙公司提供的款项以“政府补助”的名义转交给甲公司。县政府只是形式上履行了政府补贴程序，实质上并不是政府无偿给予，此款项不符合政府补助定义中“从政府无偿取得”的特征，不能作为政府补助进行会计处理。该项政府补贴实际上出自其控股股东乙公司，是基于乙公司是甲公司控股股东的特殊身份才发

生的交易，甲公司明显单方面地从中获益，其经济实质具有资本投入性质，属于权益交易。因此，该交易产生的利得3 000万元应计入所有者权益（资本公积），而不应计入当期营业外收入。

二、关联交易情形下的并购折价

1. 实践案例[①]

A公司是上市公司，B公司持有A公司51%的股份，对A公司形成控制。C公司持有B公司16%的股份，并与其他5家公司共同控制B公司。C公司持有D公司40%的股权并对D公司形成控制。2×14年8月，B公司、C公司和D公司的另外两个股东共同签署了关于D公司重组和C公司股权退出的协议。该协议约定，在满足一定条件的情况下，C公司将于2×16年10月31日向B公司发出股权转让的通知，将C公司持有的D公司40%的股份全部转让给B公司或B公司指定的其他受让方。B公司或B公司指定的其他受让方应在2×16年12月31日前向C公司支付人民币3亿元作为取得C公司持有的D公司40%股权的对价，该对价以2×14年8月D公司40%股权的公允价值为基础确定。A、B、C、D四家公司持有股份的变化情况，如图3-1所示。

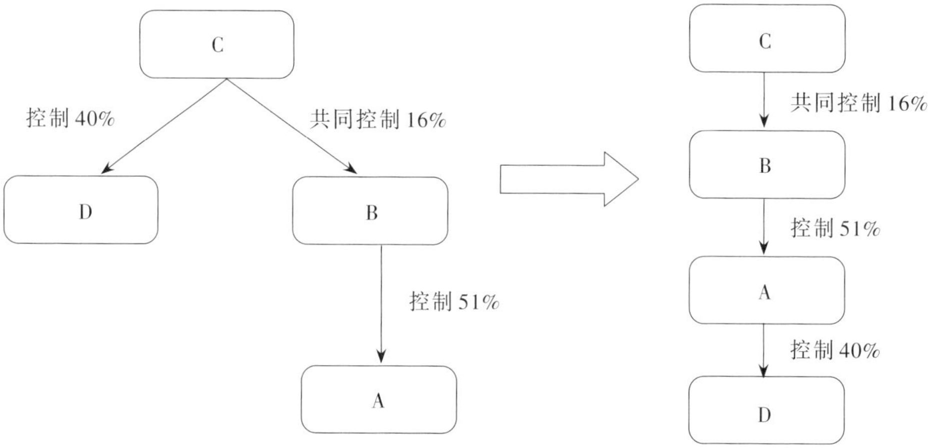

图3-1　四家公司控制结构的前后变化

2×16年10月31日，C公司向B公司发出股权转让的通知，经B公司董事会审议通过，决定由A公司收购D公司的股权。其后，A公司召开董事会和临时股东大会，审议通过了关于收购D公司股权的议案。2×16年12月20日，A公司办理完相关股权的过户、工商注册登记等手续。

在评估报告的基础上，D公司2×16年12月可辨认净资产的公允价值为11亿元，按持股比例40%计算得出D公司可辨认净资产的公允价值中A公司持有的份额

---

① 中国证券监督管理委员会会计部. 上市公司执行企业会计准则案例解析［M］. 北京：中国财政经济出版社，2016：240-242.

为4.4亿元，超出A公司投资成本3亿元的部分共计1.4亿元。

2. 案例讨论

本案例是否允许A公司的1.4亿元确认为当期营业外收入？

本案例中，2×14年8月，B公司与C公司签订以3亿元购买D公司40%股权的协议。2×16年10月，B公司指定A公司购买D公司40%的股权，A公司于2×16年12月完成该交易，享有D公司可辨认净资产的公允价值份额为4.4亿元，即A公司支付3亿元可以获得D公司4.4亿元的权益。

从表面上看，A公司应该确认1.4亿元的负商誉。但是，我们需要分析该项负商誉产生的原因以判断其是否应该计入当期损益。

首先，A公司此次购买的定价是基于B公司和C公司于2×14年达成的协议价格，B公司和C公司达成的协议价格是以2×14年8月D公司40%股权的公允价值为基础确认的，基本可以判断当时的协议为一项公平交易。

其次，B公司在2×14年8月与C公司达成协议价格3亿元，到2×16年10月D公司净资产的公允价值份额已经增加到4.4亿元的情况下，B公司指定由A公司来执行原协议，这1.4亿元利得实质上属于B公司让渡给A公司的，A公司明显单方面地从这项交易中获利1.4亿元。我们认为，A公司之所以能够获得这项交易机会，是基于B公司是A公司控股股东这个特殊身份。因此，虽然这项交易表面上不是A公司与B公司之间进行的，但实质上是B公司以其控股股东的身份指定A公司来执行交易的，与B公司存在直接关联，因此仍然属于权益性交易。A公司获得的1.4亿元交易利得应视同B公司对A公司的资本投入，计入A公司的所有者权益（资本公积），而不应计入当期营业外收入。

第五节　负债与收入的辨析：以政府补助为例

一、补助收入或长期应付款：资产相关政府补助与收益相关政府补助的辨析

1. 制度背景

对于政府补助的会计处理，无论其是通过何种形式取得的，都应当划分为与资产相关的政府补助和与收益相关的政府补助。这两种类别的政府补助，其会计处理的原则不同，对各期损益的影响也不同。在实务操作中，这两种类别的政府补助往往容易混淆。

《企业会计准则第16号——政府补助》第四条规定："政府补助分为与资产相关的政府补助和与收益相关的政府补助。与资产相关的政府补助，是指企业取得的、用于购建或以其他方式形成长期资产的政府补助。与收益相关的政府补助，是指除与资产相关的政府补助之外的政府补助。"

在实际工作中，政府补助的形式多种多样，如财政拨款、财政贴息、税收返还

或无偿划拨非货币性资产等。一项政府补助可能在形式上是与资产相关的，而本质上却是与收益相关的。

同时，对于一些综合性的政府补助，《企业会计准则案例讲解（2016）》[①]中指出：企业对于综合性项目的政府补助，需要将其分解为与资产相关的部分和与收益相关的部分，分别进行会计处理；难以区分的，将政府补助整体归类为与收益相关的政府补助，视情况不同，计入当期损益或者在项目期内分期确认为当期收益。

实务中，还存在政府补助文件中直接列明会计处理方式的情况，如计入资本公积或作为营业外收入。这种情况可能会给会计处理提供方向，但也可能与会计准则有关原则存在冲突。

2. 实践案例

1）政府的科技创新扶持资金

A公司为上市公司，2×16年12月，A公司与其所在地工业园管委会签订协议，实施搬迁扩建。A公司将在该工业园建设新的厂房。该协议约定：

（1）A公司将以150元/平方米的单价取得20万平方米的土地使用权，土地出让金总额为3 000万元。

（2）A公司缴纳全部土地出让金后5个工作日内，管委会以“进园企业科技创新扶持资金”的形式向A公司支付3 000万元的扶持资金。

A公司认为，在与管委会进行进园谈判时就提出了科技创新扶持资金的申请，但对方表示当地面临经济落后、政府财政资金少等困难，希望在引入成功时再提供资金扶持。因此，考虑到在A公司缴纳土地出让金之后，对方就能有财政收入，故约定科技创新扶持资金应该在对方收到土地出让金之后拨付。A公司认为，该资金并不是针对土地拨款所进行的补偿，应该作为与收益相关的政府补助。

2）节能工程补助

B公司为上市公司，2×13年，B公司所在地市经济发展局核准B公司某节能技改项目总投资2.3亿元，其中，建设投资2亿元，流动资金等其他投资0.3亿元。2×14年，根据国家发展和改革委员会的通知，B公司的技改项目作为重点节能工程示范项目，获得“中央预算内投资”项下政府补助2 000万元，并于2×14年9月全部收到。

2×16年8月，B公司的技改项目完成并通过验收。B公司认为，政府补助文件中并未明确该项目政府补助是与收益相关还是与资产相关，因此，拟作为与收益相关的政府补助，全额计入2×16年度营业外收入。

3. 案例讨论

（1）A公司将3 000万元科技创新扶持资金作为与收益相关的政府补助是否恰当？

① 企业会计准则编审委员会. 企业会计准则案例讲解（2016）[M]. 上海：立信会计出版社，2016.

根据企业会计准则的规定，与资产相关的政府补助是指用于购建或以其他方式形成长期资产的政府补助。本案例中，按照协议约定，A公司收到的3 000万元资金是以“进园企业科技创新扶持资金”的形式取得的，并不是针对土地拨款所进行的补偿，也不是针对随后的厂房建设。之所以要以土地出让金的缴纳为前提，是出于政府财政资金困难的考虑。此外，A公司在申请补助时，也是以科技创新扶持资金的名义提出的。

因此，本案例中，没有充分证据表明A公司收到的3 000万元科技创新扶持资金属于与资产相关的政府补助。按照企业会计准则的规定，A公司应将其作为与收益相关的政府补助处理。

（2）B公司将技改项目的政府补助判断为与收益相关是否恰当？

根据本案例的背景，我们可以看出，B公司某节能技改项目属于国家发展和改革委员会规定的重点节能工程示范项目，所以，B公司能够取得2 000万元的政府补助。该项补助是为了鼓励企业进行节能技改，针对此项技改项目做出的补偿。而B公司此项技改项目的主体为建设投资，可以判断该项补助为与固定资产相关的政府补助。

一项政府补助是与资产相关还是与收益相关，属于企业在进行会计处理时根据企业会计准则进行的判断，在相关的政府补助文件中通常不会也无须对此做出具体规定，企业不应该因为补助文件中未注明是与资产相关的政府补助就将其作为与收益相关的政府补助。如果在相关政府补助文件中指明了收到的补助资金所对应的项目，且是用于购建或以其他方式形成长期资产的，那么应将收到的政府补助作为与资产相关的政府补助进行会计处理。

二、补助收入或交易对价

1. 制度背景

国家或地方政府会对有关企业予以经济支持，如无偿拨款、担保、放弃或者不收缴应收收入等。政府补助的特点在于无偿性和直接取得资产。获得政府补助需要满足一定的条件，如何区分企业因满足一定条件而获得政府补助与政府作为参与交易的一方要求企业为政府提供某些商品或服务而支付给企业的对价，是实务中该类交易的处理难点。

《企业会计准则第16号——政府补助》将政府补助定义为“企业从政府无偿取得货币性资产或非货币性资产”，但是“不包括政府作为企业所有者投入的资本”。对此，需要考虑的问题是：是否所有来源于政府的货币性和非货币性资产都是政府补助？例如，下面的上市公司案例就需要注意。

2. 实践案例[①]

A公司为上市公司，其受政府委托进口医药类特种原料M，再将原料M销售给

---

① 中国证券监督管理委员会会计部. 上市公司执行企业会计准则案例解析［M］. 北京：中国财政经济出版社，2016：184-186.

国内的生产企业，加工出产品N销售给最终顾客。产品N的销售价格由政府确定。由于国际市场上原料M价格上涨，而国内产品N的价格保持稳定不变，形成进销倒挂的局面。在2×14年之前，A公司销售给生产企业时以原料M的进口价格为基础定价，由国家财政对生产企业进行补贴；在2×14年之后，国家规范补贴款管理，改为限定A公司对生产企业的销售价格，然后对A公司的进销差价损失由国家财政给予返还，差价返还金额以销售价格减去加权平均采购成本的价差乘以销售给生产企业的数量计算。

3. 案例讨论

A公司收到的差价返还款是否应作为政府补助进行会计处理?

从形式上看，A公司收到的差价返还款符合政府补助的定义，按照修订前的政府补助准则，A公司收到的政府补助应当确认为营业外收入。这样处理会导致A公司的财务报表呈现出主营业务的负毛利和较大金额的营业外收入，而这样的结果是否能够反映企业的真实经营状况?

第一，从公司风险来看，采购并销售原料M的交易不会给A公司带来亏损，但是在A公司的财务报表中却呈现出主营业务的亏损。

第二，从2×14年之前和之后的对比来看，转变之后，虽然其交易的性质没有发生变化，但是在A公司的财务报表中，2×14年之前体现为收入，而2×14年之后却体现为一项政府补助。

第三，从交易的实质来看，A公司代替政府履行从国外采购材料的职能，我们是否可以认为A公司从政府取得的资产并不是无偿的，而是交易对价的一部分。将在同一项交易中针对同一标的资产从指定企业收到的销售款作为收入，而将从政府收到的对价部分确认为营业外收入，这样处理在一定程度上并没有公允地反映交易的实质。

第四，从公司的经营模式来看，从国外进口原料M按照固定价格销售给指定生产企业，然后从政府获取差价，就是A公司的日常经营方式。从收入的定义来看，收入是“企业在日常活动中形成的、会导致所有者权益增加的、与所有者投入资本无关的经济利益的总流入”，从政府收取的对价属于企业的日常活动，似乎更符合收入的界定。

上述案例引发了对一系列问题的思考：从政府取得的资产是否一定是政府补助?如何区分因满足一定条件而获得的政府补助和政府作为交易对方支付的交易对价，即政府补助和政府采购的区别?对于间接的政府补助（如将补助支付给公司的上游或者下游），公司是否需要反映政府补助?如果企业的经营模式即为从政府获取一部分与日常业务相关的收入，那么这部分收入是否可以根据其性质确认为主营业务收入或者其他业务收入?

按照修订前的政府补助准则的要求，所有来源于政府的款项（除政府出资外）

均应当作为政府补助确认为营业外收入，但是这样的处理对于某些企业来说并不合理。例如，我国一些新能源企业（如风力发电、垃圾处理等企业）收入的主要来源是出售清洁能源发展机制下核证减排量（CER）指标给发达国家的企业或机构，而CER是在满足一定条件的情况下，由联合国颁发的，一些观点认为CER的实质也是一种政府补助，如果将销售CER的收入全部确认为营业外收入，则这类企业的主营业务收入将大幅减少，不能公允地反映企业的日常经营活动。与此类似的还有处置废弃电器电子产品补贴。根据相关规定，取得废弃电器电子产品处理资格的企业，按照实际完成拆解处理的废弃电器电子产品数量给予定额补贴（有明确的补贴标准）。这类企业通过拆解处理废弃电器电子产品的经营活动获取政府给予的补偿。在这种经营模式下，从政府取得的补偿确认为主营业务收入的一部分似乎更能反映企业的经营成果。

2017年5月，新修订的政府补助准则对上述问题做出了一些回应。新政府补助准则补充完善了对政府补助特征以及政府补助不适用情形的相关表述，将企业取得的政府资金依据经济实质区分为政府补助、政府资本性投入和政府购买服务三种形式。

对于企业来说，企业从政府取得的经济资源并不一定都是政府补助。比如，政府对企业的资本性投入就不属于政府补助，这一点在修订前后的政府补助准则中都有明确规定。如果政府拨入的投资补助等专项拨款中，国家相关文件要求作为所有者权益进行会计处理，说明国家对企业经济资源的转移是基于所有者身份进行的，此时不作为政府补助处理，而应按照企业接受股东资本性投入的方式进行处理。

企业从政府取得的经济资源还有可能是政府购买服务。新政府补助准则明确规定，企业从政府取得的经济资源，如果与企业销售商品或提供服务等活动密切相关，而且是企业商品或服务的对价或者是对价的组成部分，则适用《企业会计准则第14号——收入》等相关会计准则，企业应将其作为营业收入，不再确认为政府补助。例如，新能源汽车价格补贴等各种随主营业务形成的政府补贴，由于原政府补助准则规定不明确，有的企业将其作为政府补助确认为营业外收入，有的企业则将其确认为营业收入的一部分，造成实务中判断和处理的不统一。根据修订后的政府补助准则，此类政府补贴资金与企业日常经营活动相挂钩，且构成了企业商品或服务对价的组成部分，会计上应当作为收入而不是政府补助进行会计处理。

此外，新政府补助准则进一步明确，对于企业收到的来源于其他方的补助，有确凿证据表明政府是补助的实际拨付者，其他方只起到代收代付作用的，则该项补助也属于来源于政府的经济资源，在符合其他条件的情况下，应确认为政府补助。此规定解决了实务中存在的一些困惑和争议。例如，政府将补助资金经由集团母公司转拨给下属子公司的情况，若符合政府补助其他条件，不应以“并非由政府直接拨付”为由不确认为政府补助。

三、新能源汽车补贴收入的性质辨析[①]

1. 实践案例

甲公司为汽车整车生产企业，主要从事轿车、SUV的生产和销售。近年来，随着国家对个人新能源汽车补贴政策的推出和不断补充，甲公司新能源汽车的销售量逐年快速增长。

根据甲公司的销售区域情况，平均每辆新能源轿车的补贴金额约为8万元，其中，中央财政补贴5万元，地方财政补贴3万元；平均每辆新能源客车的补贴金额约为70万元，其中，中央财政补贴50万元，地方财政补贴20万元。

根据上述标准计算，按照每辆新能源轿车售价13万元（其中补贴8万元）、新能源客车售价100万元（其中补贴70万元）计算，甲公司每年的新能源轿车销售量为4 000辆、新能源客车销售量为2 000辆，则销售收入为8亿元［4 000×（13−8）+2 000×（100−70）］，新能源汽车补贴金额为17.2亿元（4 000×8+2 000×70）。

每辆新能源轿车的生产成本约为12万元，每辆新能源客车的生产成本约为80万元，即销售成本为20.8亿元（4 000×12+2 000×80）。

2. 案例讨论

根据上述案例情况，甲公司新能源汽车销售取得的中央和地方财政补贴，是应该根据《企业会计准则第14号——收入》（2017年修订）的规定确认为营业收入，还是应该根据《企业会计准则第16号——政府补助》（2017年修订）的规定进行会计处理？

本案例中，根据新能源汽车补贴的相关规定，补助对象是消费者，新能源汽车生产企业在销售新能源汽车产品时按照扣减补助后的价格与消费者进行结算，中央财政按照程序将企业垫付的补助资金再拨付给生产企业。对新能源汽车生产厂商而言，如果没有政府的新能源汽车财政补贴，企业不会以低于成本的价格进行销售，政府补贴实际上是新能源汽车销售对价的组成部分。

因此，新能源汽车生产厂商从政府取得的补贴，与其销售新能源汽车密切相关，且是新能源汽车对价的组成部分，企业应当按照《企业会计准则第14号——收入》（2017年修订）的规定进行会计处理。中央和地方财政补贴实质上是为消费者购买新能源汽车承担和支付了部分销售价款，其拨付的补贴金额应属于整车生产企业销售商品的资金流入，确认为收入可以更完整地反映整车生产企业新能源汽车的销售收入。因此，该款项在满足收入确认条件时应该将其确认为汽车企业的营业收入。

---

① 中国证券监督管理委员会会计部. 上市公司执行企业会计准则案例解析［M］. 北京：中国财政经济出版社，2020.

在实际确认收入的过程中，由于新能源汽车补贴在汽车销售给最终消费者之后由新能源汽车生产厂商根据实际销售情况向财政部门申请，但实际的销售过程是新能源汽车生产厂商将新能源汽车销售给4S店之后，再由4S店销售给最终消费者，而根据国家目前的新能源汽车的补贴政策和标准，新能源汽车的补贴标准自2017年起执行逐步退坡政策。

整车生产企业将新能源轿车销售给4S店并到达产品销售收入确认时点时，并不能准确判断4S店何时可实现新能源轿车的对外销售，可能无法准确计算可申报新能源汽车补贴的时间和金额。针对此情形，整车生产企业应当根据中央和地方的相关补贴政策合理估计未来可收取补贴款的金额。当政策可能出现变化的情况下（如补贴比例逐年退坡），还需合理预计相关汽车最终出售给消费者的时间，根据相应年度的补贴标准确定补贴款的最佳估计数，计入销售价款。

第六节　费用与资产的辨析案例

一、影视动漫投资应当费用化还是资本化[①]

2006年4月，国务院办公厅转发了财政部等部门《关于推动中国动漫产业发展若干意见》，提出了推动我国动漫产业发展的一系列政策措施。许多企业据此调整了发展战略和计划。一些上市公司也涉足了动漫产业，有的公司主要通过动漫作品的创意、制作、出版和销售来获取利润；也有的公司制作动漫作品主要是为了推广和宣传公司的实体产品；还有的公司在完成动漫作品的制作和版权销售后继续专注于该动漫作品的衍生品开发和销售（如服装、玩具、文具）。在动漫作品的创意和制作过程中发生的支出，应当作为销售费用计入当期损益还是应当资本化计入动漫作品的成本，是近些年引起争议的话题。

1. 实践案例

A公司为上市公司，以生产、销售玩具为主营业务。为促进玩具的销售，A公司开始投资拍摄动漫影视作品。在获得国产电视动画片发行许可证，并在省版权局进行版权登记拥有版权之后，A公司将影视作品制作支出确认为投资支出；将为播放影视作品支付给电视台的播出、广告费用计入当期销售费用；销售动漫玩具产品时，每月按动漫玩具实现的销售收入占预计总销售收入（动漫玩具产品未来3年预计收入）的比例对影视动漫投资支出金额进行摊销，确认为营业成本。

问题：A公司的上述影视动漫投资资本化的会计处理是否正确？

2. 案例讨论

根据上述案例背景，A公司以生产、销售玩具为主营业务，投资拍摄动漫

① 中国证券监督管理委员会会计部．上市公司执行企业会计准则案例解析［M］．北京：中国财政经济出版社，2012．

影视作品的目的是促进动漫玩具的销售，而不是通过销售动漫影视作品著作权、发行权、放映权盈利，且A公司一直的盈利模式不包括通过销售版权获取盈利。

财政部颁布的《企业会计准则案例讲解（2016）》对企业发生的广告营销相关费用的会计处理做出明确规定，企业采购用于广告营销活动的特定产品，向客户预付货款未取得商品时，应作为预付账款进行会计处理，待取得相关商品时计入当期损益（销售费用）。企业取得广告营销性质的服务比照该原则进行处理。

2011年3月3日，中国证监会发布了《上市公司执行企业会计准则监管问题解答》（2011年第1期，总第5期），针对企业发生的投资动漫影视作品的支出的会计处理做出了规定：公司投资动漫影视作品的支出，其会计处理应根据影视作品的制作目的和盈利模式确定，如果公司投资动漫影视作品的主要目的是推广相关动漫玩具形象，促进其销售，实质上是一种广告营销手段，有关动漫影视作品的制作支出按广告费用支出处理；如果影视作品的制作目的是通过版权销售获取经济利益流入，且实质上具有作为影视产品独立盈利的能力，则公司可参照《电影企业会计核算办法》（财会〔2004〕19号）的相关规定，对影视作品的投资支出进行资本化处理。

上述处理原则与美国财务会计准则的相关指引基本一致。美国会计准则汇编ASC926对电影行业做出特别指引。根据ASC926的规定，从事电影制作和发行的企业应将影片的制作支出记入“影片成本”科目，并自影片推出之日起，将影片成本按计划收入比例法与“最终营业收入”配比，进行摊销。但是，企业必须根据其主营业务和制作影片的目的来决定ASC926是否适用。ASC926只适用于电影企业，且影片制作的目的为独立盈利。否则，相关费用应视为广告费用，按照美国会计准则汇编ASC720-35进行处理。根据ASC720-35的规定，广告创意、剧本、演员和拍摄等费用都属于广告费用，应在广告第一次播出时计入当期损益。

因此，A公司的动漫影视作品拍摄支出应比照广告费用处理。即A公司应将影视作品制作支出、未播放影视作品支付给电视台的播出和广告费用计入当期销售费用，不应将影视作品制作支出确认为存货并在之后的期间摊销。

3.案例启示

企业发生的支出应当确认为一项资产（即资本化）还是应当计入当期损益（即费用化），其判断的依据在于该项支出是否符合资产的定义，以及资产的确认条件。《企业会计准则——基本准则》中将资产定义为“企业过去的交易或事项所形成的、由企业拥有或控制的、预期会给企业带来经济利益的支出”，在同时满足“与该资源有关的经济利益很可能流入企业，该资源的成本或者价值能够可靠计量的情况下”，确认资产。一项支出是否符合资产的定义及资产的确认条件，不仅取决于支出的性质，也取决于交易的目的。

以企业发生的投资动漫影视作品的支出为例，影视作品投资支出应根据影视作品的制作目的和盈利模式确认会计处理方式。对于从事影视作品制作的电影企业，如果其制作影视作品的目的是通过销售影视作品著作权、发行权和放映权等获取盈利，且在实质上具有作为影视产品独立盈利的能力，则其发生的影视作品制作支出将在企业销售著作权、发行权和放映权时给企业带来经济利益，符合资产的定义和确认条件，因此，企业可以参照《电影企业会计核算办法》（财会〔2004〕19号）的规定，对影视作品制作支出资本化。根据《电影企业会计核算办法》的规定，电影企业影视作品制作支出应在“生产成本”科目中进行归集，制作完成并已取得许可证作品的生产成本结转至“库存商品”科目，并在实现作品销售收入时结转为销售成本。对于一次性卖断全部著作权的影视作品，在取得卖断价款时，应将其全部实际成本一次性结转为销售成本。

对于从事影视作品制作的电影企业，若其投资拍摄影视作品的目的是推广产品，促进相关产品的销售，则视为一种营销手段，由于其未来给企业带来经济利益的可能性和金额有很大的不确定性，不符合资产的确认条件，应当比照广告费用支出进行会计处理。根据《企业会计准则案例讲解（2016）》的规定，广告费用应当在发生时计入当期损益。

二、药品一致性评价费用应当费用化还是资本化

1. 实践案例

2016年2月6日，国务院办公厅印发了《关于开展仿制药质量和疗效一致性评价的意见》（国办发〔2016〕8号）（以下简称《意见》）。该《意见》规定，列入国家基本药物目录（2012年版）中2007年10月1日前批准上市的化学药品仿制药口服固体制剂，原则上应在2018年底前完成一致性评价，对已经批准上市的仿制药，按与原研药质量和疗效一致的原则，分期分批进行质量一致性评价，即仿制药需在质量与药效上达到与原研药一致的水平。一致性评价不仅可以节约医疗费用，同时也可以提升我国的仿制药质量和制药行业的整体发展水平，保证公众用药的安全有效。

一致性评价的流程大体包括以下阶段：（1）品种调研；（2）进行参比制剂备案；（3）体外预评价；（4）小试处方研究阶段；（5）中试试制阶段；（6）生产确认阶段；（7）生产工艺验证阶段；（8）预BE试验；（9）伦理批件的获批；（10）BE试验备案；（11）BE试验临床试验；（12）报总局；（13）有因核查；（14）获得批准。

其中，BE试验是指生物等效性（bioequivalency，BE）试验。有一些药品的一致性评价过程中，可以豁免进行BE试验。

一致性评价可能有以下几种结果：一是研发表明与原研药一致，无须改进；二是研发有改进；三是研发失败，失去生产资质。

问题：对于已经取得生产许可证正在生产销售的药品，开展一致性评价所发生的费用能否资本化？

2. 案例讨论

《企业会计准则第6号——无形资产》第七条规定："企业内部研究开发项目的支出，应当区分研究阶段和开发阶段支出。研究是指为获取并理解新的科学或技术知识而进行的独创性的有计划的调查。开发是指在进行商业性生产或使用前，将研究成果或其他知识应用于某项计划或设计，以生产出新的或具有实质性改进的材料、装置或产品等。"那么，对于已经取得生产许可证正在生产销售的药品，其仿制药的质量一致性评价费用应属于哪类性质呢？实务中，有以下不同的观点：

观点一：一致性评价的作用是保持现有生产许可证的有效性，即维持其产生经济利益流入的能力，而不是扩大其未来经济利益流入的潜力，所以应该费用化处理。

观点二：如果一致性评价使得药品的药效改进、工艺改进、处方调整，即对药品进行升级改造，则可以资本化。资本化开始的时点为满足准则规定的开发支出资本化的五个条件的时点。

国务院办公厅印发的《关于开展仿制药质量和疗效一致性评价的意见》，对于医药企业已经取得生产许可证正在生产销售的药品，如果不进行一致性评价，将在某个时间点失去继续生产的条件，即一致性评价将为医药企业提高药效、增加药品销量或延长医药企业生产该药品技术的经济寿命，也可为医药企业带来经济利益。因此，应将一致性评价视同一项新的研发，根据无形资产研发的资本化条件判断是否可以资本化。同时，该一致性评价相关品种已经资本化的无形资产要进行减值测试。

第七节　费用与利润的辨析：股份支付案例

自20世纪70年代以来，包括经理人股票期权计划在内的各种形式的以股票为基础的员工报酬计划（stock-based employee compensation plans）在美国等西方国家被越来越广泛地采用。20世纪90年代的后半期，它也逐渐地被正式引入我国。随之，经理人股票期权的会计处理也越显重要，并成为财务会计领域富有争议的难题之一。这些争议主要表现在：有人认为股东转让给职工的股份是股东之间的行为，不应当在报告主体中反映；有人认为公司没有成本，因此不应当确认股权激励费用或成本。但是，随着股份支付交易的日益普遍，人们发现不确认股权激励成本不能反映交易的实质以及公司的财务状况和经营成果[①]。

---

① 谢德仁. 再论经理人股票期权的会计确认［J］. 会计研究，2010（7）.

股份支付的会计确认问题，其核心在于将支付给经理人的股票期权在公司会计中确认为什么要素、什么项目。会计确认的基本要求就是确认的项目要符合相关会计要素的定义，要能反映所确认事项的经济实质。那么，经理人股票期权计划的经济实质到底是什么呢？

一、制度背景

1. 我国企业会计准则的相关规定

《企业会计准则第11号——股份支付》第六条规定："完成等待期内的服务或达到规定业绩条件才可行权的换取职工服务的以权益结算的股份支付，在等待期内的每个资产负债表日，应当以对可行权权益工具数量的最佳估计为基础，按照权益工具授予日的公允价值，将当期取得的服务计入相关成本或费用和资本公积。"

上述规定明确了企业应当将当期取得的服务计入成本或费用，所隐含的是股份支付费用应当在等待期内分摊。

2. 中国证监会的相关解释

在企业会计准则规定的基础上，中国证监会2009年发布的《上市公司执行企业会计准则监管问题解答》（2009年第1期）中，就上市公司包括多期期权的股票期权激励计划，在各期期权的等待期跨越多个会计期间的情况下，如何在资产负债表日确认某一会计期间的期权费用问题，要求公司应根据期权激励计划条款设定的条件，采用恰当的估值技术，分别计算各期期权的单位公允价值。在各资产负债表日，根据最新取得的可行权人数的变动、业绩指标完成情况等后续信息修正预计可行权的股票期权数量，并以此为依据确认各期应分摊的费用。对于跨越多个会计期间的期权费用，一般可以按照该期期权在某会计期间内等待期长度占整个等待期长度的比例进行分摊。

3. 国际财务报告准则的相关规定

《国际财务报告准则第2号——以股份为基础的支付》中对于是否分摊及如何分摊有着更加详细的讨论。例如：

"14. 如果所授予的权益工具立即可行权，则对方无须完成一段规定期间的服务即有权无条件享有这些权益工具。在不存在相反证据的情况下，主体应假设已取得了对方作为权益性工具对价所提供的服务。在这种情况下，在授予日，主体应确认取得的全部服务，并增加相应权益。"

"15. 如果所授予的权益性工具只有在对方完成一段规定期间的服务后才能可行权，主体应假设对方作为权益性工具的对价应提供的服务将在未来的等待期内取得。主体所取得的服务，应随着对方在等待期内服务的提供进行会计处理，相应增加权益。例如：

A. 如果授予员工股票期权，前提条件是完成三年的服务，则主体应假设职工作为股份期权对价应提供的服务将在未来的三年等待期内取得。

B. 如果职工被授予股票期权，前提条件是达到一定的业绩条件并且在满足该业绩条件时仍为主体雇用，同时等待期的长短取决于何时能够满足业绩条件而变化，主体应假设职工作为股票期权对价应提供的服务，将在未来的预期给予期间内取得。”

二、将股份支付费用化的案例

1. 案例资料

2×10年12月，A公司董事会批准了一项股份支付协议。该协议规定，2×11年1月1日，公司向其200名管理人员每人授予100份股票期权，这些管理人员必须从2×11年1月1日起连续在该公司服务3年，服务期满时才能够以每股4元购买A公司股票。公司估计该期权在授予日（2×11年1月1日）的公允价值为15元。第1年有20名管理人员离开A公司，公司估计3年中离开的管理人员比例将达到20%；第2年又有10名管理人员离开A公司，公司将估计的管理人员离开比例修正为15%；第3年再有15名管理人员离开A公司。2×14年12月31日（第4年年末），假设有10名管理人员放弃了股票期权。2×15年12月31日（第5年年末），剩余145名管理人员全部行权，A公司股票面值为1元。

2. 会计处理

2×11年1月1日，授予日不做会计处理。

2×11年12月31日：

借：管理费用　　80 000

　贷：资本公积——其他资本公积　　80 000

股份支付费用的计算过程见表3-1。

表3-1　**股份支付费用的计算**　单位：元

年　份	计算过程	当期费用	累计费用
2×11	200×100×（1-20%）×15×1÷3	80 000	80 000
2×12	200×100×（1-15%）×15×2÷3-80 000	90 000	170 000
2×13	155×100×15-170 000	62 500	232 500

2×12年12月31日：

借：管理费用　　90 000

　贷：资本公积——其他资本公积　　90 000

2×13年12月31日：

借：管理费用　　62 500

　贷：资本公积——其他资本公积　　62 500

2×14年12月31日（可行权日之后），不调整成本费用和资本公积。

2×15年12月31日（行权日）：

借：银行存款（145×100×4）	58 000	
资本公积——其他资本公积	232 500	
贷：股本（145×100×1）		14 500
资本公积——资本溢价		276 000

3. 案例讨论

从上述案例可以看出，现行会计处理的实质是：将所支付股票期权的价值，在行权等待期内分期平均分摊，一方面确认为权益的增加，另一方面确认为人力资本费用。

这样处理的逻辑在于：现行准则认为股份支付的实质是企业以股份或者期权作为代价，接受职工的服务。人们很容易理解对于支付现金而获取职工服务的交易（如以现金支付工资、奖金）确认相应的薪酬费用，同样的道理，通过发行股份或者期权而获取的职工服务也应当确认相应的费用。如果公司将同样的股份或者期权向外发行，自然可以收取相应的现金，但公司将这些股份或者期权以零现金或极少现金的方式让渡给公司职工，那么公司放弃的那部分现金收入就可以理解为公司是为接受职工服务而放弃的。

上述这种逻辑被称为费用观，我国现行企业会计准则、FASB（1995，2004）和IASB（2004）都持费用观。

欲完整理解费用观，不妨先从企业与外部主体之间用股票期权交换非人力资产（如商品或固定资产）的交易分析开始。在此类交易中，外部主体其实是作为企业潜在股东以非人力资产形式投入资本，一方面，企业的资产增加，另一方面，企业的所有者权益增加，外部主体成为企业的（准）股东，行权后就会成为企业的现实股东，由于外部主体以一开始投入的非人力资产和将来行权时投入的现金作为资本而成为企业的（准）股东，对企业现有股东的权益没有稀释的影响。外部主体用于交换的非人力资产（如商品或固定资产）进入企业后，成为企业的资产，在使用过程中因耗费而成为企业的费用。

而对于我们要讨论的股份支付问题，与上面的交易相比，不过是交易对象和交易支付方式发生改变而已，交易对象由外部主体改为经理人，交易支付方式由非人力资产改为以职工的人力资本向公司进行支付，其交易的实质并未发生改变。也就是说，经理人是以未来的管理服务这一特殊资产交换股权，这样，一方面，经理人未来的管理服务增加，另一方面，企业的所有者权益增加。同理，这其实也包含着两项不同性质的交易，其一是资本性交易，即经理人作为准股东以经理人未来管理服务的形式投入资本，其二是经理人作为交易对价的人力资本耗费所导致的费用的产生。

三、分期行权的股份支付案例

现阶段，大多数国内上市公司的股权激励计划是一次性授予、按比例分期行权。在这种情况下，一些公司错误地将其理解为相关的费用也应该按照上述比例在整个计划期内分摊，这实际上是对企业会计准则中“等待期”的含义及股权支付费用分摊的规定理解不到位。

1. 案例资料

A公司为上市公司，2×14年1月5日，A公司进行了限制性股票激励计划的授权，一次性授予A公司高级管理人员共计3 600万股限制性股票。2×14—2×16年每年年末，在达到当年行权条件的前提下，每年解锁1 200万股。在解锁时，要求职工应当在职。当年未能满足解锁条件的股票作废。

A公司拟按照3 600万股限制性股票计算的股权激励费用在2×14—2×16年这三年平均分摊（见表3-2）。

表3-2 2×14—2×16年A公司股权激励费用分摊情况 单位：万元

分 摊	第一期	第二期	第三期	合 计
计入2×14年	1 200	600	400	2 200
计入2×15年	—	600	400	1 000
计入2×16年	—	—	400	400
合 计	1 200	1 200	1 200	3 600

问题：A公司将费用在2×14—2×16年这三年平均分摊的处理方法是否恰当？

2. 案例讨论

从案例的协议条款来看，该股权激励计划属于“一次授予、分期行权”的股权激励计划，每期的结果相对独立，即第一期未达到可行权条件并不会直接导致第二期或第三期不能达到可行权条件。因此，在会计处理时会将其作为三个独立的股份支付计划处理，即第一个计划的等待期是1年，第二个计划的等待期是2年，第三个计划的等待期是3年。

也就是说，由于要求员工解锁时仍然在职，则对于第一期奖励的1 200万股股票要求职工必须在公司服务1年；对于第二期奖励的1 200万股股票要求职工在第2年年末仍然在职，即要求职工在公司必须服务2年，因此相应的费用应当在2年内分摊；同理，第三年奖励的1 200万股股票应当在3年内分摊。从表3-2可以看出，公司确认的费用呈阶梯式下降，即前期要比后期确认更多的费用。前期计划费用较高的原因是员工在前期为数个具有不同等待期的奖励计划而工作。

中国证监会明确指出：“一次授予、分期行权”即在授予日一次性授予员工若干权益工具，之后每年分批达到可行权。每个批次是否行权的结果通常是相对独立的，即每一期是否达到可行权条件并不会直接决定其他几期是否达到可行权条件，在会计处理时应该将其作为几个独立的股份支付计划处理。同时，公司一般要求员工在授予的权益工具可行权时仍然在职。这实际上是隐含了一个服务条款，即员工需服务至可行权日。

四、一种新的观点：将股份支付视为利润分配

然而，费用观下的会计处理似乎总让人觉得有些不足，毕竟没有经济利益流出的费用的确认总是不那么自然，与会计要素定义中对费用的定义有些不一致。更直接的问题是，如果没有行权“等待期”怎么办？在实践中，有许多期权的授予是可以即刻行权的，尤其是美式期权。有些学者针对费用观的不足，提出了一个新的观点，即利润分配观，其将股份支付不确认为费用，而确认为利润要素。其基本逻辑如下：

现代企业理论以企业剩余控制权与企业剩余索取权来定义企业所有权，在现代企业中，企业经理人拥有企业的剩余控制权，并参与企业剩余索取权的分享。由于企业未来的剩余是一个不确定的金额，所以，企业剩余索取权的享有者实质上是企业经营风险的承担者，而经理人作为企业剩余控制权的拥有者，实际上就成为企业经营风险的制造者。当然，对经营风险制造者最好的激励与约束就是让其自身承担经营风险（至少部分承担），经理人股票期权计划的设计初衷就在于此，它使得企业经理人能够参与企业剩余索取权的分享，成为企业经营风险的承担者之一，进而得以激励与约束经理人为企业剩余最大化（这也是股东的福利所在）而努力行使好企业剩余控制权。因此，经理人股票期权是经理人参与企业剩余索取权分享的一种重要形式，这是经理人股票期权计划的经济实质之所在。所谓企业剩余，是经济学的概念，在财务会计上，我们称之为利润。

经理人股票期权会计处理的最终结果应能反映其如下的经济实质：①若经理人顺利行权，其经济实质是，企业把等于股票期权公允价值这一金额的未分配利润拿出来分配给经理人，然后经理人用这部分资金加上等于行权价乘以行权股数的资金购买企业股票。当然，在股票期权实际行权时，企业没有必要先把未分配利润分配给经理人，又通过出售股票给经理人而收回，而是经理人直接以行权价按约定购买本企业的股票，经理人得到的利益是行权价与股票市价之间的差额，这一差额的经济本质就是经理人通过分享企业剩余索取权所得到的那部分利润。②若经理人未行权（如经理人放弃行权或者股票期权失效），其经济实质是，股票期权合约未履行，企业经理人未能分享到这部分未分配利润，相应的未分配利润没有减少，企业发行在外的股票也未因此增加，股东投入资本也就未相应增加。

由以上分析可知，经理人股票期权的价值在于企业剩余索取权，进而参与企业剩余价值的分享。因此，只有将经理人股票期权确认为利润分配，才能在会计上真正反映经理人股票期权的经济实质。

这样，IASB与FASB坚持的费用观之错误也就很清楚了。他们认为，公司赠予经理人股票期权的实质是公司为了补偿经理人已提供的或将来要提供的服务，

根据配比原则，这个补偿成本的总额要作为费用在经理人提供相应服务的期间内摊销计入利润表。然而，如前所述，经理人股票期权的经济本质是企业经理人对企业剩余的索取权，进而参与企业剩余价值的分享，利润的分享自然不构成企业的费用。

会计论道与课程思政：

会计要素质的规定性不容混淆视听

2015年，某监管部门对辖区企业进行调研，结果显示辖区51%的中小企业存在研发费用资本化情况。其中，有2家企业未制定资本化具体制度；有24家企业的研发费用资本化制度存在照搬会计准则或内部控制指引的情况，缺乏针对性和实际操作性。此外，有24家企业上市前研发费用全部费用化，上市后开始执行资本化，部分企业的执行情况和信息披露不能充分说明其资本化处理的合理性，这使得研发费用资本化为部分企业调节利润预留了空间。这种现象表明一些企业有意混淆了费用与资产在质的规定性上的差异。

资料来源：证监会.关于上市公司进一步规范无形资产会计核算和信息披露的监管通报［EB/OL］.［2015-01-15］. http://www.csrc.gov.cn/beijing/c105535/c1257394/content.shtml.

课程思政问题：会计要素之间在质的规定性上有显著差异，混淆要素差异不仅是专业技术素养问题，而且涉及职业操守问题。

思考题

1. 为什么说FASB的会计要素体系以资产要素的界定为基础？

2. 现代金融工具在哪些方面对现行会计要素概念形成冲击？

3. 企业发行的优先股为什么应当确认为负债？

4. 参照下述案例资料，讨论附加或有结算条款的可续期公司债券应作为负债还是作为权益进行会计处理？

案例资料：A上市公司发行可续期公司债券20亿元，当发生如下情形时，经债券持有人会议做出决议，A上市公司本次债券项下所有未偿还本金和相应利息立即到期，由A上市公司立即予以兑付：（1）发生超过净资产10%的重大损失；（2）发生重大诉讼或经济纠纷；（3）财务状况发生重大不利变化；（4）财务指标承诺未达标；（5）公司的主体评级或本期债券评级发生严重不利变化；（6）发行人行业政策或市场环境发生重大不利变化；（7）控制权变更。

A上市公司认为，上述导致本次债券立即到期的各事项几乎不具有可能性，应分类为权益工具。A上市公司的会计处理是否正确？

参考解析：本案例中，导致本次债券立即到期的各事项是发行方和持有方均不能控制的未来不确定事项。根据准则规定，如果这些事项几乎不具有可能性，即相关情形极端罕见、显著异常且几乎不可能发生时，不影响该工具分类为权益工具。

准则中对于几乎不具有可能性的定义是相当苛刻的，实务中，一般而言，合同中约定的具有商业实质的条款不能被认定为几乎不具有可能性。当发生上述事项时，A上市公司是否须立即予以兑付由债权人会议决定，A上市公司无法控制债权人会议的决议，也无法控制上述事项是否发生，进而无法无条件地避免还本付息的合同义务，因此，A上市公司应将该可续期公司债券分类为金融负债。

第四章

会计确认

学习目标

- 会计确认的相关概念及其相互关系
- 不同会计确认概念与会计要素的对应关系
- 会计确认的时间基准问题
- 会计实务中一些确认难点的理论反思

虽然从会计程序上来说，会计计量是会计确认中包含的必要步骤，是会计确认的题中之义，但作为会计确认的数量方面，会计计量有其独特的关注点，也有其独特的研究方法，也面临自身独特的挑战，特别是随着公允价值会计的推广应用，计量问题成为关注的焦点，因此，本书将会计计量作为一个专题，用整章的篇幅单独讨论。本章讨论的会计确认基本问题，包括两个方面：一是确认标准问题，即对照会计要素定义及其他附加规定，哪些交易或事项应当进入会计系统的问题；二是确认时间和归属问题，即对于应予确认的项目应当进入哪一个会计分期的哪一个会计要素的问题。

第一节　会计确认的基本问题和主要观点

一、会计确认的概念辨析[①]

最早对“会计确认”概念和标准进行明确概括的是美国财务会计准则委员会（FASB）。1984年12月，美国财务会计准则委员会公布了《财务会计概念公告第5辑：企业财务报表项目的确认和计量》（以下采用其通用简称CON5）。

① 周华，戴德明．会计确认概念再研究——对若干会计基本概念的反思［J］．会计研究，2015（7）．

CON5提出："确认是指将某种信息正式纳入会计程序，列入资产、负债、收入、费用等会计要素进行记录或者将其列报于财务报表的过程，这一过程包括同时使用文字和数字描述某一项目，并将该金额包括在财务报表的总计金额之中"。也就是说，会计确认包括两层含义：①会计人员确定是否应当将某些信息列入会计要素从而纳入会计程序进行记录。我国会计书籍有的将这一层含义概括为"初次确认"，有的将其概括为"第一步确认"。②会计人员确定将某些信息列入财务报表的具体方式。我国会计书籍有的称之为"再确认"，有的则概括为"第二步确认"。在这一环节中，会计人员需要确定如何在财务报表中列报相关信息，例如，对于已经纳入会计工作流程的外购原材料、外购库存商品等，会计人员决定将其合并列报于资产负债表中的"存货"项目。

CON5提出，对于资产和负债这两类会计要素来说，会计确认包括对某一项目的初始确认（initial recognition of an item）和对该项目的后续变动及销账的确认（recognition of subsequent changes or removal of a previously recognized item）这两个方面。后者既包括对已确认项目的后续变动的确认（recognition of subsequent changes in a previously recognized item），如对固定资产计提折旧，也包括对已确认项目的销账处理，即终止确认（recognition of subsequent removal of a previously recognized item；derecognition），如对已达到经济使用寿命的固定资产进行清理处置。

英国会计准则委员会于1990年12月公布的《财务报告原则公告》所称的确认过程（recognition process），包括初始确认、后续再计量（subsequent remeasurement，或称为后续重新计量）和终止确认（ASB，1990）。

会计确认相关概念之间的关系，如图4-1所示。初始确认、后续确认、终止确认是就资产或负债在存续期内所涉及的账务处理的先后顺序而言的，不妨通俗地称为入账、调整、销账。初次确认（或称为第一步确认）和再确认（或称为第二步确认）是在同一个会计期间内完成的，而初始确认、后续确认、终止确认往往涉及不同的会计期间。

会计准则在提及会计确认时需要同时提及会计计量。例如，CON5第63段所提及的"基本的确认标准"（fundamental recognition criteria）共有四个：①符合会计要素的定义；②具有可计量性；③具有相关性；④具有可靠性（即definitions、measurability、relevance、reliability）。满足这些基本确认标准的权利和义务方可予以确认，可见，可计量性是会计确认的基本标准之一。广义上的确认概念可以将会计上的记录、计量和财务报表上的报告这三个过程包括在内。会计确认相关概念的适用范围见表4-1。

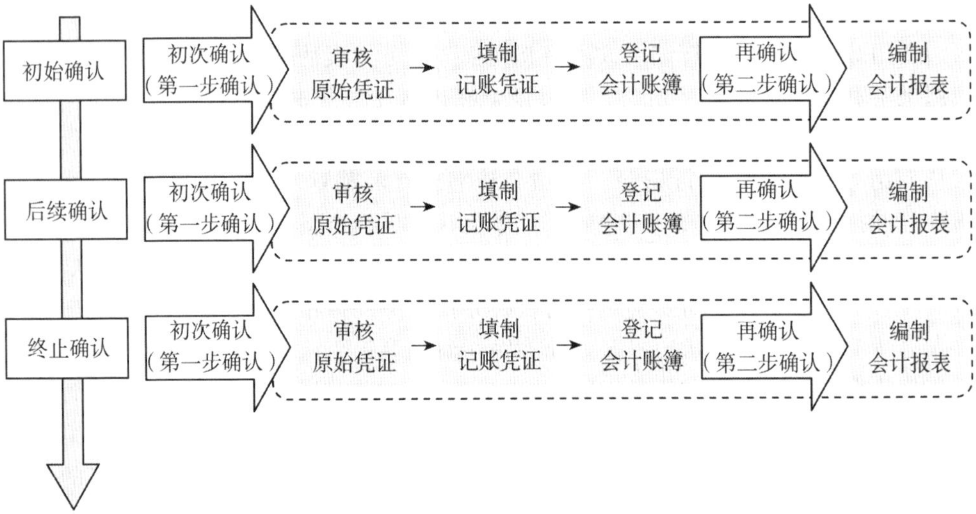

图4-1 会计确认相关概念之间的关系

表4-1 会计确认相关概念的适用范围

会计要素	初始确认	后续确认	终止确认
资产	√	√	√
负债	√	√	√
所有者权益	√	不适用	不适用
收入	√	不适用	不适用
费用	√	不适用	不适用
利润	√	不适用	不适用

注：表中√表示会计确认相关概念对于会计要素的适用性。

二、会计确认时间基准：权责发生制、收付实现制及其他观点①

关于会计确认时间基准的主要观点包括收付实现制和权责发生制两种，它们各有利弊，也有人提出了其他观点，如现金流动制。

（一）收付实现制

在相当长的时期内，收付实现制一直是会计确认的时间基准。

在西方文献中，收付实现制被称为“现金基础”（cash basis）。现金基础是与权责发生制基础（accrual basis）相对应的，它要求收到现金时确认收入，支出现金时确认费用。“凡在本期实际收到款项的收益和付出款项的费用，不论其是否应属于本期，均作为本期的收益和费用处理。采用收付实现制，在期末无须对收益和

① 梁志强．会计确认基础的历史演变及其未来发展趋势［J］．上海立信会计学院学报，2004（1）．

费用进行调整。”

在纯粹的收付实现制下，会计只确认与现金收支有关的事项，而且所有支出作为费用，实际收到的现金才是收入。因此，会计主体的全部资产表现为现金，其没有现金形式以外的资产，也不可能有债权与债务。只有当主体的营业活动极其简单、经营活动不需要大量的事先投入，并且不存在非现金交易的前提下，这种纯粹的收付实现制才能得以应用。但是在现实经济生活中，商业信用广泛存在，这种前提几乎是不存在的。在实际应用纯粹的收付实现制时，根据环境的要求对其进行调整而产生了“修正的收付实现制”。

所谓修正的收付实现制，是指在遵循按现金收支确认收入和费用的总体原则下，对其他一些事项（如债权和债务）按权责发生制的要求加以确认。但它只能应用于小规模的商品买卖为主的、较为简单的商业活动。但在工业革命导致机器大生产出现之后，收付实现制又得到了进一步修正，即将所有支出都作为费用处理加以修正，对其中购入的长期资产按权责发生制的要求来处理。

（二）权责发生制

工业社会孕育并发展了信用制度，那就是会计上的权责发生制或应计制（accrual basis），它是取代传统的收付实现制的客观基础。

在会计理论中，权责发生制或应计制的原则是指：“凡属本期已获得的收入，不管其款项是否收到，都作为本期的收入处理；凡属本期应负担的费用，不论款项是否付出，都作为本期的费用处理”。从表面来看，权责发生制是对收入、费用的权责认定或归属期的划分。但从深层来看，收入、费用的权责认定必然会引起相应的资产、负债的权责认定或权责关系归属期的划分。可见，权责发生制的实质是所有会计要素确认的时间基础，而不单纯是收入和费用确认的时间基础。

权责发生制建立在持续经营假设和会计期间假设的基础上。简而言之，判断某事项是否应当及何时进入会计系统，其依据是对企业经济资源和义务确实产生了影响——这种影响以权利或责任的发生与否为依据来判断。该标准具有如下优点：

第一，权责发生制基础能正确反映物权转移。从法律观点上看，货物的转移或劳务的提供表明了债权、债务关系的成立。

第二，权责发生制使收入与费用得以合理配比。

第三，采用权责发生制来计量企业的收益及其组成内容，一般比当期的现金收入和现金支出能够更好地反映经营业绩。

该标准在执行过程中也存在一些困难：

第一，将收入和费用按“系统而合理”的方式在不同会计期间进行分配，其主观性较强，账面收益也不能反映现金流量，并且易被管理当局操纵，被用作人为调节利润的工具，易对会计信息的使用者产生误导。

第二，对一些新近出现的经济活动与事项，权责发生制尚无法给出恰当的处理和反应，比如衍生金融工具，尤其是美式期权的拥有者，在到期日之前可随时履行合约，这一合约对主体所带来的收益或损失数额较大，其价值波动频繁并且波动幅度可能较大，即使按照现行会计准则将其归类于交易性金融资产，但其公允价值调整也往往只在期末进行，因而账面上所体现的价值，不能充分反映企业因期权业务所享有的权利或承担的义务。

（三）一种新思维：现金流动制

社会经济环境已经发生重大变化，决策的时效性要求不断提高，这对现行会计确认基础形成挑战，因而有些学者开始研究新的可能的确认时间基准。例如，现金流动制就是较早提出但未被引起重视的观点，目前又引起学者们的讨论兴趣。该确认时间基准的付诸实施，虽然还存在很多现实困难，但其思想不乏启示意义。

现金流动制是基于可能的现金流量来确认收入与费用并确定利润的一种思想。现金流动制确认的不仅限于实际已经发生的现金收支，还包括可能的或（和）未来可能的现金流动。现金流动制采用计价观来确认利润，即利润=期末净资产-期初净资产，“利润意味着对两个具体时日——通常以一年为间隔——企业状况的比较，最基本的含义是一年内企业获利数量，只能经由比较两个时日企业的资产方能确定”（Lord Justic Moulton，1911）。净资产通过盘存法确定（通常在会计期末进行），在每一个会计期末，资产按照现行市价或未来现金流量贴现值计价，所有期末企业持有的净资产可视为虚拟的现金净流入——如果此时企业售出这部分资产可望获得的现金数，所有期初企业的净资产可视为虚拟的现金流出额——企业为取得这部分资产的使用权而应该付出的现金数，它们二者的比较，就相当于当期的现金流入额与现金流出额的对比，其差额——虚拟的现金净流量——就是当期所取得的利润额。从目前的会计实务来看，按照现行市价列示短期投资以及两期之间的差值形成的利得（或损失），就是应用现金流动制的一个例子。

传统的收付实现制主要基于交易观，即只确认交易的影响；权责发生制的引入，将交易观进一步扩大，一些对企业的权利和义务已经产生影响的事项或情况，虽然其何时发生或是否已经发生，并无确定的证据，但只要受影响的权利和义务较为充分、有效，就应该予以确认。

各种创新金融工具的广泛应用，加上各种市场交易的创新，使得传统观念上的交易活动逐渐转变为新的一系列的市场安排，风险和报酬不再随着交换行为的发生而立即转移，明确的交易日期也变得模糊。比如，各种类型的租赁、售后租回、产品担保等。如果基于传统的、以交易行为发生为依据的权责发生制，这种市场风险与报酬的变化不应进行反映。但目前，会计实务已倾向于反映这种企业实质上已承担的风险或报酬，尽管明确的交易尚未发生。例如，按市价反映所持长期票据等资产的价值，而将两个时点资产价值进行对比来确认损益，这不失为一种创新思维。

第二节 初次确认案例一：混合金融工具的确认

传统的企业融资手段通常为股权融资和债权融资，相应地，在会计上，就简单地反映为企业的权益（实收资本、资本公积）和负债（各类长短期借款、应付债券等）。随着资本市场的发展和日趋成熟，企业的融资手段逐步多样化。鉴于股权和债权对发行方和投资方来说均各有利弊，一些同时具有股权投资和债权特征的混合金融工具应运而生。常见的混合金融工具有可转公司债、可转优先股等，这种金融工具在会计核算上存在一定的复杂性。

一、实践案例

A公司为我国境内上市公司，B公司为A公司的子公司，B公司为我国香港联合交易所主板上市公司，记账本位币为人民币。B公司于2×15年1月向C公司发行以美元结算的可优先赎回可转换优先股（以下简称“A类优先股”），募集资金2 000万美元。A类优先股的主要条款如下：①A类优先股持有人可于首日交易完成后满6周年前随时将A类优先股按合同约定的美元价格转换为固定数量的普通股；A类优先股持有人有权收取固定累计股息，金额为A类优先股股本金额的5.5%，于首次交易完成后6个月届满时首次按季支付。②C公司要求，B公司应于特定情况下，以现金按面值赎回C公司当时持有的A类优先股。

A公司的会计处理为：在其2×15年度财务报告中，对B公司的A类优先股事项未在合并财务报表中予以反映；在其2×16年度合并财务报表中，将A类优先股作为可转换公司债券并按照原值核算，按期支付的股息按照财务费用进行处理。

为B公司提供年度财务报表审计服务的注册会计师认为：A类优先股为一项金融负债而非权益工具，B公司应采用《国际会计准则第39号——金融工具：确认与计量》对A类优先股进行会计处理，由于A类优先股以功能货币以外的货币计量，A公司应将A类优先股的转换权作为衍生金融工具按照公允价值计量，其公允价值的波动计入当期损益。

为A公司提供年度财务报表审计服务的注册会计师认为：A类优先股类似于国内的可转换债券，在转股前能够享有固定的利息收入，在转股后又与普通股享有同等的权利，如作为衍生金融工具，则B公司的股价波动会导致B公司损益随之变化，进而影响投资者对A公司经营业绩的判断。因此，注册会计师认同A公司的会计处理方法。

问题：A公司的上述会计处理是否正确？

二、准则背景

2014年修订的《企业会计准则第37号——金融工具列报》第五条和2017年修订的金融工具列报准则第七条，均将金融工具区分为三大类，即企业发行金融工具，应当按照该金融工具的实质，以及金融资产、金融负债和权益工具的定义，在初始确认时将该金融工具或其组成部分确认为金融资产、金融负债或权益工具。

对于金融负债与权益工具的区分，2017年修订后的金融工具列报准则第八条、第九条和第十条进行了规范：

“第八条　金融负债，是指企业符合下列条件之一的负债：（一）向其他方交付现金或其他金融资产的合同义务。（二）在潜在不利条件下，与其他方交换金融资产或金融负债的合同义务。（三）将来须用或可用企业自身权益工具进行结算的非衍生工具合同，且企业根据该合同将交付可变数量的自身权益工具。（四）将来须用或可用企业自身权益工具进行结算的衍生工具合同，但以固定数量的自身权益工具交换固定金额的现金或其他金融资产的衍生工具合同除外……”

“第九条　权益工具，是指能证明拥有某个企业在扣除所有负债后的资产中的剩余权益的合同。企业发行的金融工具同时满足下列条件的，符合权益工具的定义，应当将该金融工具分类为权益工具：（一）该金融工具应当不包括交付现金或其他金融资产给其他方，或在潜在不利条件下与其他方交换金融资产或金融负债的合同义务；（二）将来须用或可用企业自身权益工具结算该金融工具。如为非衍生工具，该金融工具应当不包括交付可变数量的自身权益工具进行结算的合同义务；如为衍生工具，企业只能通过以固定数量的自身权益工具交换固定金额的现金或其他金融资产结算该金融工具……”

第十条明确了金融负债与权益工具的区分原则：“企业不能无条件地避免以交付现金或其他金融资产来履行一项合同义务的，该合同义务符合金融负债的定义……如果一项金融工具须用或可用企业自身权益工具进行结算，需要考虑用于结算该工具的企业自身权益工具，是作为现金或其他金融资产的替代品，还是为了使该工具持有方享有在发行方扣除所有负债后的资产中的剩余权益。如果是前者，该工具是发行方的金融负债；如果是后者，该工具是发行方的权益工具……”

针对本案例中的混合金融工具（或称复合金融工具），修订前后的金融工具列报准则均要求予以拆分。新修订的金融工具列报准则第十四条规定：“对于复合金融工具，发行方应于初始确认时将各组成部分分别分类为金融负债、金融资产或权益工具”。

《企业会计准则第22号——金融工具确认和计量》中也明确了金融工具及混合金融工具确认的一些情形。第22号金融工具确认和计量准则和第23号金融资产转移准则、第24号套期会计准则一并于2017年进行了修订和重新发布。新修订的金融工具确认和计量准则对金融资产分类进行了重新表述，但金融负债的表述则基本维持一致。

新修订的金融工具确认和计量准则对混合金融工具中嵌入的衍生工具的界定与

之前一致，但关于是否要拆分单独核算发生了一些变化。该准则第二十三条规定："嵌入衍生工具，是指嵌入到非衍生工具（即主合同）中的衍生工具。嵌入衍生工具与主合同构成混合合同。该嵌入衍生工具对混合合同的现金流量产生影响的方式，应当与单独存在的衍生工具类似，且该混合合同的全部或部分现金流量随特定利率、金融工具价格、商品价格、汇率、价格指数、费率指数、信用等级、信用指数或其他变量变动而变动，变量为非金融变量的，该变量不应与合同的任何一方存在特定关系。"在是否要拆分的问题上，修订前的金融工具确认和计量准则第二十二条规定："嵌入衍生工具相关的混合工具没有指定为以公允价值计量且其变动计入当期损益的金融资产或金融负债，且同时满足下列条件的，该嵌入衍生工具应当从混合工具中分拆，作为单独存在的衍生工具处理：（一）与主合同在经济特征及风险方面不存在紧密关系；（二）与嵌入衍生工具条件相同，单独存在的工具符合衍生工具定义。"新修订的金融工具确认和计量准则第二十四条、第二十五条要求主合同为金融资产的，嵌入衍生工具不应从中分拆，应作为整体核算；而对于主合同为金融负债或非金融工具合同的，则仍需评估嵌入衍生工具是否与主合同紧密相关并确定是否分拆。

三、案例解析与讨论

本案例中，B公司所发行的A类优先股有定期支付利息的合同义务，属于债务合同。同时，根据合同条款，A类优先股持有人获得一项可于未来一定期间内，将该优先股转化为普通股的权利（即持有人获得一项可于未来购买B公司股票的看涨期权（call option）），对于发行人来说则相当于发行了一项看涨期权，该看涨期权属于未来需以B公司自身权益工具结算的嵌入式衍生金融工具，应当首先根据《企业会计准则第37号——金融工具列报》的有关规定，判断应当分类为权益工具还是金融负债。B公司的记账本位币为人民币，而将来优先股持有人在行使换股权时，是以美元为结算货币的，因此，即使每股转化价格是固定金额的美元，由于美元与人民币的汇率为浮动汇率，将来转股时，B公司发行固定数量的自身权益工具所换得的现金按照人民币计价是非固定金额，该金额取决于转股当日人民币与美元的即期汇率。A类优先股的换股权无法以固定金额的人民币现金换取固定数量的股票进行结算，因此不应分类为权益工具，应当分类为金融负债。

此外，包括上述分类为负债的嵌入式可转换权在内，合同中还有其他嵌入式衍生工具，比如，持有人可于特定事件发生时要求B公司以现金赎回该优先股（即持有人获得的一项针对该优先股的看跌期权，同时，就发行方而言，属于发行了一项看跌期权）。这些嵌入式衍生工具应当根据《企业会计准则第22号——金融工具确认和计量》的有关规定（新准则的第二十五条，旧准则的第二十二条），判断其与主合同的关系，考虑两者的经济特征及风险，以确定是否需要分拆。本案例中，主合同属于债务合同，其风险主要为利率风险，而可转换权的主要风险为股价风险，两者不紧密相关，因此，可转换权应当进行分拆，单独按照衍生工具的有关规定，以公允价值进行初始及后续计量，其公允价值变动应计入当期损益。对于看跌期权，根据合同条款，要求B公司按照面值以现金赎回优先股。企业会计准则讲解中指出：从具有嵌入看涨或看跌期权特征的可转换债务工具发行人的角度看，按金融工具列报准则的规定拆分为权益要素前，评估看涨或看跌期权是否与主债务工具紧密相关。然而，在本例中，可转换权不属于权益，而是一项衍生负债，上述规定并不适用。因此，评估看跌期权是否与主债务工具紧密相关，应当基于分拆可转换权以后主债务工具的摊余成本。由于分拆了可转换权，主债务工具的实际利率不太可能与合同利率相同，也就是说，主债务工具的摊余成本不太可能与面值相同。因此，该看跌期权与主债务工具不紧密相关，应当确认为一项单独的衍生工具，以公允价值进行初始及后续计量，其公允价值变动应计入当期损益。

综上所述，对于主债务合同，应当确认为金融负债按照摊余成本进行后续计量。对于A类优先股嵌入的两个衍生工具（换股权和赎回权），应当单独确认为以公允价值计量且其变动计入当期损益的金融工具。

在本例中，我们可以体会到，企业发行混合金融工具，其各组成部分的分类应依据合同条款确定。但合同条款千变万化，所以很难归纳出统一的会计处理方式。混合金融工具没有统一的定义，通常认为混合金融工具既带有负债部分，又带有权益部分，最具代表性的混合金融工具是可转公司债、可转优先股等。在对混合金融工具进行会计处理时，要对其合同条款逐一检验，根据金融负债和权益工具的定义，判断混合金融工具合同各构成部分应该分类为负债还是权益。如果判断结果显示含有权益成分，应当将该部分单独确认为权益。此外，还应按照《企业会计准则第22号——金融工具确认和计量》及其相关规定，判断是否有需要分拆的嵌入式衍生金融工具，并按照企业会计准则的相关规定进行处理。

企业发行的带有换股权的公司债或优先股通常包含两个组成部分：(1）发行方按照合同约定支付利息以及在未转换为普通股时归还本金的义务。(2）发行方签发的一项赋予债券持有人的转股选择权。第一个组成部分属于不可避免的合同支付义务，属于金融负债。第二个组成部分属于一项未来须用企业自身权益工具进行结算的衍生工具，如果该项衍生工具只有通过交付固定数量的自身权益工具换取固定数额的现金或者其他金融资产进行结算，则应该分类为权益工具；否则，应作为衍生金融负债核算。

第三节 初次确认案例二：代理收入的确认辨析

收入是指企业在日常活动中形成的、会导致所有者权益增加的、与所有者投入资本无关的经济利益的总流入。在某些交易安排下，企业在日常经营活动中从客户所收取的款项中可能包含了代第三方收取的金额，即代理收入。在此情况下，该代收款项既没有给企业带来经济利益的流入，也不会导致所有者权益的增加。企业在日常经营活动中从客户代收取的款项，应该如何进行会计处理，能够按照收入准则直接确认为收入吗？

一、实践案例

A公司为上市公司，主要从事外贸进出口贸易，其中，自营进出口贸易收入占总收入的2/3，代理进出口、转口贸易收入占总收入的1/3。A公司在核算代理进出口、转口贸易业务时，将从客户收取的全部款项和支出的全部款项（包括上述业务中所涉及的进出口商品的采购价款及相关税费）分别按全额确认为收入和成本，但公司代理的进出口商品价值并未计入资产负债表内的“存货”项目。

从事代理进出口、转口贸易业务时，代理方A公司通常与委托方进行权利和义务约定，签署代理协议。以代理进口业务为例，委托方自行指定国外供应商，并与国外供应商商定进口合同各项条款，并对国外供应商的资信及其履行对外合同负全部责任。进口合同签署后，委托方作为实际进口方，承担所有进口合同中商品品质、数量、技术指标方面的风险。委托方承担因自身原因、政策和汇率风险等致使合同不能履行或不能全部履行的责任。代理方A公司则根据委托方拟定的进口合同条款，以A公司名义与国外供应商签订进口合同。A公司办理有关进口手续。代理进口过程中的一切税费由委托方承担，如需A公司代为缴纳的，由委托方提前汇入A公司指定账户。

假定B公司委托A公司进口某商品，并签署代理协议。A公司开展该项代理进口业务的基本操作流程如下：

（1）合同生效后，B公司安排A公司签署进口合同。

（2）B公司向A公司支付开立信用证所需保证金，A公司收到保证金并经B公司书面确认后，根据进口合同的要求从银行开出信用证，保证金利息归B公司所有。

（3）进口商品装运后，B公司安排海运保险事宜，保险受益人为A公司。

（4）A公司收到国外供应商的付款通知，经B公司书面同意后，A公司垫付货款。

（5）A公司收取国外供应商的全套单据包括提货单，进口商品到港后，A公司持提货单和报关单等资料办理报关手续，相关费用由B公司承担。

（6）报关完成后，A公司向B公司发出付款通知单，包括购销汇凭证等。

（7）B公司收到A公司的付款通知单后，将进口商品的货款及相关税费、支付给A公司的代理佣金等，扣除已支付的保证金后全额折合成人民币支付给A公司。

（8）A公司收到货款后，向B公司发送进口商品，代理进口合同履行完毕。

问题：

（1）A公司代理进出口业务的收入应按总额确认还是净额确认？

（2）A公司应在何时确认代理进出口业务收入？

（3）委托代理合同中的商品是否应计入A公司期末存货？

二、准则背景

《企业会计准则第14号——收入》（2017年修订）第二条规定："收入，是指企业在日常活动中形成的、会导致所有者权益增加的、与所有者投入资本无关的经济利益的总流入。"

《企业会计准则第14号——收入》（2017年修订）第四条规定："企业应当在履行了合同中的履约义务，即在客户取得相关商品或服务控制权时确认收入。取得相关商品控制权，是指能够主导该商品的使用并从中获得几乎全部的经济利益。"

《企业会计准则第14号——收入》（2017年修订）第十四条规定："企业应当按照分摊至各单项履约义务的交易价格计量收入。交易价格，是指企业因向客户转让商品而预期有权收取的对价金额。企业代第三方收取的款项以及企业预期将退还给客户的款项，应当作为负债进行会计处理，不计入交易价格。"

《企业会计准则第14号——收入》（2017年修订）第三十四条规定："企业应当根据其在向客户转让商品前是否拥有对该商品的控制权，来判断其从事交易时的身份是主要责任人还是代理人。企业在向客户转让商品前能够控制该商品的，该企业为主要责任人，应当按照已收或应收对价总额确认收入；否则，该企业为代理人，应当按照预期有权收取的佣金或手续费的金额确认收入，该金额应当按照已收或应收对价总额扣除应支付给其他相关方的价款后的净额，或者按照既定的佣金金额或比例等确定。

企业向客户转让商品前能够控制该商品或服务的情形包括：

（一）企业自第三方取得商品或其他资产控制权后，再转让给客户。

（二）企业能够主导第三方代表本企业向客户提供服务。

（三）企业自第三方取得商品控制权后，通过提供重大的服务将该商品与其他商品整合成某组合产出转让给客户。

在具体判断向客户转让商品前是否拥有对该商品的控制权时，企业不应仅局限于合同的法律形式，而应当综合考虑所有相关事实和情况，这些事实和情况包括：

（一）企业承担向客户转让商品的主要责任。

（二）企业在转让商品之前或之后承担了该商品的存货风险。

（三）企业有权自主决定所交易商品的价格。

（四）其他相关事实和情况。"

三、案例解析与讨论

（1）本案例中，A公司的日常活动是根据代理协议为委托人提供代理服务以赚取代理佣金，而并非自身进行进出口贸易买卖商品以赚取商品差价而获利，因此，

A公司仅应当将其赚取的代理佣金收入确认为收入，即以净额确认收入。

本案例中，根据A公司签署的前述代理进口协议中对委托方和代理方的权利、责任条款以及A公司的业务操作流程，对照《企业会计准则第14号——收入》（2017年修订）的相关规定进行综合分析，我们可以做出如下判断：

① A公司在从事代理进出口业务过程中的身份为代理人；

② A公司应按净额法确认代理进出口业务的收入，即按A公司向委托方收取的代理佣金金额确认收入。

（2）本案例中，A公司应当根据与B公司签订的代理协议的相关约定进行判断，如果该代理服务满足《企业会计准则第14号——收入》（2017年修订）有关在一段时间内确认收入的条件，A公司应当在履行合同的期间内按照适当的履约进度确认收入；如果该代理服务不满足在一段时间内确认收入的条件，A公司应当在该代理服务控制权转移的时点确认收入。假定该代理服务不满足在一段时间内确认收入的条件，根据A公司代理B公司进口业务的基本操作流程，对照收入准则的相关规定，如果在A公司收取B公司货款并向B公司发货后，B公司已经取得该项代理业务相关的控制权，且收入确认的其他条件也都得到满足，则A公司应在与B公司的代理协议履行完毕时确认代理佣金收入。

（3）本案例中，A公司作为代理人，在正常情况下，对购入的代理货物不需要在资产负债表中确认为存货。但是，在某些极端情况下，如B公司有违约的可能等，A公司就需要在资产负债表日根据A公司与B公司的代理协议，以及A公司与国外供应商签订的购销合同，综合考虑A公司对进口商品所承担的风险和报酬因素，判断是否应将该商品计入期末存货。

第四节　初次确认案例三：关联交易中资本性投入问题

一、实践案例

1. 案例一

在实践中，我们不难碰到控股股东或其关联方以显失公允的价格向上市公司购买资产的情形。

A公司为一家ST公司，由于经营不善导致资不抵债。A公司的主要经营性资产已经被出售或者报废，剩余资产主要是一些往来款项。A公司在2×16年实施资产重组，将全部资产出售给实际控制人B公司，并由B公司承担全部负债，之后向潜在控股股东C公司定向发行股票购买其下属8家子公司的股权。

A公司的实际控制人B公司在2×16年12月承接A公司所有负债3亿元，同时收购A公司所有资产2亿元，最终交易价格确定为0。虽然置换给B公司的资产、负债都是往来款项，公允价值为-1亿元，但A公司认为如果交易对方为第三方，则不可能达成这样的交易。A公司又认为本交易属于重大资产重组中对原上市公司的资产进行剥离，由此产生的债务重组收益并非一般意义上的利益输送，而是为从根本上解决上市公司的财务危机，可以确认为当期利润。因此，A公司拟在2×16年年报中将资产与债务相抵的差额部分1亿元确认为债务重组收益。

问题：A公司在上述交易中是否可以确认债务重组收益？

2. 案例二

A公司是地方国有控股上市公司，近年来主营业务盈利能力持续下降，2×15年度亏损，2×16年前三季度亏损达2 000万元。2×16年12月，A公司发布关联交易公告，将已全额计提坏账准备的历史债权3 000万元转让给同受A公司控股股东控制的某国有资产管理公司，转让价款为3 000万元。转让日，由于相关债务单位的财务状况未发生好转，被转让的应收款项的可收回性仍然非常低。

问题：A公司拟冲回坏账准备3 000万元，相应增加2×16年度利润3 000万元。该会计处理是否正确？

二、准则背景

如果股东捐赠行为是基于交易双方的特殊身份才得以发生的，且使得交易一方明显地、单方面地从中获益，则可以界定为具有资本投入性质。上述界定标准，一方面强调了要关注交易是否基于双方的特殊身份才得以发生，即强调交易是否具有经济实质，另一方面强调了交易的经济后果是使一方明显（强调程度）、单方面（强调经济利益的不对称性）从中获益。

此外，权益性交易是一个广义的概念，除上文所述的所有者以所有者身份与主体之间的交易外，还包括不同所有者之间的交易。《企业会计准则案例讲解（2016）》第二十一章中指出："企业在取得对子公司的控制权，形成企业合并后，购买少数股东全部或部分权益的，实质上是股东之间的权益性交易"。

相关准则和监管规定还有：

《国际会计准则第1号——财务报表的列报》第106段中指出，主体与所有者之间发生的、所有者以所有者身份进行的交易，不计入当期损益或者其他综合收益，应该直接计入权益，并要求在权益变动表中列报。

美国证券交易委员会（SEC）在2005年3月发布的第107号会计实务公报中，对主要股东（其定义为拥有10%以上投票权的权益所有者）捐赠业务的会计处理原则做出了具体规定，即上市公司通常应将上述直接捐赠或间接捐赠计入权益，除非上市公司的主要股东的经济行为满足以下条件之一：导致该项经济行为发生的关系或义务与其股东地位完全无关，或者该项经济行为不能给上市公司带来经济利益。

中国证监会会计部在2009年2月以《上市公司执行企业会计准则监管问题解答》（2009年第2期）的方式，进一步明确了股东捐赠行为"资本投入性质"的具体判断原则，其主要包括：

①一般原则。

对于上市公司的控股股东、控股股东控制的其他关联方、上市公司的实际控制人对上市公司进行直接或间接的捐赠、债务豁免等单方面的利益输送行为，因为交易是基于双方的特殊身份才得以发生的，且使得上市公司明显地、单方面地从中获益，所以监管中应认定其经济实质具有资本投入性质，形成的利得应计入所有者权益。

②与股改对价相关的股东捐赠交易。

在股权分置改革时，部分上市公司的流通股股东接受了大股东或非流通股股东作为股改对价捐赠给上市公司的资产。对于大股东或非流通股股东向上市公司的资产捐赠，上市公司应作为权益性交易计入所有者权益。

③与重大资产重组承诺相关的股东捐赠交易。

对于上市公司控股股东或其他股东根据重大资产重组置入资产的盈利承诺，对未达到承诺部分予以补足而向上市公司支付的现金，上市公司应作为权益性交易计入所有者权益。

④关于交易主体的范围。

前述规定仅适用于上市公司同控股股东、控股股东控制的其他关联方、上市公司的实际控制人之间的直接、间接捐赠交易，未涉及同其他股东（如非控股股东）和关联方的交易。值得注意的是，上市公司与潜在控股股东之间发生的捐赠应比照同样的原则。

⑤同正常关联方交易的区分。

在监管中，应当将上述股东捐赠交易同正常关联方交易加以区分。一是要同履行了正常程序的关联方交易，如同公司经营业务相关的关联方交易区分开来；二是要同股东对上市公司正常的债务豁免行为区分开来，如破产债务重组中，控股股东以债权人身份，通过债权人会议等方式，同其他债权人共同对上市公司做出的实质上相同比例的债务豁免不适用上述规定。

三、案例解析与讨论

据此，此处两个案例的合理解答如下：

案例一：

本案例中，A公司的实际控制人B公司在2×16年12月承接A公司所有负债3亿元，同时收购A公司所有资产2亿元，最终交易价格确定为0。显然，A公司从该交易中获益1亿元，但这并非产生于正常的债务重组交易，不属于实际债权人给予A公司的让步，因此将资产与债务相抵的差额部分1亿元确认为债务重组收益是不恰当的。

事实上，差额部分1亿元由B公司承担，是基于B公司是A公司实际控制人的特殊身份而给予A公司的利益输送，A公司明显单方面地从中获益，因此，该交易的经济实质应当认定为实际控制人向上市公司的资本投入性质。

此外，本案例中，控股股东B公司的确不是简单地向上市公司输送利益，而是为了将上市公司打造成一个“空壳”公司，以便于新的控股股东C公司将优质资产注入。从这个意义上讲，B公司高价购买上市公司的资产，本质上是老股东与新股东之间的交易，对于上市公司A公司来说，是所有者之间的交易，也应该判断为权益性交易。

综上所述，A公司应将剥离给实际控制人的资产和负债相抵后的差额部分确认为资本公积，不能在利润表中确认为债务重组收益。

案例二：

本案例中，A公司所转让的应收款项均是已全额计提坏账准备的历史债权，原本预计可收回金额为0，却以3 000万元出售给控股股东的子公司。这是一种间接的捐赠，是基于买卖双方同受控股股东控制的特殊身份才能够得以发生的，属于控股股东（及其子公司）以其特殊身份进行的、对上市公司的利益输送行为，因此，应当将3 000万元计入资本公积。

实务中，还存在这样的情况：上市公司与控股股东的其他子公司之间发生交易形成了应收款项，由于债务人财务状况恶化等原因，上市公司在对应收款项可收回性进行评价之后，对应收款项计提了坏账准备。之后，各方面情况发生了变化，上市公司与控股股东及债务人共同签订协议，由控股股东代债务人偿还应收款项。在这种情况下，由于协议明确了控股股东是代其另外的子公司偿还债务的，考虑到第三方债务人的股东也完全有可能替其子公司偿债，这属于合理的商业安排，作为债权人的上市公司可以按照金融工具或者债务重组准则的原则进行会计处理。

第五节　初次确认案例四：自建固定资产还是为客代建

一、实践案例

A公司为上市公司，其主营业务为新能源工程的设计、技术开发和咨询、技术服务、技术转让、工程安装及工程总承包，以及机械、电气、自动化控制设备及其零部件的研发、组装、销售。A公司与客户签订能源服务合同，在客户所在地设立一家项目公司，该项目公司对客户工厂产生的余热或蒸汽进行综合利用，为其配套建设余热发电装置。

余热发电项目所在地的土地使用权归客户所有，项目的立项审批、竣工验收及并网发电等政府相关的审批手续均以客户的名义进行。项目公司负责余热发电项目的投资建设，具体内容包括对整体工程的设计、设备选型、设备采购、工程安装和调试。余热发电项目的资产所有权归项目公司所有，自建成投产之日起，项目公司运营8年后无偿转让给客户。

余热发电项目建成后由项目公司负责运营，项目公司向客户提供电力，协议电价为当地上年平均电价的105%。为保证项目公司投资的收回，每台机组每月发电收入如低于200万元，按200万元结算；如高于200万元，则按实际情况结算。

问题：A公司在建设电厂的过程中是否应该确认收入，应该如何确认？A公司所建余热发电项目属于客户固定资产还是自建固定资产？

二、准则背景

1. 合同能源管理概念

合同能源管理（energy management contract，EMC），是一种基于市场运作的全新的节能新机制。从事合同能源管理的节能服务公司与用能单位以契约形式约定节能项目的节能目标，节能服务公司为实现节能目标，向用能单位提供必要的服务，用能单位以节能效益支付节能服务公司的投入及其合理利润。合同能源管理于20世纪70年代已经在西方国家兴起并逐步发展起来。在我国，虽然起步较晚，但是近年来，我国政府加大了对合同能源管理商业模式的扶持力度。2010年4月2日，国务院办公厅转发了国家发改委等部门《关于加快推行合同能源管理促进节能服务产业发展意见的通知》、财政部出台了《关于印发合同能源管理财政奖励资金管理暂行办法》，从政策上、资金上给予大力支持，促进节能服务产业的健康快速发展。

合同能源管理业务较为特殊，具有多种运营模式，包括节能效益共享型、节能量保证型、能源费用托管型、融资租赁型和混合型等不同类型[①]。随着合同能源管理业务的发展，如何确认合同能源管理的收入越来越成为企业和财务报表使用者关注的问题。目前的企业会计准则中并未对合同能源管理的收入确认提供特别明确的指引，导致企业在节能服务会计实务操作中缺少统一的标准。

2. 相关准则规定

《企业会计准则第14号——收入》（2017年修订）第四条规定："企业应当在履行了合同中的履约义务，即在客户取得相关商品控制权时确认收入。

取得相关商品控制权，是指能够主导该商品的使用并从中获得几乎全部的经济利益。"

《企业会计准则第14号——收入》（2017年修订）第九条规定："合同开始日，企业应当对合同进行评估，识别该合同所包含的各单项履约义务，并确定各单项履约义务是在某一时段内履行，还是在某一时点履行，然后，在履行了各单项履约义务时分别确认收入。"

《企业会计准则第14号——收入》（2017年修订）第十三条规定："对于在某一时点履行的履约义务，企业应当在客户取得相关商品控制权时点确认收入。在判断

① 程晓刚.合同能源管理业务会计核算典型案例解析［J］.中国注册会计师，2017（6）：118-121.

客户是否已取得商品控制权时，企业应当考虑下列迹象：

（一）企业就该商品享有现时收款权利，即客户就该商品负有现时付款义务。

（二）企业已将该商品的法定所有权转移给客户，即客户已拥有该商品的法定所有权。

（三）企业已将该商品实物转移给客户，即客户已实物占有该商品。

（四）企业已将该商品所有权上的主要风险和报酬转移给客户，即客户已取得该商品所有权上的主要风险和报酬。

（五）客户已接受该商品。

（六）其他表明客户已取得商品控制权的迹象。”

《企业会计准则第14号——收入》（2017年修订）第十四条规定：“企业应当按照分摊至各单项履约义务的交易价格计量收入。

交易价格，是指企业因向客户转让商品而预期有权收取的对价金额。企业代第三方收取的款项以及企业预期将退还给客户的款项，应当作为负债进行会计处理，不计入交易价格。”

《企业会计准则第14号——收入》（2017年修订）第十六条规定：“合同中存在可变对价的，企业应当按照期望值或最可能发生金额确定可变对价的最佳估计数，但包含可变对价的交易价格，应当不超过在相关不确定性消除时累计已确认收入极可能不会发生重大转回的金额。企业在评估累计已确认收入是否极可能不会发生重大转回时，应当同时考虑收入转回的可能性及比重。

每一资产负债表日，企业应当重新估计应计入交易价格的可变对价金额。可变对价金额发生变动的，按照本准则第二十四条和第二十五条规定进行会计处理。”

《企业会计准则第14号——收入》（2017年修订）第十七条规定：“合同中存在重大融资成分的，企业应当按照假定客户在取得商品控制权时即以现金支付的应付金额确定交易价格。该交易价格与合同对价之间的差额，应当在合同期间内采用实际利率法进行摊销。

合同开始日，企业预计客户取得商品控制权与客户支付价款间隔不超过一年的，可以不考虑合同中存在的重大融资成分。”

《企业会计准则第14号——收入》（2017年修订）第二十条规定：“合同中包含两项或多项履约义务的，企业应当在合同开始日，按照各单项履约义务所承诺商品的单独售价的相对比例，将交易价格分摊至各单项履约义务。企业不得因合同开始日之后单独售价的变动而重新分摊交易价格。”

《企业会计准则第21号——租赁》规定：“租赁是指在约定的期间内，出租人将资产使用权让与承租人，以获取租金的协议。确定一项协议是否属于或包含租赁业务，应重点考虑以下两个因素：一是履行该协议是否依赖某特定资产；二是协议是否转移了资产的使用权。属于租赁业务的，按租赁准则进行会计处理；其他部分按相关会计准则处理。”

《企业会计准则第21号——租赁》（2018年修订）第四条规定：“在合同开始日，企业应当评估合同是否为租赁或者包含租赁。如果合同中一方让渡了在一定期间内控制一项或多项已识别资产使用的权利以换取对价，则该合同为租赁或者包含租赁。”

《企业会计准则第21号——租赁》（2018年修订）第五条规定：“为确定合同是否让渡了在一定期间内控制已识别资产使用的权利，企业应当评估合同中的客户是否有权获得在使用期间内因使用已识别资产所产生的几乎全部经济利益，并有权在该使用期间主导已识别资产的使用。”

《企业会计准则第21号——租赁》（2018年修订）第十一条规定：“在分拆合同包含的租赁和非租赁部分时，承租人应当按照各租赁部分的单独价格及非租赁部分的单独价格之和的相对比例分摊合同对价，出租人应当根据《企业会计准则第14号——收入》（2017年修订）关于交易价格分摊的规定分摊合同对价。”

三、案例解析与讨论

本案例中，根据A公司与客户签订的能源服务合同，其业务模式主要具有如下特点：

（1）项目公司负责余热发电装置的建造；

（2）余热发电装置的所有权将在8年后移交给客户；

（3）项目公司负责余热发电装置的运营并且按照协议电价和实际发电量收取电费；

（4）运营期间项目公司实际收取的电费收入不确定，但能够保证最低收入。

这是一种特殊的业务模式：企业向另一企业提供建设、运营等多种服务，且在一定期间之后进行产权移交，企业会计准则并未对此做出明确规定。实务中，各企业根据其业务特点，分别借鉴不同的会计处理思路进行会计处理，其中比较有代表性的做法和观点有两种：一种观点认为建造活动是建造自用的固定资产，应该按照实际发生的支出计入在建工程的成本；另一种观点认为其是为客户提供建造服务，应该确认建造服务的收入。两种观点的争议在于为谁建造，合同能源管理项下的资产是为客户建造还是企业自建固定资产。

1. 观点一：自建固定资产并为客户提供服务

按照建造成本确认在建工程成本，在项目达到预定可使用状态时转为固定资产并开始计提折旧，在运营期间确认电费收入，最后移交时作为固定资产处置进行会计处理。

在此情况下，关于收入的会计处理为：首先需要判断将该资产提供给客户使用的安排是否构成租赁。本案例中，合同的履行取决于特定资产的使用，并且根据合同约定，客户享有设备的全部实际产出，且客户支付的价款既不是固定单价，也不是实际产出交付时的市场价格。因此，该业务构成租赁，A公司在运营期内收取的服务费中的一部分应视为租金。在新租赁准则下，余热发电设施为已识别资产，客户有权获得因使用余热发电设施所产生的几乎全部经济利益（即电力），并有权通过决定工厂的运营时间从而决定余热发电设施的运营时间，因此，该业务在新租赁准则下仍构成租赁。

本案例中，租金根据租赁期内的实际产出计算，且有保底金额，A公司应根据租赁准则的定义，进行相应的会计处理。

此外，A公司在运营期内收取的电费收入中，一部分为租金收入，一部分为提供运营服务的收入，A公司可参照新租赁准则关于租赁和非租赁组成部分的对价分摊原则（即根据《企业会计准则第14号——收入）（2017年修订）关于交易价格分摊的规定分摊合同对价），将电费分摊到租赁和运营服务收入。

2. 观点二：为客户提供建造服务并提供运营服务

在分析项目公司应该如何确认收入的时候，应该考虑项目公司实质上从事何种业务，提供何种商品和服务。根据上述对业务模式的描述，项目公司的主要经营活动包括了建造服务和发电运营。

根据《企业会计准则第14号——收入》（2017年修订）的规定，企业应按五个步骤分析其与客户签订合同所产生的收入：（1）识别客户合同；（2）识别合同中的履约义务；（3）确定交易价格；（4）将交易价格分摊至合同中的履约义务；（5）在企业履行履约义务时（或履约过程中）确认收入（统称为“五步法”）。

本案例的关键在于识别履约义务、确定交易价格、将交易价格分摊至合同中的履约义务以及在企业履行履约义务时（或履约过程中）确认收入的判断，以下就这些关键点进行分析：

（1）识别履约义务。

根据案例中对业务模式的描述，项目公司的主要经营活动包括建造活动和发电运营。建造活动又包括工程设计、采购、建设和安装等内容。对于建造活动，项目公司提供了重大整合服务，设计、采购、建设和安装等内容无法明确区分，整体建造活动属于一项履约义务。根据合同的约定，余热发电项目运营8年后，将无偿转让给客户，由客户自行运营使用，因此，客户能够从单独使用建造活动和发电运营服务或与其他易于获得的资源一起使用中获益，且建造活动和发电运营在合同层面也可明确区分。因此，这两项活动根据收入准则第十条的标准判断，可明确区分，属于两项单独的履约义务。

（2）确定交易价格。

本案例中，关于合同价格的约定为在8年的运营期内“每台机组每月发电收入如低于200万元，按200万元结算；如高于200万元，则按实际情况结算”。该合同对价为一部分固定价格加上一部分可变对价。

根据《企业会计准则第14号——收入》(2017年修订)第十六条的规定，公司未来收取的对价具有较多的可能结果，按照期望值确定可变对价的最佳估计数可能是较为合适的方法，并且对合同对价的估计应当以相关的不确定性消除时极可能不会发生重大转回的金额为上限。以后的每一资产负债表日，公司应当重新估计应计入交易价格的可变对价金额，并按照收入准则第二十四条和第二十五条的方法在履约义务期间进行分摊。

此外，还需要注意的是，由于合同存续时间较长（建设期+运营期共8年)，因此，合同对价中可能存在重大融资成分。公司对于存在重大融资成分的合同，应当按照收入准则第十七条的规定，以假定客户在取得商品控制权时即以现金支付的应付金额确定交易价格。该交易价格与合同对价之间的差额，应当在合同期间内采用实际利率法摊销。

(3）将交易价格分摊至合同中的履约义务。

根据《企业会计准则第14号——收入》(2017年修订）第二十条至第二十二条的规定，公司应将确定的交易价格在建造活动和发电运营服务中进行分摊。

如果公司对两项履约义务均存在单独售价的，将确定的交易价格按照各项履约义务单独售价的相对比例进行分摊。各项履约义务的单独售价无法直接观察的，公司可以采用市场调整法、成本加成法估计单独售价。由于公司的主要业务为“新能源工程的设计、技术开发和咨询、技术服务、技术转让、工程安装及工程总承包，以及机械、电气、自动化控制设备及其零部件的研发、组装、销售”，合同中的运营服务如果未曾单独销售且未单独定价，在这种情况下，公司也可以在使用适当方法估计建造活动的单独售价后，采用余值法估计运营服务的单独售价。如果有确凿证据表明固定对价或可变对价仅与合同中一项履约义务相关的，公司应当将该对价分摊至该义务。

(4）在企业履行履约义务时（或履约过程中）确认收入。

如果案例中的余热发电项目在客户的现有场地上进行建造，如果客户能够控制在建的厂房和设备，或者厂房、设备等进行专门定制的程度较高，不能轻易用于其他用途，满足“企业履约过程中所产出的商品（或服务）不具有可替代用途”的条件，并且在由于客户或其他方原因终止合同的情况下，企业有权就累计至今已完成的履约部分收取能够补偿其已发生成本和合理利润的款项，该权利具有法律约束力。建造活动满足“企业在整个合同期间内有权就累计至今已完成的履约部分收取款项”的条件。例如，合同中明确约定因客户或其他方原因导致项目终止的，客户应按照已经发生的成本和合理利润进行结算；或者在客户终止合同的情况下保留(且不返还）客户的预付款的权利是可执行的，且在整个合同期的任何时点，该预付款均能补偿企业已经发生的成本和合理利润等。

此时，该建造活动属于在一段时间内履行的履约义务。如果建造活动不满足上述条件，则属于在某一时点履行的履约义务。

公司提供的运营服务满足“客户在企业履约的同时即取得并消耗企业履约所带来的经济利益”的条件，属于在一段时间内履行的履约义务。

在合同期间内，公司按照各履约义务的履约进度确认收入。

综上所述，我们认为，观点一不需要进行大量的会计估计和判断，便于操作，而观点二涉及较多的判断和估计，相比而言，观点一更切合实际。

第六节 初次确认案例五：出租还是销售

一、实践案例与准则背景

1. 案例资料

某公司与客户签订租赁合同，向客户提供设备租赁服务，同时签订补充协议，约定租赁期结束后将设备销售给客户。该协议约定，客户将设备用于隧道工程施工，租期预估6~12个月，合同总租金为设备价款的70%以上；设备运抵现场后，客户按照设备价款的30%~40%预付3~6个月的租金，剩余租金在剩余租赁期间内分月付清；客户在付款期内未按约定付清全部租金的，公司有权解除合同并收回设备。租赁期满后，客户以设备的销售价格扣除已支付租金后的余值购买租赁设备，全部价款支付完毕，设备所有权转让给客户。

问题：上述案例适用收入准则还是租赁准则？

2. 相关准则规定

我国现行的租赁准则没有关于生产商或经销商出租人租赁的专门规定，只是在租赁准则的应用指南中对融资租赁出租人的初始确认做了补充规定，即“出租人在租赁期开始日转出租赁资产，租赁资产公允价值与其账面价值如有差额，应当计入当期损益”。

《企业会计准则第21号——租赁》（2018年修订）第四十二条规定：“生产商或经销商作为出租人的融资租赁，在租赁期开始日，该出租人应当按照租赁资产公允价值与租赁收款额按市场利率折现的现值两者孰低确认收入，并按照租赁资产账面价值扣除未担保余值的现值后的余额结转销售成本。”

二、案例解析与讨论

对于本案例业务的会计处理，实务中存在以下两种观点：

1. 观点一

《企业会计准则第14号——收入》（2017年修订）第三条规定：长期股权投资、建造合同、租赁、原保险合同、再保险合同等形成的收入，适用其他相关会计准则。该合同的法律形式是租赁合同，因此应该遵循租赁准则进行会计处理。

本案例中，由于在租赁期内客户将支付设备价款的70%，在租赁期满后客户将支付30%的价款购买该设备，满足融资租赁的条件。公司应当根据租赁准则的要求，“在租赁期开始日，将租赁开始日最低租赁收款额与初始直接费用之和作为应收融资租赁款的入账价值，同时记录未担保余值；将最低租赁收款额、初始直接费用及未担保余值之和与其现值之和的差额确认为未实现融资收益”。未实现融资收益在租赁期内按实际利率法分期确认并计入损益。此外，出租人在租赁期开始日转出租赁资产，租赁资产公允价值与其账面价值如有差额，应当计入当期损益。

2. 观点二

尽管该交易的法律形式是租赁合同，但是该交易的主要目的是销售商品，交易的实质是分期收款销售，租金仅是分期收款的一种方式。从该交易的租金安排来看，一项设备通常使用寿命在5年以上，6~12个月收取设备价款的70%作为租金，其明显不是常规租赁交易下租金的公允价值。该情形应当按照实质重于形式的原则，作为分期收款销售商品处理，更能反映交易的本质。企业应当在客户取得相关商品控制权时，按照有权收取的对价金额确认收入。另外，企业对于合同或协议价款的收取采用递延方式，如果该安排中存在重大融资成分，应当按照假定客户在取得商品控制权时即以现金支付的应付金额（即现销价格）确定交易价格。应收的合同或协议价款与现销价格之间的差额，应当在合同或协议期间内采用实际利率法进行摊销，计入当期损益。

《企业会计准则第21号——租赁》（2018年修订）第四十二条明确规定：对于生产商或经销商作为出租人的融资租赁，在租赁期开始日应当按照租赁资产公允价值与租赁收款额按市场利率折现的现值两者孰低确认收入，并按租赁资产账面价值扣除未担保余值的现值后的余额结转销售成本。观点二的处理方法和新租赁准则的要求一致，因而从交易实质出发，建议采用观点二进行处理。

第七节　再确认案例一：利息收入项目归属的辨析

一、实践案例与准则背景

1. 案例资料

近年来，新上市的公司因募集资金产生的利息收入普遍较上市前有较大增长，并且对公司当年利润贡献也较大。公司财务费用中的利息收入来源有两个途径：一是银行存款，二是资金拆借。创业板严格的监管制度杜绝了拆借资金的可能性，募集资金存款成为利息收入大涨的主要原因。由于对存量募集资金高风险投资的监管限制，新上市的公司纷纷采用定期存款、协定存款和通知存款（以下统称定期存款）等形式予以存放，其目的是在合规的前提下，获取尽可能高于活期存款利息的收益。募集资金定期存款利息为一些创业板的新公司带来了一笔“外快”收入。

问题：募集资金定期存款利息是否属于非经常性损益？

2. 相关准则规定

根据2008年中国证监会发布的《公开发行证券的公司信息披露解释性公告第1号——非经常性损益（2008）》（证监会公告〔2008〕43号，以下简称“公告”），非经营性损益是指“与公司正常经营业务无直接关系，以及虽与正常经营业务相关，但由于其性质特殊和偶发性，影响报表使用人对公司经营业绩和盈利能力做出正常判断的各项交易和事项产生的损益”。

公告中还列明了常见项目如下：

“（二）非经常性损益通常包括以下项目：

1. 非流动性资产处置损益，包括已计提资产减值准备的冲销部分；

2. 越权审批，或无正式批准文件，或偶发性的税收返还、减免；

3. 计入当期损益的政府补助，但与公司正常经营业务密切相关，符合国家政策规定、按照一定标准定额或定量持续享受的政府补助除外；

4. 计入当期损益的对非金融企业收取的资金占用费；

5. 企业取得子公司、联营企业及合营企业的投资成本小于取得投资时应享有被投资单位可辨认净资产公允价值产生的收益；

6. 非货币性资产交换损益；

7. 委托他人投资或管理资产的损益；

8. 因不可抗力因素，如遭受自然灾害而计提的各项资产减值准备；

9. 债务重组损益；

10. 企业重组费用，如安置职工的支出、整合费用等；

11. 交易价格显失公允的交易产生的超过公允价值部分的损益；

12. 同一控制下企业合并产生的子公司期初至合并日的当期净损益；

13. 与公司正常经营业务无关的或有事项产生的损益；

14. 除同公司正常经营业务相关的有效套期保值业务外，持有交易性金融资产、交易性金融负债产生的公允价值变动损益，以及处置交易性金融资产、交易性金融负债和可供出售金融资产取得的投资收益；

15. 单独进行减值测试的应收款项减值准备转回；

16. 对外委托贷款取得的损益；

17. 采用公允价值模式进行后续计量的投资性房地产公允价值变动产生的损益；

18. 根据税收、会计等法律、法规的要求对当期损益进行一次性调整对当期损益的影响；

19. 受托经营取得的托管费收入；

20. 除上述各项之外的其他营业外收入和支出；

21. 其他符合非经常性损益定义的损益项目。”

修订后的非经营性损益规定对两个方面做出了改进：

（1）定义中的措辞更加严谨。第一，以“正常经营业务”取代了“主营业务和其他经营业务”，既反映了新准则下利润表的列报要求，也考虑了公司经营业务的多样性；第二，强调了非经常性损益的特点是“性质特殊和偶发性”；第三，强调了非经常性损益的性质，即不应将其作为判断公司经营业绩和盈利能力的考虑因素。

（2）对列举的非经常性损益项目进行修改。原规定中的“非经常性损益应包括以下项目”相应修改为“非经常性损益通常包括以下项目”，提高了结合公司情况进行判断的自主权。在具体项目上，修订后的非经常性损益增列了“对外委托贷款取得的损益”等六项非经常性损益项目，补充和完善了“非流动资产处置损益”等八项列举的非经常性损益。

由于非经常性损益的认定，是采用定义和列举并用的方法，在上市公司实际执行过程中，存在重形式而轻实质的问题。公司在判断某项目是否属于非经常性损益时，只是简单对照规则中列举的各项目加以认定，凡是规则中列举的项目，就认定为非经常性损益项目，凡是规则中未列举的项目，就认定为经常性损益项目，而不考虑这些项目的性质、发生频率及其与公司经营业务的关联程度。

可见，实务中仍存在非经常性损益认定和披露方面的问题。

二、案例解析与讨论

非经常性损益的界定，必须考虑其定义中的三个要素，应以非经常性损益的定义为依据，同时关注交易的性质、发生频率以及对报表使用者决策的影响。第一，应关注交易是否具有“非正常”的性质，即同公司的正常业务不相关；第二，要关注交易的发生频率，即在发生频率上具有偶发性；第三，要考虑非经常性损益的性质，即该项目是否能够作为判断公司持续性经营业绩和盈利能力的考虑因素；同时，在结合公司实际情况的基础上，参考列举的项目，进行综合判断。简单地将规则中列举的项目认定为非经常性损益，或者将规则中未列举的项目认定为经常性损益，都可能存在问题。规则允许并强调公司可以在考虑定义、列举项目和实际情况的基础上，将规则中列举的项目认定为经常性损益，或者将规则中未列举的项目认定为非经常性损益。如果公司将规则中列举的项目认定为经常性损益的，应当在附注中披露规则中已列举但未被公司认定为非经常性损益项目的名称、金额及原因。如果公司将规则中未列举的项目认定为非经常性损益的，若金额不重大，应将其计入“其他符合非经常性损益定义的损益项目”列报，若金额重大，则应单独列示其项目名称和金额；同时，还应在附注中披露该项目的名称、金额及原因。

本案例中，单独从募集资金产生定期存款利息的性质来看，的确与上市公司日常经营活动无关，从募集资金利息的发生频率来看，也确实存在偶发性的特点。但是，上市公司发行股份募集资金，其本质上属于一种融资行为，一方面增加上市公司的资产，另一方面增加其股本和资本公积。在募集资金投入使用之前，以定期存款的方式产生利息收入，其收益率为定期存款利率；在募集资金被用于募投项目并投产之后，带来项目投资收益。二者只是资产以不同的形态存在，从而带来不同的收益。而且，相比之下，定期存款的利率还很可能相对较低。

此外，从净资产收益率、每股收益等指标来看，在上市公司发行股份募集资金之后，作为分母的净资产账面价值与股份数都有所增加，如果将募集资金产生的存款利息收入从分子中扣除，反而会导致不匹配的结果。

综上所述，募集资金在使用之前产生的定期存款利息不属于非经常性损益。

第八节　再确认案例二：经营现金流还是筹资现金流

一、实践案例和准则背景

1. 案例资料

根据企业业务活动的性质和现金流量的来源，现金流量可以分为经营活动、投资活动和筹资活动。实务中，企业在编制现金流量表时，由于某些交易的特殊性质，可能导致不同的企业对相同项目的现金流量分类存在不同的判断，从而影响企业之间财务信息的可比性，进而影响财务报表使用者对企业做出评价。例如，商业票据贴现取得的现金如何进行分类就是典型的例子。A公司为上市公司，2×19年8月，A公司因销售商品取得6个月到期的银行承兑汇票1 000万元。为了加快资金回笼，A公司于2×19年12月1日将该票据贴现，取得现金995万元。

问题：A公司在编制2×19年度现金流量表时，因贴现银行承兑汇票而取得的现金995万元应该如何进行分类？

2. 相关准则规定

《企业会计准则第31号——现金流量表》第二条规定："现金流量表，是指反映企业在一定会计期间现金和现金等价物流入和流出的报表。现金，是指企业库存现金以及可以随时用于支付的存款。现金等价物，是指企业持有的期限短、流动性强、易于转换为已知金额现金、价值变动风险很小的投资。"

《企业会计准则第31号——现金流量表》中指出：现金流量表应当分别经营活动、投资活动和筹资活动列报现金流量。其中，投资活动是指企业长期资产的购建和不包括在现金等价物范围内的投资及其处置活动，例如，购建长期资产、对外投资、取得投资收益等；筹资活动是指导致企业资本及债务规模和构成发生变化的活动，例如，吸收投资、取得借款、偿还债务和分配利润等；经营活动则是指企业投资活动和筹资活动以外的所有交易和事项，例如，销售商品、提供劳务、支付工资以及支付各项税费等。

二、案例解析与讨论

本案例中，企业的应收票据一般是通过销售商品或提供劳务取得的，如果不提前贴现，而是持有至到期再进行承兑，其现金流入可认定为与经营活动有关的现金流量。然而，在票据到期之前，对于将其向银行贴现取得的现金流量的分类，实务中一直存在不同的观点。

一种观点认为，票据贴现产生的现金流入应当作为筹资活动的现金流量，因为其实质是企业为了提前收回资金而向银行进行融资的行为。特别是在银行承兑汇票附有追索权，且在贴现时由于风险报酬没有转移而不符合终止确认条件的情况下，票据贴现通常会被视为企业以票据质押的方式向银行进行融资，相应取得的现金在资产负债表中会被确认为短期借款。根据《企业会计准则第31号——现金流量表》的有关规定，筹资活动是指导致企业资本及债务规模和构成发生变化的活动，取得借款属于企业的筹资活动。因此，应收票据贴现取得的现金流量属于取得借款收到的现金，从而被分类为筹资活动的现金流量，这样的处理方式也能够使现金流量表与资产负债表的处理保持一致。

然而，如果按照上述逻辑将应收票据贴现产生的现金流量归类为筹资活动产生的现金流量，可能会产生以下两个方面的问题：

（1）与一般的筹资活动不同，该“借款”在“归还”时并不会产生现金流出，而是将短期借款和应收票据相互抵销。

（2）在企业大量使用商业汇票进行结算并贴现的情况下，其经营活动产生的现金流量将相对很少。

企业在编制现金流量表时，不能对现金流量进行虚拟，因此，上述两个问题很可能导致这样一个结果：每个会计期间，企业因销售商品确认的销售收入对应的现金（不考虑贴现息）虽然已经收回，但是在现金流量表中，因销售商品这一最重要的经营活动产生的现金流入却很少，而筹资活动的现金流入却很多，而且该筹资活动现金流入在未来不会有对应的现金流出。在这种情况下，现金流量表所揭示的信息意味着该企业通过经营活动获取的现金流入的能力很差，日常经营所需的资金大部分需要通过筹资活动来实现，这未必反映了企业经营模式的实质，也会使财务报表使用者在评价企业时产生误解。

基于上述考虑，另一种观点认为，票据贴现产生的现金流入应当作为经营活动的现金流量，因为无论是票据到期收回现金还是向银行贴现而提前收回现金，该现金流量的产生都是源于企业销售商品的行为。销售商品是企业的经营活动，因此其产生的现金流量也应当分类为经营活动产生的现金流量。

这一列报方式能够避免上述第一种观点所导致的问题，但是也有其自身的弊端。例如，如前所述，在贴现的票据不符合终止确认条件的情况下，因票据贴现取得的现金在资产负债表中会被确认为短期借款。此时，从报表之间相互勾稽的角度来看，如果在现金流量表中将其分类为经营活动产生的现金流量，则意味着把借款取得的现金分类为经营活动，显然与现金流量表的规定不符。另外，在某些情况下，如果企业确实因有融资的需求，而将持有的票据向银行贴现以取得现金，那么，将票据贴现产生的现金全部作为经营活动的现金流量似乎也没有反映该交易的经济实质。

综上所述，在应收票据贴现且不符合金融资产终止确认条件的情况下，贴现现金流入作为筹资活动流入似乎更符合准则中关于筹资活动的定义；在应收票据贴现符合金融资产终止确认条件的情况下，相关现金流入作为经营活动流入似乎更能够反映其经济实质，也更符合准则规定。

第九节　终止确认案例

一、金融资产终止确认时间问题

（一）实践案例与准则背景

1. 案例资料

实务中，对于金融资产的终止确认，需要结合具体合同条款，按照实质重于形式的原则进行具体判断。A公司为上市公司，2×20年6月，A公司与第三方B公司签订股权转让框架协议，将C公司15%的股权转让给B公司（转让前A公司将持有的股权确认为金融资产）。该协议明确，此次股权转让标的为C公司15%的股权，总价款5.4亿元，B公司分三次支付，2×20年支付第一笔款项1.8亿元。为了保证B公司的利益，A公司在2×20年将C公司5%的股权变更登记为B公司，但B公司暂时并不拥有与该5%股权对应的表决权，也不拥有分配该5%股权对应的利润的权利。

问题：A公司是否应该在2×20年度确认该5%股权的处置损益？

2. 相关准则规定

《企业会计准则第22号——金融工具确认和计量》（2017年修订）第十一条对金融资产的终止确认做出原则性的规定："金融资产满足下列条件之一的，应当终止确认：（一）收取该金融资产现金流量的合同权利终止。（二）该金融资产已转移，且该转移满足《企业会计准则第23号——金融资产转移》关于金融资产终止确认的规定。

本准则所称金融资产或金融负债终止确认，是指企业将之前确认的金融资产或金融负债从其资产负债表中予以转出。"

《企业会计准则第23号——金融资产转移》（2017年修订）第六条则对金融资产转移做出更明确的规定："金融资产转移，包括下列两种情形：

（一）企业将收取金融资产现金流量的合同权利转移给其他方。

（二）企业保留了收取金融资产现金流量的合同权利，但承担了将收取的该现金流量支付给一个或多个最终收款方的合同义务，且同时满足下列条件：

1.企业只有从该金融资产收到对等的现金流量时，才有义务将其支付给最终收款方。企业提供短期垫付款，但有权全额收回该垫付款并按照市场利率计收利息的，视同满足本条件。

2.转让合同规定禁止企业出售或抵押该金融资产，但企业可以将其作为向最终收款方支付现金流量义务的保证。

3.企业有义务将代表最终收款方收取的所有现金流量及时划转给最终收款方，且无重大延误。企业无权将该现金流量进行再投资，但在收款日和最终收款方要求的划转日之间的短暂结算期内，将所收到的现金流量进行现金或现金等价物投资，并且按照合同约定将此类投资的收益支付给最终收款方的，视同满足本条件。”

（二）案例解析与讨论

金融资产是以合同为基础而存在的。金融资产的终止确认，也是围绕着金融资产相关的合同权利展开的。企业会计准则规定金融资产在两种情形下，应当终止确认：一种情形是金融资产中收取现金流量的合同权利已经终止。例如，应收账款到期收回欠款，该合同权利就自然终止。另一种情形是金融资产已经转移且该转移符合准则规定的终止确认条件。所谓金融资产已经转移，指的是以下两种情况之一：（1）企业将收取金融资产现金流量的合同权利转移给其他方；（2）将金融资产转移给另一方，但保留收取金融资产现金流量的合同权利，并承担将收取的现金流量支付给最终收款方的合同义务（这种情况通常称为过手安排）。此时，只有在金融资产已经转移的情况下，才能根据准则的规定进行终止确认的判断。因此，在收取金融资产现金流量的合同权利并未终止的情形下，金融资产转移是金融资产终止确认的一个必要前提。

本案例中，名义上A公司将5%的股权转让给B公司，但是实质上，B公司并没拥有对应的表决权，也并不享有对应的利润分配权。也就是说，A公司保留了收取金融资产现金流量的合同权利，且没有承担将收取的现金流量支付给B公司的合同义务。根据准则的规定，实质上该金融资产并未转移，并不符合金融资产终止确认的前提条件。因此，A公司不应当确认该5%股权的处置损益，应将收到的款项作为预收款项处理。

二、应收票据终止确认时间问题

（一）实践案例与准则背景

商业票据贴现是企业常用的流动性管理手段。A公司将从第三方客户取得尚未到期的银行承兑汇票向银行贴现取得资金。在此情形下，A公司是否应该终止确认该银行承兑汇票？如何进行贴现息的会计处理？

《企业会计准则第23号——金融资产转移》（2017年修订）第七条规定：“企业

在发生金融资产转移时，应当评估其保留金融资产所有权上的风险和报酬的程度，并分别下列情形处理：

（一）企业转移了金融资产所有权上几乎所有风险和报酬的，应当终止确认该金融资产，并将转移中产生或保留的权利和义务单独确认为资产或负债。

（二）企业保留了金融资产所有权上几乎所有风险和报酬的，应当继续确认该金融资产。

（三）企业既没有转移也没有保留金融资产所有权上几乎所有风险和报酬的（即除本条（一）（二）之外的其他情形），应当根据其是否保留了对金融资产的控制，分别下列情形处理：

1. 企业未保留对该金融资产控制的，应当终止确认该金融资产，并将转移中产生或保留的权利和义务单独确认为资产或负债。

2. 企业保留了对该金融资产控制的，应当按照其继续涉入被转移金融资产的程度继续确认有关金融资产，并相应确认相关负债。

继续涉入被转移金融资产的程度，是指企业承担的被转移金融资产价值变动风险或报酬的程度。”

《〈企业会计准则第23号——金融资产转移〉应用指南》（2018年修订）中指出：“关于这里所指的‘几乎所有风险和报酬’，企业应当根据金融资产的具体特征做出判断。需要考虑的风险类型通常包括利率风险、信用风险、外汇风险、逾期未付风险、提前偿付风险（或报酬）、权益价格风险等。”

《企业会计准则第23号——金融资产转移》（2017年修订）第十七条规定：“企业保留了被转移金融资产所有权上几乎所有风险和报酬而不满足终止确认条件的，应当继续确认被转移金融资产整体，并将收到的对价确认为一项金融负债。”

（二）案例解析与讨论

1. 银行承兑汇票是否终止确认

在判断承兑汇票贴现是否将所有权上几乎所有的风险和报酬转移时，应注意承兑汇票的风险不仅包括信用风险，还应综合考虑其他风险，如利率风险、延期付款风险及外汇风险等。根据《中华人民共和国票据法》的规定：汇票到期被拒绝付款的，持票人可以对背书人、出票人以及汇票的其他债务人行使追索权。因此，无论是银行承兑汇票还是商业承兑汇票，票据贴现或背书后，其所有权相关的信用风险及延期付款风险并没有转移给银行或被背书人。根据信用风险及延期付款风险的大小，可将应收票据分为两类：一类是由信用等级较高的银行承兑的汇票，其信用风险和延期付款风险很小，相关的主要风险是利率风险；另一类是由信用等级不高的银行承兑的汇票或由企业承兑的商业承兑汇票，此类票据的主要风险为信用风险和延期付款风险。

本案例应视情况而定，如果A公司用于贴现的银行承兑汇票是由信用等级较高的银行承兑，随着票据的贴现，信用风险和延期付款风险很小，并且票据相关的利率风险已经转移给银行，因此可以判断票据所有权上的主要风险和报酬已经转移，可以终止确认；如果A公司用于贴现的银行承兑汇票是由信用等级不高的银行承兑，贴现不影响追索权，票据相关的信用风险和延期付款风险仍没有转移，不应终止确认。

2. 贴现息的会计处理

应收票据终止确认时，贴现息（即贴现金额和票面金额之差）应在票据终止确认时立即确认为费用，而不是在贴现日至票据到期日之间摊销；应收票据未终止确认时，贴现取得的资金确认为一项金融负债（即银行借款），根据《企业会计准则第22号——金融工具确认和计量》（2017年修订）的规定，按摊余成本对银行借款进行后续计量，贴现息应在贴现日至票据到期日之间分摊确认利息费用。

在编制现金流量表时，对于因销售商品或提供劳务从客户取得银行承兑汇票进行贴现的情况，如果票据在贴现时终止确认，贴现取得的现金应作为经营活动的现金流入；如果票据在贴现时不满足终止确认条件，贴现取得的现金应作为筹资活动的现金流入。如果出票人在票据到期日直接向持票银行付款，即持票银行不向贴现方追索，A公司账面应收票据与短期借款同时减少，不涉及实际现金收付，现金流量表未反映该交易，企业应在财务报表附注中就此类交易对现金流量的影响予以说明。

三、权益工具终止确认

（一）实践案例与准则背景

1. 案例资料

股权处置往往会对当期损益产生重大的影响。实务中，处置被投资单位的长期股权投资时，如何进行会计处理需要结合实际情况加以具体分析和判断。

A公司为上市公司，在2×20年10月11日召开临时股东大会，通过了“关于A公司重大资产出售的议案”。本次重大资产重组是A公司和控股股东B公司为剥离上市公司亏损资产而达成的交易。根据双方签署的附生效条件的“股权转让协议”，A公司向控股股东B公司出售其全资子公司C的100%股权。C公司经审计的账面净资产为6亿元，评估值为8亿元，双方以评估值8亿元作为交易价格（审计、评估基准日为2×20年6月30日）。控股股东B公司以其持有的A公司3亿股普通股作为对价取得上述C公司股权，对价股份价格依据A公司董事会决议公告日前20个交易日的公司股票交易均价确定，A公司取得作为对价的自身股份后将予以注销。2×20年11月，该交易获中国证监会核准。截至2×20年11月30日，C公司股权已变更至B公司名下，资产处置日为2×20年11月30日。A公司于2×20年12月5日完成了与本次重大资产重组有关的股份注销手续，资产重组后控股股东仍为B公司（假设不考虑交易费用）。

上述交易中，A公司合并财务报表确认投资收益2亿元，同时A公司回购并按股票面值注销股份，减少股本3亿元，股本溢价部分冲减资本公积5亿元。

问题：A公司以获得自身股份为对价处置C公司股权确认投资收益是否违反企业会计准则的规定？

2. 相关准则规定

《企业会计准则第33号——合并财务报表》（2014年修订）第五十条规定："企业因处置部分股权投资等原因丧失了对被投资方的控制权的，在编制合并财务报表时，对于剩余股权，应当按照其在丧失控制权日的公允价值进行重新计量。处置股权取得的对价与剩余股权公允价值之和，减去按原持股比例计算应享有原有子公司自购买日或合并日开始持续计算的净资产的份额之间的差额，计入丧失控制权当期的投资收益，同时冲减商誉。与原有子公司股权投资相关的其他综合收益等，应当在丧失控制权时转为当期投资收益。"

《企业会计准则第37号——金融工具列报》（2017年修订）第二十二条规定："金融工具或其组成部分属于权益工具的，其发行（含再融资）、回购、出售或注销时，发行方应当作为权益的变动处理。发行方不应当确认权益工具的公允价值变动。"

《企业会计准则第37号——金融工具列报》（2017年修订）第二十六条规定："回购自身权益工具（库存股）支付的对价和交易费用，应当减少所有者权益，不得确认金融资产。"

财政部于2008年底发布的《关于做好执行会计准则企业2008年年报工作的通知》（财会函〔2008〕60号）中规定：上市公司接受控股股东直接或间接的捐赠，从经济实质上判断属于控股股东对企业的资本性投入，应作为权益性交易，相关利得计入所有者权益。

中国证监会于2009年在《上市公司执行企业会计准则监管问题解答》（2009年第2期）中对于"上市公司的控股股东、控股股东控制的其他关联方、上市公司的实际控制人对上市公司进行直接或间接的捐赠、债务豁免等单方面的利益输送行为"的会计处理做出明确规定：由于交易是基于双方的特殊身份才得以发生，且使得上市公司明显地、单方面地从中获益，监管中应认定为其经济实质具有资本性投入性质，形成的利得应计入所有者权益。

（二）案例解析与讨论

本案例是A公司和控股股东B公司为剥离上市公司亏损资产而达成的重大资产重组交易，控股股东B公司以所持A公司股份作为支付收购资产的对价完成重大资产重组。根据交易实质，整个交易可理解为A公司处置股权投资及回购自身权益工具两个交易事项。首先，A公司将其持有的全资子公司100%的股权按双方协议价格8亿元出售给控股股东B公司，该交易可视为A公司以8亿元为对价处置子公司投资；其次，B公司以其持有A公司的股份作为支付对价，A公司收回股份并注销，该交易可视为A公司以处置子公司取得8亿元对价回购自身权益工具。

根据上述交易，A公司在合并财务报表层面的会计处理如下：

（1）A公司处置股权投资的会计处理。

如果A公司有确凿证据证明双方协议价格是公允的，根据合并财务报表准则的规定，A公司处置子公司100%的股权，处置价款8亿元与处置投资对应的享有该子公司净资产份额6亿元的差额2亿元，在合并财务报表中确认为当期投资收益。

如果A公司无法提供确凿证据证明双方协议价格的公允性，交易的经济后果使A公司明显单方面地从中获益，则根据财政部于2008年底发布的《关于做好执行会计准则企业2008年年报工作的通知》（财会函〔2008〕60号）及中国证监会于2009年在《上市公司执行企业会计准则监管问题解答》（2009年第2期）的相关规定，协议价格中不公允的部分应界定为权益性交易，与权益性交易有关的利得或损失直接计入权益，不应当确认投资收益。

（2）A公司回购自身权益工具的会计处理。

根据金融工具列报准则的相关规定，A公司按法定程序报经批准回购自身股票减资，应按注销的股票面值总额减少股本3亿元，回购股票支付的价款（含交易费用）与股本的差额5亿元调整所有者权益，应依次冲减资本公积（股本溢价）、盈余公积和未分配利润，不应当确认权益工具的公允价值变动。

综上所述，A公司确认股权处置投资收益的金额取决于双方协议价格的公允性，公允部分与处置股权相关净资产账面价值的差额计入当期损益；协议价格中不公允的部分应界定为权益性交易，形成的利得或损失应计入所有者权益，不影响当期损益。

会计论道与课程思政：

会计确认要坚守原则和底线

2014年12月9日，QS药机与华冠花炮签订了烟花生产线合同，销售数量10条烟花生产线，销售金额10 500万元。QS药机的2015年年报及相关账务记录显示，2015年，完成10条烟花生产线的生产交付和调试安装，收到销售回款7 883.10万元，确认销售收入8 974.36万元、销售利润5 769.37万元。经调查，截至2017年12月31日，QS药机实际仅向华冠花炮交付1条烟花生产线，作为华冠花炮试验和展示使用；2018年2月6日至10日，QS药机向华冠花炮交付剩下的生产线。被调查时，上述生产线未拆除包装予以安装、未达到预定可使用状态，无法确认其实际交付的真实数量。华冠花炮2014年至2016年没有向QS药机转入任何资金。

在外部审计过程中，RH会计师事务所2015年和2016年均将营业收入列为高风险项目，但未获取充分、适当的审计证据，以发表正确的审计意见。在2015年度的审计工作底稿中，收货确认单显示华冠花炮已确认收到10条烟花生产线，但审计人员以审计说明的方式在货物运输协议中备注“实际上只发生了1条生产线”，证明审计人员已发现收货确认单与实际发货数量不符；在2016年度的审计工作底稿中，QS药机的安装调试单确认销售给华冠花炮的25条烟花生产线已安装调试完毕，但审计人员在货物运输协议中备注“实际没发生”；RH会计师事务所未对异常发货采取进一步审计程序，以形成客观的审计结论和审计意见。

资料来源：证监会. 中国证监会行政处罚决定书（QS药机、刘某某等14名责任人员）［EB/OL］.［2020-07-13］. http：//www.csrc.gov.cn/csrc/c101928/c1042327/content.shtml.

课程思政问题：会计确认往往需要很强的会计职业判断能力，在保障恰当地运用职业判断方面，外部审计应该起到怎样的作用？

思考题

1. 初次确认、再确认与初始确认、后续确认、终止确认两对概念的区别是什么？

2. 以权责发生制作为会计确认时间基准的优点和缺点是什么？

3. 请谈谈你对股份支付应当确认为哪类要素的观点。

4. 请结合案例，谈谈你认为一项支出确认为费用还是资产应当把握哪些要点。

第五章

会计计量

学习目标

- 会计计量的含义及其与会计确认的关系
- 计量属性和计量模式
- 公允价值计量模式的优势和劣势
- 会计实务计量难题的理论反思

第一节　会计计量的基本问题和主要观点

一、会计计量基本问题[①]

财务会计是由确认、计量和披露（在财务报表以外表述财务和非财务信息）等程序构成的一个提供以财务信息为主的经济信息系统。在这个系统中，确认离不开计量，披露也需要计量。FASB指出，确认“包括同时用文字、数字描述某一项目，其金额包括在报表总计之中”，并将可计量性（measurability）列为确认的基本标准（fundamental recognition criteria）之一。因此，计量是财务会计中一个很重要的问题。美籍日本会计学家井尻雄士甚至认为：“会计计量是会计系统的核心问题”（1979）。

关于会计计量的含义，西方财务会计文献中有着不同的说法。1966年，美国会计学会（AAA）的《基本会计理论》（A-SOBAT）认为，会计主要是确认、计量和传递一个主体的经济信息的程序。它在评价会计信息时，确立了包括可计量性在内的四个基本准则。在阐述可计量性时，其又指出货币是会计人员采用的基本的但不是唯一的数字计量。1984年，FASB在第5号概念公告中则认为：“资产、负债或

① 葛家澍，窦家春．基于公允价值的会计计量问题研究［J］．厦门大学学报（哲学社会科学版），2009（3）．

权益变动必须具有相关的计量属性，可以充分而又可靠地利用货币作为计量单位”（FASB Concept NO.5，1984，Par.65）。总体来说，财务会计的计量主要是指对已确认将要进入财务报表内的项目确定恰当的价值数量信息，既要用文字说明又须用货币金额表示，即货币计量。在表外披露的信息，可以是定性的信息，也可以是既定性又定量的信息。后者既包括货币计量即按金额表示，也包括用其他计量单位计量，如按千克表示重量，按千米表示长度，用时、日表示时间跨度等。

需要注意计量与确认两个概念的关系，会计实践工作由确认、计量、记录和报告几个环节组成，不论是记录还是编制报表，都离不开按一定计量属性进行货币数量（金额）的描述。会计确认是会计计量的前提，会计计量是会计确认的结果，如果没有会计计量，会计确认就没有实际意义。但确认不只是要计量，FASB在第5号概念公告中规定了四个确认标准，即可定义性、可计量性、相关性和可靠性，而可计量性不过是其中之一。

计量模式（measurement model）是由计量单位（measurement unit）和计量属性（measurement attribute）构成的。

计量单位是指计量尺度的度量单位，采用货币符号衡量价值，而货币自身也需要度量，即货币购买力对货币的度量。因此，在现行财务会计中存在两种货币单位：用货币符号计量和用货币购买力直接计量。当货币购买力变动幅度较小时，财务会计忽略货币购买力的变动，采用名义货币单位；而当货币购买力不断变动时，财务会计将不同时期的同种货币一律按照实际购买力折算为基准时期的货币。

计量基础或计量属性（measurement basis or attribute）则可以简单地理解为不同的计量标准，是指计量对象可予以计量的特性或外在表现形式，是区分不同计价模式的主要标准。以货币计量来说，最基本的计量标准是市场价格（或交换价格），市场价格又区分为购入价格（入账价）和出售价格（脱手价）；如果同时区分“时间导向”（time orientation），即分为过去（past）、现在（present）和未来（future）三个不同时间段，那么，将有九种可按货币计量的基础或属性，具体见表5-1。

表5-1 **理论上的九种计量属性**

基 础	过 去	现 在	未 来
Ⅰ.入账价（买入价）（entry price）	（1）过去的入账价（past entry price）	（4）当前的入账价（current entry price）	（8）未来的入账价（future entry price）
Ⅱ.脱手价（销售价）（exit or selling price）	（2）过去的脱手价（past exit price）	（5）当前的脱手价（current exit price）	（9）未来的脱手价（future exit price）
Ⅲ.其他	（3）修订的过去数额（modified past amount）	（6）使用价值（value in use）	
Ⅳ.备选		（7）当前的均衡价（current equalitarian price）	

这九种计量属性似乎没有提到本章要讨论的历史成本和公允价值，其实，历史成本就是过去的入账（买入）价格或脱手价格；公允价值就是当前的脱手价格（按照FASB的理解），某些情形也包括当前的买入价格。

二、历史成本计量模式

历史成本是指两个主体同意交易时实际发生的市场入账或脱手价格（交换价格），具有以下几个特点：①这种交换价格是交易或事项发生时已经形成的，是实际的而不是估计的价格。②这种交换价格在双方成交时已经考虑到当前和未来的风险，将其用于计量后，在主体持有这种价格的资产和负债期间，不再考虑市场上有关该价格的变动。因此，该计量属性即由交换价格转化为不受市场价格波动而变化的历史成本。③用历史成本计量的资产和负债在初始确认后，不再进行重计量，因而也不再因重计量进行后续确认。④采用历史成本的交易费用（包括确定历史成本、记账成本）很可能低于采用其他计量属性所确认的费用。⑤历史成本计量的主要优点是如实反映资产的取得和负债发生的价值，其数据最大限度地来自已经发生的实际交易和事项，最小限度地来自估计。⑥历史成本的主要缺点是计量面向过去，与主体面临的现实和未来脱节。此外，一项资产如分次购入，每次交易的交换价格不同，严格地说，这种情况下的资产的金额，即各项资产的小计与合计金额，都具有不可比性和不一致性。

历史成本计量是建立在两项会计假设之上的：第一，该主体是持续经营的；第二，该主体所赖以存在的市场，货币的购买力是基本稳定的。从长期来看，除金融工具以外，其他商品的价格波动（影响每次主体的历史成本的波动）幅度较小。

在现行会计实务中，由于金融工具特别是衍生金融工具的出现和发展，纯粹的历史成本会计已经很罕见。现实存在的历史成本会计模式是一种以历史成本为主，兼用其他计量属性（如公允价值）的混合会计与计量模式。

三、公允价值计量模式及其争议

（一）公允价值计量的内涵

公允价值会计，也可称为“调到市价的会计”（mark-to-market accounting）。FAS157认为，公允价值是指“在计量当天，市场参与者在有序交易中出售资产收到的价格或转移负债付出的价格”，是一种脱手价格。

要理解这个定义，必须将其与历史成本相对照。在该定义的表述中，不提及“交易日”而采用“计量日”的提法，显然，计量日不等于交易日（结算日）。定义中不提及两个主体之间达成的价格，而表达为市场参与者出售资产收到的价格或转移负债（不像历史成本所述负债的发生或清偿）付出的价格。显然，计量的依据不是现实的交易，也不是已发生的实际价格，而是市场参与者参照有序市场（应是早已进行的活跃市场，其报价是公开的、公正的，且随时可以取得的）进行估计的假想交易中的资产销售价格和负债转移价格。

总体来说，公允价值的基础是市场价格（交换价格），具体地说是在计量那一天基于假想交易的脱手价格（出售一项资产时预期的现金流入或转移一项负债时预期的现金流出）。该市场价格（交换价格）是有序交易中的价格，即完全自愿的交换双方所欲进行的，已在市场上展现了一段时间的价格。在过去和现在，该交易是大量的，且合乎商业规则的，其报价是公开、公正并随时可以取得的。

根据公允价值的特点，公允价值计量也有以下的特点：第一，计量日（初始计量日）不是交易日，因为其是以假想交易为对象，而不是以发生的现实交易为对象，所以，初始计量日是意欲交易的“确定承诺日”（at the date of firm commit）。第二，计量的金额不是由两个主体之间于交易日达成的，而是基于活跃市场的公平报价进行估计的。第三，作为一种估计价格，公允价值有三级估计：一级估计，即以相同的资产和负债在活跃的主市场中公开、公平的报价作为公允价值；二级估计，即以相似的资产和负债在活跃的市场中公开、公平的报价为基础但需做必要的调整；三级估计，即缺乏可观察的市场价格，采用主体输入的估计变量（通过各种估计技术，如期权模型、未来现金流量的贴现值）来进行估计。一级估计是公允价值的最佳计量，企业应最小限度地采用不可观察的企业输入变量即三级估计。第四，凡采用公允价值计量的项目，除初始计量外，在持续持有尚未结束交易期间，每经过一个报告期就要重新估计并尽可能调到市价（一级估计）。

公允价值会计是指某些项目（目前主要是指金融资产和金融负债）采用公允价值计量，并在财务会计中进行两步确认：先进行正式记录（按复式簿记要求），再记入财务报表，成为财务报表的表内项目的会计模式。按照美国财务会计准则（FAS115），如果该资产属于在交易中（in trading），公允价值的变动应在当期损益中确认；如果该资产归类为可供出售金融资产（available-for-sale），公允价值的变动应在综合收益中的其他收益或损失部分确认。

公允价值会计的特点是：一个企业的当期收益，既包括已实现的真实收益或亏损，又包括未实现的预期（估计）收益或损失。同时，该企业资产负债表中的净资产也包括未实现的预期资产增值或减值。在这种会计模式下，有些人认为一个企业的资产与负债能够反映当前市价的信息，做到了公开透明和如实反映。有些人则认为，这是歪曲了企业的真实经济现状，是用估计取代了会计。在发生经济危机或金融危机的情况下，对公允价值会计的评价分歧就更大了。

（二）公允价值计量面临的主要争议

从2007年下半年起，由美国次贷危机引发的金融危机（financial crisis）席卷全球，受冲击最大的是银行（尤其是投资银行）、其他金融机构和上市公司的投资部门，它们持有大量的金融资产（特别是衍生金融工具）和其他价格飘忽不定的投资（如房地产）。在这次金融危机中，金融资产（如股票、债券）和房地产的价格纷纷下挫，以公允价值计量的投资大幅度缩水。美国许多著名投资银行或因此倒闭，或申请破产保护。在这种情况下，对公允价值的争议愈发激烈。金融界首先发难，指责FAS157“公允价值计量对金融危机具有推波助澜的作用”。他们呼吁停止FAS157的执行，回归历史成本计量。美国国会通过了《紧急经济稳定法案》（Emergency Economic Stabilization Act）。该法案第133节要求SEC在法案批准后90天内向国会提交一份研究公允价值计量与会计的报告。90天后，SEC向国会提交了“调到市价会计的研究”的报告。该报告认为，金融危机的过错不在于采用公允价值会计。会计不过是“报信人”，公允价值计量不过向企业和投资人“报信”——你的资产现在还值多少？因此，把营业失败推向营业失败的“报信人”是没有道理的。SEC坚持认为，FAS157能够为金融资产提供透明的信息，中止FAS157的执行将使投资人失去信心。

反对的意见则认为，在金融危机发生后，许多金融资产已缺乏活跃的市场，公允价值已失去可靠计量的基本前提。即使公允价值计量对于非金融危机时期的金融资产是相关的，而在金融危机时期，也变得非常不可靠了，虽然相关但非常不可靠的信息无法取得投资人的信赖。

我们认为，公允价值会计存在固有缺点，要确认资产的当前市价，特别是在金融机构中，将引起金融的不稳定性；而确认公允价值变动，又把已实现的收益和未实现的利得（损失）混淆起来，在金融危机条件下，进一步凸显公允价值信息的不可靠性。因为这个时期的公允价值变动可能是建立在不可观察的、主观估计的输入变量基础上的自行定价，这样的“公允价值”和“公允价值变动（未实现的利得与损失）”都谈不上公允，当然更不可信。

针对如何改进公允价值会计，2008年10月10日，FASB发布工作人员立场公告，即FSP-FAS157-3，为在市场不再活跃的情况下如何应用FAS157提供指导。这一公告是用一个例子说明当一项金融资产的市场不再活跃时如何计量该资产公允价值过程中的关键因素（key considerations）。FSP-FAS157-3第9段列举了三个方面的关键性原则：一是计量日不存在活跃市场时，如何判断可能在混乱或廉价出售的市场中，其交易价格是否可作为公允价值。二是允许在不可能获得可观察的市场数据时，使用主体自身关于未来现金流量按适当风险折现的现值为公允价值（实际上是接受三级估计）。三是如果市场不活跃，经纪人的报价（broker quotes）更多地依赖于模型定价，在考察这种报价时要考虑报价的性质，即要分析是指导性报价或是具有约束力的报价（a binding offer）。

IASB的改进方案则体现在2008年10月对IAS39和IFRS7的修订及2008年10月13日对金融资产重分类的最新修订。它允许金融资产在极少数情况下可进行重分类。这里提及的极少数情况是指在金融危机下，难于估计公正且可靠的公允价值时，对按公允价值初始确认并将公允价值变动计入当期损益的金融资产可按历史成本或摊余成本转入“持有至到期投资”（仅限债务工具）或“可供出售金融资产”

(仅限权益工具),重分类后公允价值变动不能再转入当期损益,如当地允许编制综合收益表,则可计入该表的其他综合收益(损失),其前提是主体有意图且有能力持有该资产至到期或持有该资产至可供出售。

即使做出以上改进,不少学者仍认为当前公允价值会计的做法存在根本缺陷。如果一家企业特别是投资银行、金融企业或其他企业的投资部门,按公允价值计量并在表内确认的资产占其全部资产的比重较大,源自这类资产的未实现利得和损失在其总利润中比重也较高。一旦该资产的市场不活跃,看不到有序交易,而市场的交易价格又飘忽不定(且以下挫和狂泻为特征)时,财务会计岂不变成财务估计?财务报表岂不报告虚假的信息?缺乏可观察的、有序交易形成的公开价格不可能是公正的,更何况公允价值还允许进行三级估计(模型再科学,数据不正确,其结果还是虚假的)。财务报表的表内列报的主体的净收益(净利润)包括已实现的收益和未实现的收益,歪曲了企业的经营、投资、理财业绩的真相,背离了财务会计与财务报表的基本质量要求,即必须如实反映一个主体的经济真实。考虑到公允价值仍是有用的计量属性,对于金融工具来说,它是最相关的计量属性;而对于衍生金融工具来说,它是唯一相关的计量属性。因此,公允价值不应被否定,FAS157也不应被中止。但这些信息最好都只在财务报表的表外予以披露而不必放入表内。1979年,FAS33关于物价变动与财务报告的关系的处理(表内仍保留历史成本计量与确认模式,而与物价变动有关的不变美元的计量和现行成本的计量等,均在表外的其他财务报告中披露),是一个可供借鉴的成功的历史经验。

四、我国现行准则体系中的计量模式

我国《企业会计准则——基本准则》第四十二条规定,会计计量属性包括:历史成本、重置成本、可变现净值、现值和公允价值。而在美国,财务会计准则委员会(FASB)可允许的计量是历史成本、现行成本/重置成本、现行市价、可变现净值和未来现金流量的现值五种。二者相比较,我国现行准则用公允价值代替了现行市价,将公允价值定义为在公平交易中,熟悉情况的交易双方自愿进行资产交换或债务清偿的金额。显然,公允价值的范围比现行市价要宽泛,现行市价是公允价值的一种表现形式。计量单位主要有名义货币和一般购买力货币。

概括来说,我国现行企业会计准则体系允许多种计量属性,历史成本计量模式与公允价值计量模式并存,并且以历史成本计量模式为主体。这种混合模式既与两种计量模式自身的局限性有关,没有任何一种计量模式可以完美计量一切要素,又与我国现阶段的市场化程度有关,满足不了某些会计要素采用公允价值计量模式的要求,历史成本计量模式有其存在的必要性。这种混合计量模式实际上体现了我国企业会计准则的“双重目标”定位。财政部颁布的《企业会计准则——基本准则》,对会计目标做出了明确规定:“财务会计报告的目标是向财务会计报告使用者提供与企业财务状况、经营成果和现金流量有关的会计信息,反映企业管理层受托责任的履行情况，有助于财务会计报告使用者做出经济决策”。这是我国第一次明确提出会计目标的概念，它所体现的是双重会计目标，兼顾了受托责任观和决策有用观。因此，在会计计量模式的选择方面也就采用了双重计量模式，即历史成本计量模式和公允价值计量模式同时并存，既要反映受托责任又要提供对决策有用的信息，既要重视会计信息的可靠性又要顾及会计信息的相关性，在保证会计信息基本可靠的前提下尽可能多地提供相关性信息以满足投资者决策的需要。

第二节　投资性房地产的公允价值计量问题

一、自建项目中投资性房地产的计量问题

（一）实践案例与准则背景

1. 案例资料

A公司自行建造物业，地下共3层，地上共16层，其中，负3层至7层拟建为用于出租的地下停车场及购物广场，剩余楼层为用于出售的房产。A公司采用公允价值模式计量投资性房地产。A公司因地下停车场、购物广场和将用于出售的房产属于同一个项目、部分开发成本需要在出租物业和出售物地之间进行分摊，所以，在建造过程中将整个物业作为存货（开发成本）核算。该物业主体于2×19年9月底竣工验收，2×20年第二季度，地下停车场、购物广场负1层至3层装修完工，A公司根据招商情况（含签订合同、意向书或者处于洽谈完成待签协议等情形）确定这些楼层的大部分面积可出租，达到预定可使用状态，且A公司预计购物广场可在年末全部完成装修实现整体开业。A公司在2×20年第二季度末先将地下停车场和购物广场负1层至3层从存货转入投资性房地产。地下停车场和购物广场负1层至3层根据评估确定的公允价值约为27.22亿元，开发成本约为9.3亿元，确认相关的递延所得税负债约为4.48亿元后，A公司2×20年上半年净利润增加约13.44亿元，其中归属于母公司所有者的净利润约为8.06亿元。

问题：A公司以存货核算地下停车场和购物广场是否符合企业会计准则的规定？在公允价值模式下，应如何对自建综合项目中部分物业作为投资性房地产进行核算和计量？

2. 相关准则规定

《企业会计准则第3号——投资性房地产》第三条规定，投资性房地产包括：“（1）已出租的土地使用权。（2）持有并准备增值后转让的土地使用权。（3）已出租的建筑物。”

《企业会计准则讲解（2010）》[①]第四章“投资性房地产”中分别对已出租的

① 财政部会计司编写组．企业会计准则讲解（2010）［M］．北京：人民出版社，2010.

建筑物和作为存货的房地产进行了明确区分：

“已出租的建筑物是指企业拥有产权的，以经营租赁方式出租的建筑物，包括自行建造或开发活动完成后用于出租的建筑物以及正在建造或开发过程中将来用于出租的建筑物。”

“作为存货的房地产通常是指房地产开发企业在正常经营过程中销售的或为销售而正在开发的商品房和土地。”

《企业会计准则讲解（2010）》还规定了采用公允价值模式计量投资性房地产需要满足的条件：“采用公允价值模式计量投资性房地产，应当同时满足以下两个条件：（1）投资性房地产所在地有活跃的房地产交易市场；（2）企业能够从房地产交易市场上取得同类或类似房地产的市场价格及其他相关信息，从而对投资性房地产的公允价值做出科学合理的估计。这两个条件必须同时具备，缺一不可。采用公允价值模式对投资性房地产进行后续计量的企业，对于在建投资性房地产（包括企业首次取得的在建投资性房地产），如果其公允价值无法可靠确定但预期该房地产完工后的公允价值能够持续可靠取得的，应当以成本计量该在建投资性房地产，其公允价值能够可靠计量时或完工后（两者孰早），再以公允价值计量。”“‘同类或类似’的房地产，对建筑物而言，是指所处地理位置和地理环境相同、性质相同、结构类型相同或相近、新旧程度相同或相近、可使用状况相同或相近的建筑物；对土地使用权而言，是指同一位置区域、所处地理环境相同或相近、可使用状况相同或相近的土地。”

另外，《国际会计准则第40号——投资性房地产》第65条规定：“当主体完成一项将按公允价值计价的自建投资性房地产的建造或开发活动时，在完成之日该项房地产的公允价值与其原先的账面金额之间的任何差额应确认为损益。”

（二）案例解析与讨论

本案例中，由于A公司建造地下停车场和购物广场时已明确为出租目的，符合投资性房地产的定义，故不应在建造过程中将其与为销售而开发的房产一起作为存货核算，而在建造期间即应作为投资性房地产核算和列报，归集地下停车场和购物广场整体的开发成本，不会产生随部分楼层的装修完工而在不同的会计科目中进行核算的情况。

对于在建物业中投资性房地产的计量问题，根据企业会计准则的规定，在公允价值模式下，如果在建投资性房地产的公允价值无法可靠确定但预期该房地产完工后的公允价值能够持续可靠取得的，应当以成本计量该在建投资性房地产，在其公允价值能够可靠计量时或完工后（两者孰早），再以公允价值计量。投资性房地产的公允价值高于其成本的差额，通过“公允价值变动损益”科目在利润表中反映。所以，如果A公司认为在建的地下停车场和购物广场的公允价值无法可靠取得，则应在公允价值能够可靠计量或完工时以公允价值计量，其公允价值大于账面成本的部分计入当期损益。

二、出租土地由他方建造物业的计量问题

（一）实践案例与准则背景

1. 案例资料

A公司将一块土地的使用权出租给B公司，并签署协议约定：租期为15年，每年租金500万元，B公司在该土地上投资建设通用生产经营建筑物（使用寿命在30年以上），投资额计划为5 000万元。建设项目的施工合同由A公司、B公司及施工方共同签署，A公司协助办理施工审批手续，相关的施工成本质量、工期的监理和验收由A公司、B公司双方共同负责，工程款项由B公司按工程进度支付给A公司，再由A公司支付给施工方。该建筑物（不含土地使用权）建设完成后，所有权归A公司，租赁开始日的公允价值约为1.5亿元。B公司在土地租赁期间拥有该建筑物的使用权。租赁期结束，该通用生产经营建筑物及其上附着的所有固定建筑物及设施的所有权及使用权均归A公司所有，且B公司应确保该建筑物交付时处于正常可使用状态。

问题：A公司应该如何对租用土地使用权、建设和使用建筑物进行核算？

2. 相关准则规定

《企业会计准则——基本准则》（2014年修订）第二十条和第二十一条对资产做出了规定："资产是指企业过去的交易或者事项形成的、由企业拥有或者控制的、预期会给企业带来经济利益的资源。企业过去的交易或者事项包括购买、生产、建造行为或其他交易或者事项。预期在未来发生的交易或者事项不形成资产。由企业拥有或者控制，是指企业享有某项资源的所有权，或者虽然不享有某项资源的所有权，但该资源能被企业所控制。预期会给企业带来经济利益，是指直接或者间接导致现金和现金等价物流入企业的潜力。""符合本准则第二十条规定的资产定义的资源，在同时满足以下条件时，确认为资产：（一）与该资源有关的经济利益很可能流入企业；（二）该资源的成本或者价值能够可靠地计量。"

《企业会计准则第21号——租赁》（2018年修订）第三十五条明确了融资租赁和经营租赁的区分原则："……融资租赁，是指实质上转移了与租赁资产所有权有关的几乎全部风险和报酬的租赁。其所有权最终可能转移，也可能不转移。经营租赁，是指除融资租赁以外的其他租赁……"

《企业会计准则第21号——租赁》（2018年修订）第三十六条也明确了融资租赁和经营租赁确认的一些情形："一项租赁属于融资租赁还是经营租赁取决于交易的实质，而不是合同的形式。如果一项租赁实质上转移了与租赁资产所有权有关的几乎全部风险和报酬，出租人应当将该项租赁分类为融资租赁。"

"一项租赁存在下列一种或多种情形的，通常分类为融资租赁：（一）在租赁期届满时，租赁资产的所有权转移给承租人。（二）承租人有购买租赁资产的选择权，所订立的购买价款与预计行使选择权时租赁资产的公允价值相比足够低，因而

在租赁开始日就可以合理确定承租人将行使该选择权。（三）资产的所有权虽然不转移，但租赁期占租赁资产使用寿命的大部分。（四）在租赁开始日，租赁收款额的现值几乎相当于租赁资产的公允价值。（五）租赁资产性质特殊，如果不做较大改造，只有承租人才能使用。”

“一项租赁存在下列一项或多项迹象的，也可能分类为融资租赁：（一）若承租人撤销租赁，撤销租赁对出租人造成的损失由承租人承担。（二）资产余值的公允价值波动所产生的利得或损失归属于承租人。（三）承租人有能力以远低于市场水平的租金继续租赁至下一期间。”

《企业会计准则第3号——投资性房地产》第三条规定：“本准则规范下列投资性房地产：（1）已出租的土地使用权。（2）持有并准备增值后转让的土地使用权。（3）已出租的建筑物。”

《企业会计准则讲解（2010）》第四章“投资性房地产”中规定：“已出租的建筑物是指企业拥有产权的、以经营租赁方式出租的建筑物，包括自行建造或开发活动完成后用于出租的建筑物以及正在建造或开发过程中将来用于出租的建筑物。”

（二）案例解析与讨论

1. 对建筑物是否为A公司资产的讨论

本案例中，虽然B公司是建筑物的投资建造者，根据《企业会计准则——基本准则》第二十条和第二十一条对于资产的定义，A公司与B公司的协议约定属于“其他交易或者事项”，A公司享有该建筑物的所有权，而A公司与B公司的交易实质上相当于B公司通过代A公司出资建造该地上建筑物等资产，相对应地取得一段期间内该资产的使用权。对A公司而言，该建筑物符合准则中资产的定义和资产的确认条件，因此可确认该建筑物为A公司的资产。对B公司而言，该建筑物的使用权实质上是通过租赁获得的。

2. 对租赁类型的讨论

建成后，首先，B公司在土地租赁期间（15年）享有该建筑物的使用权，但是租赁期与该建筑物的使用寿命（30年以上）相比不占大部分；其次，B公司的投资建设金额（5 000万元）与该建筑物租赁开始日的公允价值（1.5亿元）相比不相当；再次，租赁期届满时，该建筑物的所有权没有转移给B公司，B公司也没有购买该建筑物的选择权，并且该建筑物为通用生产经营建筑物，使用范围不仅限于B公司。综上可以判断，与该建筑物所有权有关的几乎全部风险和报酬实质上并未转移，应该视为A公司以经营租赁的方式出租给B公司。

3. 该房地产项目的计量问题

根据以上分析我们可以得出，A公司对该建筑物应按投资性房地产进行核算，计量模式应根据A公司的会计政策确定。采用成本模式时，A公司应将B公司支付的投资工程款（5 000万元）作为该投资性房地产初始成本的一部分，并将该金额确认为一项递延收益，在租赁期内分期确认为租赁收入，该投资性房地产的后续计量适用固定资产准则。采用公允价值计量模式时，B公司支付的投资工程款的会计处理与成本模式下相同（即作为投资性房地产初始成本的一部分，并确认为递延收益在租赁期内分摊），该投资性房地产的后续公允价值计量变动应计入当期损益。

第三节　金融工具的公允价值计量问题

一、金融工具存在活跃市场的判断

根据企业会计准则，企业初始确认金融资产或金融负债时，应当按照公允价值计量。公允价值是指市场参与者在计量日发生的有序交易中，出售一项资产所能收到或者转移一项负债所需支付的价格。而企业在计量金融工具的公允价值时，首先要对活跃市场进行辨析，在某些情况下，如对于未上市流通的股份，往往在确定活跃市场方面存在困难。

（一）实践案例与准则背景

A上市公司将其持有的某H股上市公司的内资股份作为以公允价值计量且其变动计入当期损益的金融资产核算。该H股上市公司采用直接以中国境内股份公司为发行主体，向中国香港联交所申请发行境外上市外资股股票并在中国香港联交所上市交易的模式。那么，该如何确定上述内资股份的公允价值呢？

《企业会计准则第39号——公允价值计量》第九条规定，企业以公允价值计量相关资产或负债，应当假定出售资产或者转移负债的有序交易在相关资产或负债的主要市场进行。不存在主要市场的，企业应当假定该交易在相关资产或负债的最有利市场进行。主要市场，是指相关资产或负债交易量最大和交易活跃程度最高的市场。最有利市场，是指在考虑交易费用和运输费用后，能够以最高金额出售相关资产或者以最低金额转移相关负债的市场。

《企业会计准则第39号——公允价值计量》第十一条规定：“主要市场（或最有利市场）应当是企业在计量日能够进入的交易市场，但不要求企业于计量日在该市场上实际出售资产或者转移负债。”

《〈企业会计准则第39号——公允价值计量〉应用指南》中规定，企业以公允价值计量相关资产或负债的，类似资产或负债在活跃市场或非活跃市场的报价为该资产或负债的公允价值计量提供了依据，但企业需要对该报价进行调整。企业在确定哪些资产或负债与相关资产或负债类似时，需要进行判断。

（二）案例解析与讨论

对于本案例中相关内资股份的公允价值的确定，实务中存在不同的观点：一种观点认为，应以持有股份的港股价格为基础确认公允价值；另一种观点认为，由于A公司所持有H公司内资股份未上市流通，计量日A公司不能进入中国香港联交所对内资股权进行交易，可以判断中国香港联交所并不是该内资股权的主要市场或最有利市场，因此，港股价格不能直接作为内资股权的公允价值。

根据《〈企业会计准则第39号——公允价值计量〉应用指南》及相关规定，企业以公允价值计量相关资产或负债的，类似资产或负债在活跃市场或非活跃市场的报价为该资产或负债的公允价值提供了依据，但企业需要对该报价进行调整。结合案例情况，上市公司持有的内资股份虽然不存在活跃市场，但是在被投资企业股份已经在中国香港联交所上市交易的情况下，可以认为存在类似资产在活跃市场的报价，这为A公司所持有H公司未上市流通内资股权公允价值的可靠计量提供了基础。因此，上市公司可以以港股价格为基础，在考虑港股价格和内地市场价值关系、内资股份本身转让限制等影响公允价值因素的基础上，结合企业在中国香港联交所已公开披露的相关经营及财务信息，采用恰当的估值技术，对所持有的内资股权的公允价值予以合理估计。

二、金融工具分类的辨析

根据《企业会计准则第22号——金融工具确认和计量》，金融工具有四种分类，其中对于权益工具投资，企业可以将其指定为以公允价值计量且其变动计入其他综合收益的金融资产，对此类资产的指定、计量存在一定的辨析难度。

（一）实践案例与准则背景

1. 案例资料

2×20年，A公司参与成立了B合伙企业并作为有限合伙人，出资金额为1 000万元，持股比例为10%，没有重大影响。B合伙企业的存续期限为20年。A公司管理层认为，对该项投资的持有目的不是近期出售，所以将其指定为以公允价值计量且其变动计入其他综合收益的金融资产。

问题：对B合伙企业的投资是否可以指定为以公允价值计量且其变动计入其他综合收益的金融资产？

2. 相关准则规定

2017年修订的《企业会计准则第22号——金融工具确认和计量》第十九条对非交易性权益工具投资的分类进行了规定："在初始确认时，企业可以将非交易性权益工具投资指定为以公允价值计量且其变动计入其他综合收益的金融资产，并按照本准则第六十五条规定确认股利收入。该指定一经做出，不得撤销。企业在非同一控制下的企业合并中确认的或有对价构成金融资产的，该金融资产应当分类为以公允价值计量且其变动计入当期损益的金融资产，不得指定为以公允价值计量且其变动计入其他综合收益的金融资产。"

2017年修订的《企业会计准则第37号——金融工具列报》第九条明确规范了将金融工具分类为权益工具的原则："权益工具，是指能证明拥有某个企业在扣除所有负债后的资产中的剩余权益的合同。在同时满足下列条件的情况下，企业应当将发行的金融工具分类为权益工具：（一）该金融工具应当不包括交付现金或其他金融资产给其他方，或在潜在不利条件下与其他方交换金融资产或金融负债的合同义务；（二）将来须用或可用企业自身权益工具结算该金融工具。如为非衍生工具，该金融工具应当不包括交付可变数量的自身权益工具进行结算的合同义务；如为衍生工具，企业只能通过以固定数量的自身权益工具交换固定金额的现金或其他金融资产结算该金融工具。企业自身权益工具不包括应按照本准则第三章分类为权益工具的金融工具，也不包括本身就要求在未来收取或交付企业自身权益工具的合同。”

2018年修订的《〈企业会计准则第22号——金融工具确认和计量〉应用指南》对权益工具投资中的“权益工具”进行了规范：“权益工具投资中的‘权益工具’，是指对于工具发行方来说，满足《企业会计准则第37号——金融工具列报》中权益工具定义的工具。”

（二）案例解析与讨论

新金融工具准则下指定为以公允价值计量且其变动计入其他综合收益的金融资产的门槛并不高，只要同时满足以下三个条件：（1）满足权益工具的定义；（2）持有意图上属于非交易性；（3）不是非同一控制下的企业合并中确认的或有对价。

新金融工具准则明确了投资方如何区分权益工具投资和债务工具投资。根据《〈企业会计准则第22号——金融工具确认和计量〉应用指南》（2018年修订）的规定，权益工具投资中的“权益工具”，是指对于工具发行方来说，满足《企业会计准则第37号——金融工具列报》（2017年修订）中权益工具定义的工具。需要关注的是，此处权益工具的定义并不完全等同于从发行方角度看是否将该工具分类为权益工具，因为存在一类符合金融负债定义但是被分类为权益工具的特殊金融工具（包括可回售工具和发行方仅在清算时才有义务向另一方按比例交付其净资产的金融工具），这类工具的发行人可以将其分类为权益工具，但是工具本身却并不符合权益工具的定义。因此，一项金融资产只有满足权益工具的定义，才符合被指定为以公允价值计量且其变动计入其他综合收益的金融资产的条件。

本案例中，B合伙企业的存续期限为20年，如果满足《企业会计准则第37号——金融工具列报》（2017年修订）规定的其他条件，B合伙企业的份额可能属于发行方仅在清算时才有义务向另一方按比例交付其净资产的特殊金融工具，在B合伙企业层面可以作为权益工具核算。但是，本案例中合伙企业有限合伙人（LP）所持股份这类特殊金融工具并不满足权益工具的定义，因为其只承担有限风险，往往在投资协议中约定清偿时的优先权利或损失限制。所以，A公司不能将其指定为以公允价值计量且其变动计入其他综合收益的金融资产。

三、金融工具后续计量问题

（一）实践案例

A公司自2×18年1月1日起执行新金融工具准则。2×17年6月30日，A公司购入B（上市）公司5%的股权，交易价格为500万元，不考虑相关交易费用。A公司对B公司没有重大影响，且交易意图也不是为了近期出售，因此将其分类为可供出售金融资产。

2×17年12月31日，B公司5%股权的公允价值仍为500万元。

2×18年1月1日，A公司将对B公司的股权投资指定为以公允价值计量且其变动计入其他综合收益的金融资产。

2×18年6月30日，B公司5%股权的公允价值为550万元。

2×18年8月，A公司将所持有的B公司股权按照市价全部出售，交易价格为580万元。

问题：该项投资在处置日应如何进行会计处理?

（二）案例讨论

初始确认后，企业应当对不同类别的金融资产，分别以摊余成本、以公允价值计量且其变动计入其他综合收益或以公允价值计量且其变动计入当期损益进行后续计量。2017年修订的《企业会计准则第22号——金融工具确认和计量》第四十四条和第六十九条对金融工具的后续计量进行了明确规范：

“企业对权益工具的投资和与此类投资相联系的合同应当以公允价值计量。”

“企业根据本准则第十九条规定将非交易性权益工具投资指定为以公允价值计量且其变动计入其他综合收益的金融资产的，当该金融资产终止确认时，之前计入其他综合收益的累计利得或损失应当从其他综合收益中转出，计入留存收益。”

根据新金融工具准则的规定，一项权益工具投资在被指定为以公允价值计量且其变动计入其他综合收益的金融资产后，企业应始终按照公允价值对该项投资进行后续计量，并将公允价值变动计入其他综合收益；在该项资产终止确认时，之前计入其他综合收益的累计利得或损失应当从其他综合收益中转出，计入留存收益，不得回转损益。

本案例中，2×18年6月30日，该项投资的公允价值为550万元，累计的公允价值变动50万元（550-500）应计入其他综合收益。在处置日，企业应首先将该项投资按照公允价值580万元计量，并将公允价值变动30万元（580-550）计入其他综合收益，然后将计入其他综合收益的累计金额80万元（50+30）转出至留存收益，而不会因处置该项资产对损益产生任何影响，即处置损益为0。

第四节 长期股权投资初始计量：分步取得股权案例

一、实践案例与准则背景

1. 案例资料

2×17年7月1日，A（上市）公司以现金2 000万元购入B公司10%的股权，对B公司不拥有控制、共同控制或重大影响，将其作为可供出售金融资产核算。

2×19年1月1日，A公司采用了2017年修订的《企业会计准则第22号——金融工具确认和计量》（以下简称新金融工具准则），并将持有的B公司的10%股权指定为以公允价值计量且其变动计入其他综合收益的金融资产。

2×19年7月1日，A公司从其他股东处以现金购入B公司20%的股权（即A公司累计持有B公司30%的股权），对B公司具有重大影响并改按权益法核算。A公司原持有的B公司10%的股权在2×19年7月1日的公允价值为2 800万元，累计计入其他综合收益的公允价值变动为800万元（2 800−2 000）。

问题：在施行新金融工具准则的情况下，A公司应如何处理之前持有的B公司10%股权已发生公允价值变动的部分？

2. 相关准则规定

2006年发布的《企业会计准则第22号——金融工具确认和计量》第三十八条和2017年修订后的第六十九条分别对可供出售金融资产和指定为以公允价值计量且其变动计入其他综合收益的金融资产的终止确认进行了规范：

"可供出售金融资产公允价值变动形成的利得或损失，除减值损失和外币货币性金融资产形成的汇兑差额外，应当直接计入所有者权益，在该金融资产终止确认时转出，计入当期损益。"

"企业根据本准则第十九条规定将非交易性权益工具投资指定为以公允价值计量且其变动计入其他综合收益的金融资产的，当该金融资产终止确认时，之前计入其他综合收益的累计利得或损失应当从其他综合收益中转出，计入留存收益。"

当上市公司通过追加投资而对被投资单位具有重大影响时，《企业会计准则第2号——长期股权投资》（2014年修订）第十四条做出明确规范：

"投资方因追加投资等原因能够对被投资单位施加重大影响或实施共同控制但不构成控制的，应当按照《企业会计准则第22号——金融工具确认和计量》确定的原持有的股权投资的公允价值加上新增投资成本之和，作为改按权益法核算的初始投资成本。原持有的股权投资分类为可供出售金融资产的，其公允价值与账面价值之间的差额，以及原计入其他综合收益的累计的公允价值变动应当转入改按权益法核算的当期损益。"

《企业会计准则第33号——合并财务报表》（2014年修订）第四十八条则对企业因追加投资等原因能够对非同一控制下的被投资方实施控制的情况进行了规范：

“企业因追加投资等原因能够对非同一控制下的被投资方实施控制的，在合并财务报表中，对于购买日之前持有的被购买方的股权，应当按照该股权在购买日的公允价值进行重新计量，公允价值与其账面价值的差额计入当期投资收益；购买日之前持有的被购买方的股权涉及权益法核算下的其他综合收益等的，与其相关的其他综合收益等应当转为购买日所属当期收益。”

此外，国际财务报告准则对企业分步实现企业合并的情况做出明确规定：“在分阶段实现的企业合并中，购买方要将其先前持有的被购买方权益按照购买日的公允价值进行重新计量，并确认因此而产生的利得或损失（如果有的话），将其视情况计入损益或其他综合收益。在之前的报告期内，购买方可能已经在其他综合收益中确认了被购买方权益价值的变动。如果是这种情况的话，购买方在其他综合收益中已确认的金额，应按照与其直接处置之前持有的权益投资相同的基础予以确认。”

二、案例解析与讨论

本案例有一系列的问题值得思考：长期股权投资准则提及的从金融资产转为对被投资单位具有重大影响或共同控制，是否属于新金融工具准则所规定的金融资产终止确认？是否需要将以前确认的其他综合收益转入留存收益而非当期损益？新金融工具准则与现行长期股权投资准则的规定如何协调？

按照2006年发布的金融工具准则，上市公司持有的不具有控制、共同控制或重大影响的被投资单位股权，通常作为可供出售金融资产核算，持有期间的公允价值变动计入其他综合收益。当上市公司通过追加投资而对被投资单位具有重大影响时，根据长期股权投资准则相关规定，应将之前持有的与股权投资相关的原计入其他综合收益的累计公允价值变动转入当期损益。该处理方法与2006年的金融工具准则关于终止确认可供出售金融资产的规定一致。

在2017年修订的新金融工具准则下，上市公司持有的不具有控制、共同控制或重大影响的被投资单位股权，可以指定为以公允价值计量且其变动计入其他综合收益的金融资产。根据新金融工具准则的相关规定，将非交易性权益工具投资指定为以公允价值计量且其变动计入其他综合收益的金融资产的，当该金融资产终止确认时，之前计入其他综合收益的累计利得或损失应当从其他综合收益中转出至留存收益，而非当期损益。

对于上述准则之间的协调，应当以最新修订准则的规定为主要依据进行会计处理，即按照新金融工具准则将非交易性权益工具投资指定为以公允价值计量且其变动计入其他综合收益的金融资产的，当后续取得重大影响或共同控制时，与其相关的原计入其他综合收益的累计公允价值变动应转入留存收益，而非当期损益。因此，本案例中，A公司应在取得B公司重大影响时（即2×19年7月1日），将之前持有的与B公司10%股权相关的累计公允价值变动（即800万元）从其他综合收益转出至留存收益。

第五节　长期股权投资后续计量：被动稀释案例

一、股权被动稀释应否比照股权处置确认损益调整

由于联营企业向其他投资方增发股份，投资方持有联营企业的股权比例下降，但仍未丧失重大影响。在该种情况下，投资方应该如何核算因股权比例下降而导致享有联营企业净资产份额的变化。例如，被投资单位首次公开募集资金或者接受另一股东单方面增资而导致净资产变动，虽然投资方的持股比例被稀释了，但投资方对该联营企业仍然具有重大影响。企业会计准则正文、指南和讲解均只涉及在持股比例不变的情况下被投资单位除净损益以外的净资产发生变动时的会计处理，而没有涉及在持股比例发生变化的情况下的会计处理。

（一）实践案例

A公司是一家上市公司，2×15年1月1日，A公司以1 100万元现金取得B公司400万股股票，占B公司总股份的25%，并对B公司形成重大影响。2×15年1月1日，B公司可辨认净资产公允价值为4 000万元。2×16年7月1日，B公司向C公司定向增发新股400万股，C公司以2 000万元现金进行认购。增发股份后，A公司对B公司仍具有重大影响。2×15年1月1日至2×16年6月30日期间，以2×15年1月1日B公司可辨认净资产公允价值为基础计算，B公司累计实现净利润800万元。除所实现的利润外，在此期间，B公司所有者权益无其他变动。

问题：A公司应该如何进行会计处理？

（二）案例讨论

企业会计准则并未明确规定这种交易类型的会计处理方法，我们参考国际财务报告准则的相关指引。《国际会计准则第28号——对联营企业投资的会计》第19段A（以下简称19段A）规定："如果投资单位对被投资单位的持股比例下降，但该被投资单位仍为投资单位的联营企业时，投资单位应当按比例将原在其他综合收益中确认的利得和损失结转至当期收益。"

此外，国际财务报告解释委员会在其2009年5月和7月的讨论会议中也提及："19段A提供了当投资单位对被投资单位的持股比例下降，但该被投资单位仍为投资单位的联营企业时，如何处理其他综合收益的指引。虽然国际财务报告准则没有关于应当如何在股权被动稀释的情况下确认当期损益的明确指引，但是19段A提及的'按比例将原在其他综合收益中确认的利得和损失结转至当期损益'的做法，应当是一个普遍适用的处理方法，适用于所有持股比例减少的情况，而不论持股比例是如何减少的。"国际财务报告解释委员会在其2012年3月的讨论会议中又再次指出："当主体在联营企业中的股权比例减少时，无论是直接还是间接减少，其影响应当计入当期损益。"

由此可见，根据国际财务报告准则的相关规定，被动稀释引起的权益变动金额应计入当期损益。据此，本案例正确的会计处理应当如下：

2×15年1月1日，A公司取得B公司的长期股权投资，采用权益法核算，占B公司可辨认净资产公允价值的份额为4 000×25%=1 000（万元），确认长期股权投资成本为1 000万元，包括商誉100万元。

2×15年1月至2×16年6月，A公司累计确认投资收益800×25%=200（万元），同时增加长期股权投资账面价值200万元。2×16年6月30日，A公司对B公司长期股权投资账面价值为1 100+200=1 300（万元）。

B公司向C公司定向增发股份后，A公司在B公司所持股份比例变为400÷（1 600+400）×100%=20%。B公司因定向发行股份导致所有者权益增加2 000万元，归属于A公司的份额为2 000×20%=400（万元）。

A公司对B公司持股比例减少了25%−20%=5%，相当于处置了5%÷25%×100%=20%的长期股权投资，视同处置长期股权投资的账面价值为1 300×20%=260（万元）。

本案例中，应结转持股比例下降部分的长期股权投资账面价值（即260万元）与新的持股比例确认归属于本公司的被投资单位增发股份导致的净资产增加份额（即400万元）的差额共计140万元，因此，长期股权投资账面价值应当调增140万元，同时确认140万元的投资收益。

（三）案例启示

通过本案例我们可以体会到，持股比例被动稀释与直接的股权处置并没有任何本质差异，均为股权的处置，仅仅是表现形式不同而已。按照企业会计准则的相关规定，处置长期股权投资时，其账面价值与实际取得价款的差额应当计入当期损益。对于原以权益法核算的长期股权投资，如果持股比例下降后对被投资单位仍具有重大影响，剩余投资仍按照权益法核算。其中，出售部分股权导致持股比例下降的，应将实际取得价款与按出售股权比例计算应结转长期股权投资账面价值之间的差额计入当期损益。有与被投资单位增发股份、投资方未同比例增资导致持股比例下降的，持股比例下降部分视同长期股权投资处置，按新的持股比例确认归属于本公司的被投资单位增发股份导致的净资产增加份额，与应结转持股比例下降部分的长期股权投资账面价值之间的差额计入当期损益。换言之，在持股数量不变、持股比例却被稀释的情况下，应结转持股比例下降部分的长期股权投资账面价值（即处置投资的账面价值）与按新的持股比例确认归属于本公司的被投资单位增发股份导致的净资产增加份额（即实际取得价款）的差异，计入当期损益。

二、股权被动稀释应否调整相关内含商誉

（一）实践案例与准则背景

1. 案例资料

A（上市）公司以前年度购入B公司40%的股权，将B公司作为联营企业采用

权益法核算。2×18年12月1日，因其他投资方向B公司增资，导致A公司的持股比例被稀释为30%，股权稀释后A公司仍对B公司采用权益法核算。股权稀释之前，A公司对B公司的长期股权投资余额中包含初始投资时形成的“内含商誉”4 000万元（即投资金额超过被投资方可辨认净资产相应份额的部分）。

问题：A公司因被动稀释而调整B公司长期股权投资的账面价值时，是否应当按比例结转初始投资时形成的“内含商誉”？

2. 相关准则规定

《企业会计准则第2号——长期股权投资》（2014年修订）第十一条规定：“投资方对于被投资单位除净损益、其他综合收益和利润分配以外所有者权益的其他变动，应当调整长期股权投资的账面价值并计入所有者权益。”

《企业会计准则解释第7号》（财会〔2015〕19号）也明确指出：“投资方因其他投资方对其子公司增资而导致本投资方持股比例下降，从而丧失控制权但能实施共同控制或施加重大影响的……投资方应当区分个别财务报表和合并财务报表进行相关会计处理：（一）在个别财务报表中，应当对该项长期股权投资从成本法转为权益法核算。首先，按照新的持股比例确认本投资方应享有的原子公司因增资扩股而增加净资产的份额，与应结转持股比例下降部分所对应的长期股权投资原账面价值之间的差额计入当期损益；然后，按照新的持股比例视同自取得投资时即采用权益法核算进行调整。（二）在合并财务报表中，应当按照《企业会计准则第33号——合并财务报表》的有关规定进行会计处理。”

（二）案例解析与讨论

根据上述准则的规定，在投资方处置部分股权但仍对被投资单位采用权益法核算的情况下，投资方在结转长期股权投资的账面价值及计算处置股权产生的投资损益时，应当按比例结转初始投资时形成的“内含商誉”。

然而，对于因其他投资方对被投资单位增资而导致投资方的持股比例被稀释，且稀释后投资方仍对被投资单位采用权益法核算的情况下，投资方在调整相关长期股权投资的账面价值时是否应当按比例结转初始投资时形成的“内含商誉”，实务中存在下述两种观点：

观点一认为，在持股比例被稀释的情况下，将长期股权投资中的“内含商誉”转出，从准则层面看没有依据。长期股权投资准则规定：“投资方对于被投资单位除净损益、其他综合收益和利润分配以外所有者权益的其他变动，应当调整长期股权投资的账面价值并计入所有者权益。”从字面上可以将其理解为，投资方仅需就其享有的被投资单位所有者权益份额的变动进行处理，而不需按照部分处置股权投资的原则处理。因此，投资方在持股比例被稀释的情况下，无须调整初始投资时形成的“内含商誉”，因为“内含商誉”不会导致被投资方所有者权益份额发生变动。

观点二认为，应当将长期股权投资中的“内含商誉”按稀释比例进行结转。长期股权投资准则规定，在权益法下，将股权稀释的影响计入所有者权益而非当期损益，并不代表准则不认可该交易的实质为投资方用部分原持有股权“交换”按新的比例享有的被投资单位新增资源（即其他投资者新注入被投资单位的资本）。准则仅仅是基于谨慎性的原则，要求投资方将该“交换”的财务影响暂时计入所有者权益，直至实际处置股权时转入当期损益。因此，在计算换出的原持有股权的账面价值时，需要考虑其中包含的“内含商誉”，即将“内含商誉”按稀释比例进行结转（本例中的结转金额为4 000÷40%×10%=1 000（万元）），进而计算股权稀释的影响金额，并将该金额计入所有者权益。

综合考量，观点二更符合准则的内在逻辑，即投资方因股权比例被稀释而“间接”处置长期股权投资的情况下，相关“内含商誉”的结转与投资方直接处置长期股权投资应保持一致。

第六节　商誉后续计量：资产组和可收回金额的辨析

一、实践案例

（一）案例一

甲上市公司于2×18年8月收购A影院投资公司的100%股权，股权收购对价为4亿元。其中，A公司在购买日有18家子公司，均在不同的城市或地区独立运营影院。甲公司将股权收购对价与可辨认净资产公允价值的差额3.5亿元确认为商誉。2×18年年末，甲公司对上述商誉计提2.7亿元的减值准备。在2×18年和后续的商誉减值测试中，甲公司的处理原则如下：

（1）资产组只包括两家子公司。经对A公司的18家子公司在购买日的净资产进行评估，只有两家处于盈利状态的子公司（C公司和D公司）的购买对价高于其可辨认净资产公允价值，因此公司将上述两家子公司作为与商誉相关的资产组。2×19年度，A公司又新设立26家子公司（其中，15家系甲公司确定购买对价时A公司已承诺将新设的公司，剩余11家系A公司在购买日后根据新的经营计划所新设的公司），同样均在不同的城市或地区独立运营影院。2×19年年末，公司对商誉进行减值测试时以购买日的两家子公司作为与商誉相关的资产组，产生了较大金额的商誉减值。公司认为，新增设的26家子公司尚不能量化计入本次商誉减值测试所在资产组组合，因为新设立的26家子公司虽然全部为A公司的全资子公司，但购买日确定的与商誉相关的资产组只有两家子公司（C公司和D公司）。因此，在2×19年年末进行商誉减值测试时，仍以C公司和D公司作为与商誉相关的资产组，未改变与商誉相关的资产组的范围。

（2）可收回金额仅考虑未来现金流量现值的方法。公司在进行减值测试时，仅采用资产组预计未来现金流量的现值计算资产组的可收回金额，而未考虑资产组的公允价值减去处置费用后的净额。公司认为，在进行商誉减值测试时，相关资产组不存在销售协议和资产活跃市场，即使采用相同或类似资产组交易案例的估值方法也不可行。基于上述原因，公司无法获取相关资产组的公允价值，因此，根据资产组的公允价值减去处置费用后的净额确定资产组的可收回金额不具备基础。由于商誉所涉及的资产组的未来现金流量可预测，因此，本次商誉减值测试采用资产组预计未来现金流量的现值计算资产组的可收回金额。

（二）案例二

2×10年，甲上市公司购入乙公司的100%股权，合并成本为6.2亿元，乙公司可辨认净资产公允价值为5.9亿元，差额0.3亿元形成合并报表商誉。

乙公司主要从事房地产开发和租赁业务，在购买日，乙公司的账面资产主要包括货币资金、应收款项、存货（已完工商品房）及固定资产（自用房屋建筑物）等。甲公司认为，与商誉相关的能够从企业合并的协同效应中受益的资产组包括存货及固定资产项目。出于商誉减值测试的目的，甲公司根据《乙公司资产评估报告书》的评估结果，将乙公司相关商誉的账面价值在购买日按评估价值分摊至每一项存货及固定资产（假设每个项目均构成资产组）。部分存货及固定资产项目自2×10年至2×18年陆续开盘售出。

公司在后续每年的商誉减值测试过程中，将商誉相关的资产（存货及固定资产）分为“地产开发业务资产组”和“物业出租业务资产组”两个资产组，其中“地产开发业务资产组”为存货项目的资产组合。公司认为，因“地产开发业务资产组”中每年年末均有未来可开发楼盘项目的预计未来现金流入，并且经测试其预计未来现金净流入的现值远远高于分摊商誉后资产组的账面价值，因此，虽然该资产组在各年度均有地产项目出售，但整体资产组对应的商誉不需要计提减值。截至2×18年12月31日，乙公司已无新的可开发楼盘。公司考虑到地产开发业务的对应资产基本已售完，同时，公司近期无新的地产开发计划，因此，截至2×18年年末，乙公司“地产开发业务资产组”已无对应的现金流入，公司2×18年对“地产开发业务资产组”分摊的商誉全额计提减值2 659.32万元，占公司2×18年净利润的27.67%。

二、准则背景

1. 有关资产组

《企业会计准则第8号——资产减值》第十八条规定：“有迹象表明一项资产可能发生减值的，企业应当以单项资产为基础估计其可收回金额。企业难以对单项资产的可收回金额进行估计的，应当以该资产所属的资产组为基础确定资产组的可收回金额。

资产组的认定，应当以资产组产生的主要现金流入是否独立于其他资产或者资产组的现金流入为依据。同时，在认定资产组时，应当考虑企业管理层管理生产经营活动的方式（如是按照生产线、业务种类还是按照地区或者区域等）和对资产的持续使用或者处置的决策方式等。

资产组一经确定，各个会计期间应当保持一致，不得随意变更。如需变更，企业管理层应当证明该变更是合理的，并根据本准则第二十七条的规定在附注中做相应说明。”

《企业会计准则第8号——资产减值》第十九条规定：“资产组账面价值的确定基础应当与其可收回金额的确定方式相一致。

资产组的账面价值包括可直接归属于资产组与可以合理和一致地分摊至资产组的资产账面价值，通常不应当包括已确认负债的账面价值，但如不考虑该负债金额就无法确定资产组可收回金额的除外。

资产组的可收回金额应当按照该资产组的公允价值减去处置费用后的净额与其预计未来现金流量的现值两者之间较高者确定。

资产组在处置时如要求购买者承担一项负债（如环境恢复负债等）、该负债金额已经确认并计入相关资产账面价值，而且企业只能取得包括上述资产和负债在内的单一公允价值减去处置费用后的净额的，为了比较资产组的账面价值和可收回金额，在确定资产组的账面价值及其预计未来现金流量的现值时，应当将已确认的负债金额从中扣除。”

《企业会计准则第8号——资产减值》第二十四条规定：“企业进行资产减值测试，对于因企业合并形成的商誉的账面价值，应当自购买日起按照合理的方法分摊至相关的资产组。难以分摊至相关的资产组的，应当将其分摊至相关的资产组组合。

在将商誉的账面价值分摊至相关的资产组或者资产组组合时，应当按照各资产组或者资产组组合的公允价值占相关资产组或者资产组组合公允价值总额的比例进行分摊。公允价值难以可靠计量的，按照各资产组或者资产组组合的账面价值占相关资产组或者资产组组合账面价值总额的比例进行分摊。

企业因重组等原因改变了其报告结构，从而影响到已分摊商誉的一个或者若干个资产组或者资产组组合构成的，应当按照与本条前款规定相似的分摊方法，将商誉重新分摊至受影响的资产组或者资产组组合。”

《企业会计准则讲解（2010）》第九章“资产减值”中指出：“为了进行资产减值测试，因企业合并形成的商誉的账面价值，应当自购买日起按照合理的方法分摊至相关的资产组；难以分摊至相关的资产组的，应当将其分摊至相关的资产组组合。这些相关的资产组或者资产组组合应当是能够从企业合并的协同效应中受益的资产组或者资产组组合，应当代表企业基于内部管理目的对商誉进行监控的最低水平，但不应当大于按照《企业会计准则第35号——分部报告》所确定的报告分部。”

2. 有关可收回金额

《企业会计准则第8号——资产减值》第六条规定：“可收回金额应当根据资产的公允价值减去处置费用后的净额与资产预计未来现金流量的现值两者之间较高者

确定。

处置费用包括与资产处置有关的法律费用、相关税费、搬运费以及为使资产达到可销售状态所发生的直接费用等。”

《企业会计准则第8号——资产减值》第七条规定：“资产的公允价值减去处置费用后的净额与资产预计未来现金流量的现值，只要有一项超过了资产的账面价值，就表明资产没有发生减值，不需再估计另一项金额。”

《企业会计准则第8号——资产减值》第八条规定：“资产的公允价值减去处置费用后的净额，应当根据公平交易中销售协议价格减去可直接归属于该资产处置费用的金额确定。

不存在销售协议但存在资产活跃市场的，应当按照该资产的市场价格减去处置费用后的金额确定。资产的市场价格通常应当根据资产的买方出价确定。

在不存在销售协议和资产活跃市场的情况下，应当以可获取的最佳信息为基础，估计资产的公允价值减去处置费用后的净额，该净额可以参考同行业类似资产的最近交易价格或者结果进行估计。

企业按照上述规定仍然无法可靠估计资产的公允价值减去处置费用后的净额的，应当以该资产预计未来现金流量的现值作为其可收回金额。”

三、案例讨论

本节值得讨论的问题是上述案例中公司在进行商誉减值测试时，有关资产组的设定是否正确？确定可收回金额的方法是否正确？

1. 对资产组合理确认的讨论

案例一中，由于并购取得的18家子公司及2×19年新增的子公司均在不同的城市或地区独立运营影院，因此通常认为，每家影院子公司的全部资产构成产生现金流入的最小资产组，这里所指的现金流在很大程度上独立于其他资产或者资产组的现金流。所以，每家影院子公司是一个资产组。

准则的规定是要求对企业合并中取得的商誉应当于取得日分摊到购买方预计能从企业合并的协同效应中受益的每一资产组或资产组组合，因此，并非并购进来的所有资产都必然包含商誉，即商誉并不一定分摊至被购买方的所有资产组。如果购买方认为商誉仅与两家盈利公司相关，则可只分摊至两家盈利公司相关的资产组，但应在附注中披露该情况，即应披露其预计能从企业合并的协同效应中受益的资产组组成情况及其原因。

对于后续期间新增的资产组，同样应分析该类资产组是否属于预计能从企业合并的协同效应中受益的资产组，而该协同效应所产生的收益通常会反映在其购买对价中。换言之，分摊商誉的资产组仅包含购买方在确定其购买对价时预计未来现金流量所对应的资产组。案例一中，甲公司在确定购买A公司的对价时，考虑了A公司承诺未来将新增15家公司的现金流量，故分摊商誉的资产组应包含新增的15家公司，不应包含剩余的11家公司。

案例二中，管理层于购买日将商誉分摊至每一项存货及固定资产，表明其最低监控水平为每一项存货及固定资产，其后又改为开发和出租两个组合，管理层应当证明并披露该变更，其是否有合理原因以及确凿证据支持其监控水平发生了变化。如果没有合理证据支持这种重分类，企业应当维持其资产分组的一致性。本案例中，则需要根据每一项存货及固定资产的销售分期结转相关商誉，而不是在2×18年年末一次性计提减值。

2. 对可收回金额确定的讨论

资产减值准则将可收回金额定义为资产的公允价值减去处置费用后的净额与资产预计未来现金流量的现值两者之间较高者。然而，并不总是需要同时对两者进行确定。如果资产的公允价值减去处置费用后的净额与其预计未来现金流量的现值中的任何一项超过其账面价值，资产就没有发生减值，则无须再估计另一金额。

另外，准则规定资产的公允价值减去处置费用后的净额，应当根据公平交易中销售协议价格减去可直接归属于该资产处置费用的金额确定，不存在销售协议但存在资产活跃市场的，应当按照该资产的市场价格减去处置费用后的金额确定。资产的市场价格通常应当根据资产的买方出价确定。在不存在销售协议和资产活跃市场的情况下，应当以可获取的最佳信息为基础，估计资产的公允价值减去处置费用后的净额，该净额可以参考同行业类似资产的最近交易价格或者结果进行估计。企业按照上述规定仍然无法可靠估计资产的公允价值减去处置费用后的净额的，应当以该资产预计未来现金流量的现值作为其可收回金额。

案例一中，公司认为资产不存在销售协议和活跃市场，无法估计其公允价值，但应考虑以可获取的最佳信息为基础，估计资产的公允价值减去处置费用后的净额，该净额可以参考同行业类似资产的最近交易价格或者结果进行估计。

第七节　其他资产的后续计量：坏账准备的合理估计

应收账款的坏账准备计提是几乎每个企业都会面临的问题。在新修订的企业会计准则发布之前，普遍采用的坏账准备计提方法是账龄分析法和余额百分比法等。这些方法的优点是操作简单，而缺点也显而易见，即可能计提的坏账准备金额并不能很好地反映实际情况。随着新企业会计准则的发布和实施，应收款项的坏账准备计提方法也已经发生了较大的变化。2006年的金融工具确认和计量准则和2017年新修订的金融工具确认和计量准则中都对以摊余成本计量的金融资产（含应收款）和以公允价值计量且其变动计入其他综合收益的金融资产的减值测试和确认方法进行了较为复杂的规定。这在提高财务报表信息质量的同时，也提高了操作上的难度。

一、实践案例[①]

A公司为上市公司，其对应收款项计提坏账准备的会计政策为：公司对坏账准备采用备抵法核算。资产负债表日，对单项金额重大（期末余额在500万元以上）的应收款项进行减值测试，有客观证据表明发生了减值的，根据未来现金流量的应收款项，按账龄分析法计提坏账准备，计提比例为：1年以内的应收款项按余额的5%计提；1～2年的按10%计提；2～3年的按15%计提；3～4年的按20%计提；5年以上的按30%计提。

2×16年3月，A公司召开董事会会议审议通过了《关于变更公司对于坏账会计估计的议案》，并将议案提交2×16年4月召开的股东大会审议。该议案将坏账计提方法调整为：资产负债表日，对于单项金额重大的应收款项单独进行减值测试，有客观证据表明发生减值的，根据未来现金流量现值低于账面价值的差额确认资产减值损失。经单独测试未发生减值的重大应收款项不计提坏账准备，对于单项金额非重大的应收款项按账龄分析法计提坏账准备，比例与原政策一致。

A公司其他应收款项目中有应收政府相关部门的应收款项，2×15年年末余额约为12亿元，但地方政府已出具承诺函。A公司认为，根据变更后的计提应收款项坏账准备会计政策，不对此款项计提坏账准备。

二、准则背景

修订前的《企业会计准则第22号——金融工具确认和计量》对包含应收款项在内的以摊余成本计量的金融资产在资产负债表日进行减值测试，减值计量的一般方法为金融资产账面价值与按实际利率计算的未来现金流量现值之间的差额，短期应收款项可以不对未来现金流量进行折现。减值部分确认为资产减值损失，计入当期损益。2017年修订的金融工具确认和计量准则使用“损失准备”一词替代原“减值准备”，并统一要求以预期信用损失模型来计量以摊余成本计量的金融资产、以公允价值计量且其变动计入其他综合收益的金融资产、租赁应收款、合同资产的损失准备。企业应当以概率加权平均为基础对预期信用损失进行计量，企业对预期信用损失的计量应当反映发生信用损失的各种可能性，而不是之前的最佳估计，即不是对最好的情形或最坏的情形进行估计。

对于与本案例相关的损失估计的对象问题，即单项估计或组合估计问题以及单项估计没有发生信用风险变化是否仍要计提损失准备的问题，应用指南、准则讲解和修订的准则做出了一些规范。

金融工具确认和计量准则的应用指南指出：对于单项金额重大的应收款项，应当单独进行减值测试。有客观证据表明其发生了减值的，应当根据其未来现金流量现值低于账面价值的差额，确认减值损失，计提坏账准备。对于单项金额非重大的

① 中国证券监督管理委员会会计部．上市公司执行企业会计准则案例解析［M］．北京：中国财政经济出版社，2016：35.

应收款项可以单独进行减值测试，确定减值损失，计提坏账准备；也可以与经单独测试后未减值的应收款项一起按类似信用风险特征划分为若干组合，再按这些应收款项组合在资产负债表日的余额的一定比例计算确定减值损失，计提坏账准备。根据应收款项组合余额的一定比例计算确定的坏账准备，应当反映各项目实际发生的减值损失，即各项组合的账面价值超过其未来现金流量现值的金额。

企业应当以以前年度与之相同或相类似的、具有类似信用风险特征的应收款项组合的实际损失率为基础，结合现时情况确定本期各项组合计提坏账准备的比例，据此计算本期应计提的坏账准备。

在此基础上，企业会计准则讲解中进一步指出：企业对金融资产采用组合方式进行减值测试时，应当重点关注以下方面：应当将具有类似信用风险特征的金融资产组合在一起，如可按资产类型、行业分布、区域分布、担保物类型、逾期状态等进行组合。这些类似信用风险特征与这些金融资产组合的未来现金流量估计有关，因为它们可以表明债务人按相关资产的合同条款偿付所有到期金额的能力。但是，从资产组合的层次看，单独进行减值测试但发现没有减值的资产和没有单独进行减值测试的资产两者之间，损失率是不同的，因而应分别确认减值损失。

在进行减值测试之前，企业应当首先将按照摊余成本计量的金融资产分为单项金额重大和单项金额不重大两类。对于单项金额重大的，应当单独进行减值测试；对于单项金额不重大的，可以单独进行减值测试，也可以包括在具有类似信用风险特征的金融资产组合中进行减值测试。实务中，企业可以根据具体情况确定单项金额重大的标准，但该项标准一经确定，不得随意变更。

对于单项测试后未发生减值的，即未发现减值的客观证据的，还应当将这些金融资产包括在具有类似信用风险特征的金融资产组合中再进行减值测试。单项测试后已计提减值准备的，无论计提金额多少，均不应包括在具有类似信用风险特征的金融资产组合中进行减值测试。

进行组合测试时，应当基于与组合中的资产具有类似信用风险的资产的历史损失经验，估计组合中资产的未来现金流量。其方法与假设，应当定期复核。

将具有类似信用风险特征的金融资产组合在一起时，可以参考的分类标准有资产类型、行业分布、担保物类型、逾期状态等，这些分类标准反映了债务人按照合同条款偿还所有到期金额的能力。

实务中通常采用的账龄分析法只是众多组合分类标准之一，而且准则并未规定必须采用账龄作为组合的分类依据，也可以采用复合的分类标准。企业应当根据自身的实际情况制定适合于本企业的分类标准。

2017年修订的金融工具确认和计量准则第四十八条第二款规定："如果该金融工具的信用风险自初始确认后并未显著增加，企业应当按照相当于该金融工具未来12个月内预期信用损失的金额计量其损失准备，无论企业评估信用损失的基础是单项金融工具还是金融工具组合，由此形成的损失准备的增加或转回金额，应当作为减值损失或利得计入当期损益”。这意味着以整个存续期为期间进行信用风险评估后无变化的，仍要再估计其短期内（资产负债表日后的12个月内）的可能信用风险损失。

三、案例讨论

1. A公司拟变更的坏账计提方法是否符合企业会计准则规定的问题

对于经单独测试未发生减值的重大应收款项，准则要求应与单项金额非重大的应收款项一起按类似信用风险特征划分为若干组合，再基于具有类似信用风险特征组合在历史上的实际损失率，对这些应收款项组合在资产负债表日的余额计提一定比例的减值准备。因此，我们认为，A公司对于经单独测试未发生减值的重大应收款项不计提坏账准备并不完全符合准则要求。

2. 如何确定应收政府相关部门款项减值损失的问题

第一，计算减值损失时均应考虑货币的时间价值。对于应收政府相关部门的款项，A公司应在财务报表附注中充分披露政府相关部门的还款时间安排，并根据还款时间安排及其他实际情况对坏账准备的计算参数进行恰当的估计，如政府相关部门曾发生过未按照原还款计划归还款项的情况，A公司应该考虑历史经验数据并及时做出调整。

第二，A公司因为在原有的坏账准备计提政策下，无法避免地必须对该应收政府的款项计提坏账准备，因此才想到需要变更会计估计。这正反映了该公司原本基于账龄进行分组并据以进行损失估计的方法是有缺陷的，笼统地将所有应收款项按账龄划分组合，会将不同的信用风险特征的资产组合在一起，这种划分方法过于粗糙。在一般企业中也较少存在与应收政府相关部门款项存在类似信用风险特征的其他债权，在确定组合时，不能与一般的应收款项笼统地归为一个组合。对于信用风险较小的应收政府款项来说，如果能够单独作为一个组合，则基于该组合历史损失率，可能实际并不需要计提坏账准备或者只需要计提较少的坏账准备。因此，A公司只需将其应收款项按照信用风险特征（而非仅仅是账龄这一个标准）进行细分，则完全可以使得所计提的坏账准备真正地反映资产负债表日的信用风险敞口，即不改变坏账准备计提政策的前提下，减少对应收政府款项的坏账计提。

第八节 或有事项计量问题：并购中或有对价案例

随着国内资本市场中并购重组活动的增多，以及市场上一些专业投资者（如私募基金）的加入，上市公司的并购方式越来越灵活，并购的定价机制也呈现多样化的趋势。

近年来，较为典型的一种定价方式是交易价格并不是固定金额，而是根据被购买方在购买日之后的盈利情况进行调整。这种定价方式可以称为“基于盈利能力的付款”，实务中常说的对赌条款就是这种定价方式的体现，其产生的根源在于被购买方未来盈利能力的不确定性，换言之，也就是被购买方价值的不确定性，其目的是尽可能地实现投资交易的合理和公平，是对购买方的一种保护。例如，并购协议中约定如果购买日后某段时期被购买方的净利润达到某一特定水平，购买方将向出售方支付额外的价款；如果被购买方的业绩水平未达到某一特定水平，则反过来出售方需要支付部分金额给购买方。从购买方的角度看，其属于合并对价的调整，也就是或有对价。

一、实践案例

1. 案例一

A公司为上市公司，2×15年2月，A公司收购B公司60%的股权，完成非同一控制下的企业合并。

（1）收购定价的相关约定如下：股权收购协议约定转让价款区间为5 900万元至12 470万元，最终的转让价款与B公司在未来两年（2×15—2×16年）实现的业绩挂钩，按照协议的具体规定计算确定。价款支付方式具体如下：

A. 转让协议签署生效后，A公司支付首期收购价款1 200万元。

B. 协议签署之后3个月内支付4 700万元。

C. 自B公司经A公司指定的会计师事务所完成2×15年度财务报表审计后1个月内，A公司支付第三期收购价款，该价款按照B公司2×15年税后净利润的2倍为基础计算，并设上限。计算公式为：B公司2×15年税后净利润×2×60%，如果B公司2×16年税后净利润超过2 300万元的1.5倍上限的，按上限计算。即价款不超过2 300×1.5×2×60%=4 140（万元）。

D. 自B公司经A公司指定的会计师事务所完成2×16年度财务报表审计后1个月内，A公司向转让方支付第四期收购价款，该价款按照B公司2×16年税后净利润的1倍为基础计算，并设上限。计算公式为：B公司2×16年税后净利润×1×60%，如果B公司2×16年税后净利润超过2 700万元的1.5倍上限的，按上限计算。即价款不超过2 700×1.5×1×60%=2 430（万元）。

（2）利润分配。2×15年及2×16年利润分配如下：弥补亏损并提取公积金后，如B公司实现承诺利润，则按照股权比例进行分配；如B公司未实现承诺利润，A公司有权按承诺利润的相应比例优先获得利润分配。B公司2×15年度未完成2 300万元净利润，A公司有权优先分配1 380万元，如实际利润不足1 380万元，则由B公司原股东现金补齐不足部分。B公司2×16年度未完成2 700万元净利润，A公司有权优先分配1 620万元，如实际利润不足1 620万元，则由B公司原股东现金补足不足部分。

（3）业绩承诺。B公司承诺2×15年实现税后净利润2 300万元，2×16年实现税后净利润2 700万元。若2×15年B公司实际完成净利润不足2 300万元、2×16年实际完成净利润不足2 700万元，由原股东以其所持B公司股权无偿赠予A公司。所需无偿转让的B公司股权比例的计算公式为：

无偿转让的B公司股权比例=（承诺净利润−当年B公司实际完成净利润）÷承诺净利润×60%

该无偿股权赠予应在上市公司聘请的注册会计师出具审计报告后30个工作日内完成。

2.案例二

A公司为上市公司，2×11年6月以现金2亿元向第三方B公司收购其持有的C公司60%的股权。该交易为非同一控制下的企业合并，购买日为2×11年6月30日，A公司已向B公司全额支付2亿元的现金合并对价。此外，根据股权转让协议的约定，B公司就C公司的经营业绩向A公司做出业绩补偿承诺。B公司承诺C公司2×12年、2×13年、2×14年经审计扣除非经常性损益后归属于母公司股东的净利润分别不低于4 000万元、5 000万元、6 000万元。如果C公司未达到承诺业绩，B公司将在C公司每一相应年度的审计报告出具后30日内，按C公司实现的扣除非经常性损益后归属于母公司股东的净利润与同期承诺净利润差额，以现金方式对A公司进行补偿。购买日至2×11年12月31日期间，C公司的实际经营业绩与原预测情况差异不大。然而，2×12年度，由于宏观经济增速放缓，且主要竞争对手公司在2×12年度推出了性价比更高的新产品，分流了C公司部分主要客户的采购量，导致C公司收入规模较原预测有所下滑，C公司扣除非经常性损益后归属于母公司股东的净利润仅为2 500万元。C公司管理层预计如果不能尽快推出同类竞争产品，2×13年、2×14年的情况也不容乐观。

问题：由于或有对价（业绩补偿承诺）的存在，上述案例中作为收购方的A公司，其合并成本如何计量？后续调整如何进行？

二、准则背景

《企业会计准则案例讲解（2016）》指出：在某些情况下，合并各方可能在合并协议中约定，根据未来一项或多项或有事项的发生，购买方通过发行额外证券、支付额外现金或其他资产等方式追加合并对价，或者要求返回之前已经支付的对价。购买方应当将合并协议约定的或有对价作为企业转移对价的一部分，按照其在购买日的公允价值计入企业合并成本。如果根据《企业会计准则第37号——金融工具列报》《企业会计准则第22号——金融工具确认和计量》以及其他相关准则的规定，或有对价符合权益工具和金融负债定义的，购买方应当将支付或有对价的义务确认为一项权益或负债；符合资产定义并满足资产确认条件的，购买方应当将符合合并协议约定条件的、可收回的部分已支付合并对价的权利确认为一项资产。对于具体分类，准则第十九条规定：“企业在非同一控制下的企业合并中确认的或有对价构成金融资产的，该金融资产应当分类为以公允价值计量且其变动计入当期损益的金融资产，不得指定为以公允价值计量且其变动计入其他综合收益的金融资产”；准则第二十一条规定：“在非同一控制下的企业合并中，企业作为购买方确认的或有对价形成金融负债的，该金融负债应当按照以公允价值计量且其变动计入当期损益进行会计处理”。

购买日后12个月内出现对购买日已存在的情况的新的或者进一步证据而需要调整或有对价的，应当予以确认并对原计入合并商誉的金额进行调整。其他情况下发生的或有对价变化或调整，应当区分以下情况进行会计处理：或有对价为权益性质的，不进行会计处理；或有对价为资产或负债性质的，按照企业会计准则有关规定处理，如果属于《企业会计准则第22号——金融工具确认和计量》中的金融工具，应采用公允价值计量，公允价值变化产生的利得和损失应按该准则规定计入当期损益或计入资本公积，如果不属于《企业会计准则第22号——金融工具确认和计量》中的金融工具，应按照《企业会计准则第13号——或有事项》或其他相应的准则处理。

《〈企业会计准则第2号——长期股权投资〉应用指南》（2014年修订）指出：（1）同一控制下企业合并形成的长期股权投资的或有对价。同一控制下企业合并方式形成的长期股权投资，初始投资时，应按照《企业会计准则第13号——或有事项》的规定，判断是否应就或有对价确认预计负债或者确认资产，以及应确认的金额；确认为预计负债或资产的，该预计负债或资产金额与后续或有对价结算金额的差额不影响当期损益，而应当调整资本公积（资本溢价或股本溢价），资本公积（资本溢价或股本溢价）不足冲减的，调整留存收益。（2）非同一控制下企业合并形成的长期股权投资的或有对价，参照企业合并准则的有关规定进行会计处理。

国际财务报告准则对“或有对价”的会计处理给予了更多的指引和解释。《国际财务报告准则第3号——企业合并》指出：购买日后发生的事项导致的改变不属于计量期间的调整，比如满足特定收益目标、达到特定的股价或研发项目取得里程碑式的成果等，由此带来的或有对价公允价值变动不影响商誉。

三、案例解析与讨论

（一）基本思路

1.或有对价的初始确认

或有对价是购买方与被购买方通过谈判确定的经济对价的内在部分，购买方在对被购买方的价值及其未来盈利能力不确定的情况下，采取这种方式来降低自身的风险。如果被购买方未来盈利较低，购买方的合并对价可能也随之增加。换言之，买卖双方以或有对价的方式来分享被购买方未来一段时间的收益并共同承担这段时间的风险。购买方在谈判过程中应该已对被购买方的未来盈利情况进行了适当的了解和评估，并据此达成这些或有对价的条款。因此，在购买日进行会计处理时，其合并成本应该反映购买方对被购买方盈利能力的判断和估计，而不是简单地因为支付（或收取）的不确定性而不予考虑。因此，企业会计准则讲解指出，或有对价的公允价值应该包含在企业合并的合并成本中。

2. 或有对价的后续计量

结合企业会计准则讲解和国际财务报告准则的指引，我们不难看出，购买日之后发生的对合并价款的调整，只有在购买日后12个月内发生，且是对“购买日已存在情况”的新的或者进一步证据导致的调整，才属于计量期间调整，从而调整商誉。其他调整，尤其是基于被购买方盈利情况的调整或者其他在购买日之后发生的事件导致的调整，都不能调整商誉。对于其他调整，若或有对价属于权益性质的，不进行会计处理；若或有对价属于金融资产或者金融负债的，按照公允价值计量且公允价值的变化产生的利得和损失计入当期损益，或按照相关规定计入资本公积；如果不属于金融工具，则按照《企业会计准则第13号——或有事项》或其他相应的准则处理。

如果或有对价属于一项金融负债（如在未来交付现金或其他金融资产的义务），后续期间若被购买方盈利情况比预期要好，购买方实际支付的价款超过购买日的估计，负债金额增大，此时购买方合并财务报表中体现为负债和费用；反之，则体现为一项利得。从表面上看，购买方因被并企业业绩超预期而确认一项费用似乎有悖常理，但事实上，该会计处理结果恰恰体现了或有对价的经济含义，买卖双方以或有对价的方式来分享被购买方未来一段时间的收益和风险，既然被购买方的盈利能力超过预期，购买方应当按照约定将超出预期的部分与出售方分享，从而体现为购买方合并财务报表中的一项费用。

（二）具体解析

1. 案例一

（1）购买日合并成本的计量。

本案例中，存在以下三项或有对价：

① 合同中所约定的交易价格。本案例中，A公司需要支付的转让价款为5 900万元至12 470万元，其中5 900万元为固定金额，其余6 570万元为变动金额，与B公司在未来两年（2×15—2×16年）的业绩挂钩，这部分变动金额即为或有对价，属于一项金融负债。假定A公司在购买日判断，B公司的盈利承诺（2×15年度净利润2 300万元；2×16年度净利润2 700万元）已经属于最佳估计，A公司基于此盈利承诺判断这部分或有对价的公允价值为4 380万元（2 300×2×60%+2 700×1×60%）。

② 以被收购方利润分配的形式体现的价格调整。如果B公司未能达到约定的盈利水平（2×15年度净利润2 300万元；2×16年度净利润2 700万元），A公司仍然能够按照约定盈利水平，按照60%的比例分配利润或者从转让方得到补偿。在这种情况下，A公司所分享的B公司利润超过其按照持股比例应分享的部分，例如，假设B公司2×15年度净利润为2 000万元，则A公司按照持股比例60%应享有

1 200万元，但根据收购协议，A公司可以获得的利润分配金额为1 380万元（2 300×60%）。超过A公司按照持股比例应享有的部分，超出金额为180万元。这部分的超出金额实质上是出售方通过B公司利润分配的形式，返还A公司的一部分合并对价，也是基于B公司盈利情况的付款，属于或有对价，应该分类为一项金融资产。按照上述的假定，在购买日这部分或有对价的公允价值为0。

③ 出售方的其他承诺。根据股权转让协议约定，若A公司2×15年度实际完成净利润不足2 300万元、2×16年度实际完成净利润不足2 700万元，由原股东以其所持A公司股权按一定比例无偿赠予上市公司。无偿转让股权的约定，实质上也是一项基于被购买方未来盈利情况的或有对价，应该分类为一项权益工具。在购买日也应该对这部分或有对价的公允价值进行估计并在购买日确定取得的被购买方权益份额时予以考虑。按照第①段的假定，这部分或有对价的公允价值为0。

综上所述，在考虑了各项或有对价在购买日的公允价值之后，A公司此次企业合并对价为10 280万元。

（2）购买日后对原合并成本的调整。

在购买日之后，第①项和第②项或有对价，由于其分类为金融负债和金融资产，后续应该按照公允价值计量，且公允价值的变动计入当期损益；第③项或有对价分类为权益工具，后续如果发生股权的无偿赠予，A公司在合并财务报表中直接调整少数股东权益和资本公积。

2. 案例二

根据企业会计准则的相关规定，购买方于购买日应当将合并协议约定的或有对价作为合并对价的一部分，按照其在购买日的公允价值计入合并成本。因此，虽然A公司已经在购买日全额支付了2亿元，但并不代表2亿元即为企业合并的全部对价。A公司应在购买日基于对标的企业（C公司）未来业绩预测情况、或有对价支付方（B公司）信用风险、货币时间价值等因素确定或有对价的公允价值。A公司合并财务报表中，应在考虑或有对价的公允价值后，根据包含或有对价在内的全部对价和C公司可辨认净资产公允价值份额的差额确认企业合并形成的商誉。A公司个别财务报表中，也应基于包含或有对价的全部合并对价确认对C公司长期股权投资的初始投资成本。此外，由于或有对价公允价值的估计涉及专业判断和估计，A公司还应在财务报表附注中充分披露与此相关的重要会计估计和会计判断的依据。

在涉及或有对价的非同一控制下的企业合并中，或有对价的后续计量是否会对后续损益产生影响，取决于或有对价在购买日的分类。购买日初始分类时被划分为以权益结算的或有对价，将不需要重新计量其后续公允价值的变动；而被划分为以金融资产、金融负债结算的或有对价，其后续公允价值的变化将对后续期间的损益产生影响。

本案例中，A、B公司结算或有对价的方式为现金，不属于权益结算的或有对价。

（1）A公司合并财务报表的会计处理。

第一，本案例中，2×12年12月31日距离购买日已经超过12个月，不属于计量期间调整。而且，即使间隔时间短于12个月，由于本案例中的或有条件为C公司在购买日后的实际盈利情况，而“被购买方于购买日后的实际盈利情况”并不属于“购买日已经存在的情况”，因此，该或有对价的变化即使发生在购买日后12个月内，也不属于计量期间调整事项，不应再对购买日合并对价及商誉的金额进行调整。

第二，应关注该项金融资产根据金融工具确认和计量准则做出的具体分类。本案例中的或有对价安排属于以现金结算的安排，A公司作为收购方，可以根据标的企业于购买日之后的盈利情况而要求出让方向其返回部分已经支付的对价，则A公司存在一项应收的金融资产。根据《企业会计准则第22号——金融工具确认和计量》（2017年修订）的有关规定：“企业在非同一控制下的企业合并中确认的或有对价构成金融资产的，该金融资产应当分类为以公允价值计量且其变动计入当期损益的金融资产，不得指定为以公允价值计量且其变动计入其他综合收益的金融资产”。对金融资产公允价值进行估计和判断，应全面考虑各种因素的影响。当标的企业实际业绩未达到业绩承诺，出售方按规定需要向购买方返还部分对价时，对购买方而言，不能只是简单地将合同约定需返还的金额认定为该金融资产的公允价值，不仅要考虑当期实际利润与当期承诺利润的差异，也要充分考虑对未来剩余业绩承诺期的预期业绩达标情况，此外，还需要充分考虑对方的信用风险、货币的时间价值等，并在财务报表附注中做出相应的披露。

需要说明的是，假设本案例中A公司收购C公司为同一控制下的企业合并，则A公司收到B公司支付的业绩补偿款属于同一控制下企业合并的或有对价，应当调整所有者权益相关项目，不计入企业合并当期损益，那么A公司收到B公司的现金补偿款作为合并支付对价的调整也应计入资本公积。

另外，本案例中，A公司于2×12年12月31日除了应考虑对或有对价的后续计量外，由于标的企业的实际业绩情况与承诺业绩有较大落差，合并形成的相关资产所能创造的净现金流量可能已远低于原预计金额，属于资产发生减值的迹象。因此，A公司除应对商誉进行减值测试外，还应按照《企业会计准则第8号——资产减值》的规定，对所购买C公司的相关资产进行详细的减值测试。

（2）A公司个别财务报表的会计处理。

在个别财务报表层面，应根据《〈企业会计准则第2号——长期股权投资〉应用指南》（2014年修订）关于非同一控制下企业合并形成的长期股权投资的或有对价，参照企业合并准则的有关规定进行会计处理。

会计论道与课程思政：

不同的价值观产生不同的结果

一位勤劳的农民，从自家的菜园中收获了一个巨大的南瓜，他又惊又喜，并将这个大南瓜献给了国王。国王很高兴，赐给农民一匹骏马。这件事情很快就家喻户晓了。此时，一位财主动了脑筋：献个大南瓜，就能得到一匹骏马，如果献一匹骏马，国王会赐给我多少金银珠宝抑或美女呢？于是财主向国王进献了一匹价值连城的骏马。国王同样很高兴，吩咐侍者：把那位农民进献的那个珍贵的大南瓜赐予这位献骏马的人吧。

课程思政问题：朴实的奉献与贪婪的牟利自然会有不同的结果，后者可能有眼前的收获与成功，但绝对经不起时间的考验。类似地，人的价值观不同，会计计量也有不同的价值标准，它体现了报告使用者信息使用需求的取向不同。

思考题

1. 历史成本计量模式的假设前提条件是什么？

2. 在众多计量模式中，人们选择历史成本计量模式或公允价值计量模式的原因是什么？

3. 我国现行会计准则体系使用的是哪一种计量模式？你对这种计量模式有何评价？

4. 我国现行会计准则体系中哪些项目运用了公允价值计量标准？

5. 请谈谈，你认为会计实务中的计量难题是什么？这些难题带给你怎样的理论反思？

第六章

财务报告

学习目标

- 掌握两种收益报告观的主要论点
- 理解报表合并理论的不同观点
- 了解现行财务报告实务面临的一些现实问题
- 了解财务报告改进的一些观点

财务报告（financial reporting）是指财务会计信息的揭示或表述，其是由财务报表及其附注和其他财务报告两部分组成的。实务中，财务报表和财务报告经常混同使用。但是，财务报告与财务报表两个概念既有联系又有区别。财务报表概念的出现早于财务报告，两者是在不同时期，由于财务信息使用者对信息需求的不同而产生的对财务信息揭示或表述的两种不同概念表述。财务报告的内涵大于财务报表。

完整的财务报告体系的形成是20世纪会计发展的成就之一。财务报告体系的基本问题（见表6-1）包括财务报告内容和财务报告形式两大方面。所谓财务报告的内容，是指财务报告所披露的各类信息，这些信息可以按照不同的方式进行分类。所谓财务报告的形式，一方面是指财务报告的构成，包括基本会计报表、附属报表、报表附注等；另一方面是指财务信息的披露方式，具体又包括报表项目列报格式、信息披露频度、信息报告模式等。

表6-1　　财务报告体系的基本问题[①]

<table>
<tr><td rowspan="4">财务报告体系</td><td>内容</td><td>财务报告信息</td><td>财务与非财务信息、定量化与定性化信息、预测性与历史性信息</td></tr>
<tr><td rowspan="3">形式</td><td rowspan="2">财务报告构成</td><td>财务报表主表及其附注</td></tr>
<tr><td>其他财务报告</td></tr>
<tr><td>披露方式</td><td>列报方式、披露频度、报告模式</td></tr>
</table>

第一节　财务报告理论

一、两种收益报告观的讨论

收益作为反映企业收益的综合计量指标，构成企业会计的重心，收益表（利润表）作为企业收益的综合报告工具，也成为企业会计最重要的产品。收益是企业经营的核心追求，也是投资者关注的焦点，在风云变幻的资本市场大潮中，收益似乎主宰着公司的沉浮，正因为关系到公司的兴衰，收益计量和披露亦成为会计的重中之重，也因此才有众多的上市公司围绕“会计收益”而上演一出出令人瞠目结舌的闹剧和悲剧。如何正确报告和披露企业真实的收益和获利能力，一直是会计界孜孜以求的目标。

会计理论研究和实践中，存在两种收益报告观：一种观点认为应当报告已实现收益；另一种观点认为应当报告综合收益。

（一）已实现收益报告观

传统收益报告模式采取的是已实现收益报告观，这一模式是建立在历史成本原则、实现原则、配比原则以及稳健性原则基础上的收益确定模式。

1. 历史成本原则

按照历史成本原则，资产应按照取得时的实际成本入账，并在持有过程中保持账面价值不变。资产按照历史成本计价后，可通过折旧、摊销等方式逐期转为费用，因此，可以说费用就是已经耗费的历史成本。按历史成本记录和报告各项交易已成为会计惯例，其原因在于历史成本有可以验证的客观依据，比较可靠，便于确定和核对，而且由于不考虑资产价值的变化，也可以简化核算工作量，更关键的是历史成本反映了各项资产实际发生的成本，将其与已实现的收入匹配，所核算的收益是可验证的已实现收益。

2. 实现原则

实现原则是指企业的收入必须是已经实现的收入。这一原则规范了记录收入的时间和数额，资产在销售之后取得现金或收取现金的权利时才能确认为收入。因为

① 冯海虹. 财务报告改革与财务分析体系重构的互动研究［D］. 青岛：中国海洋大学出版社，2012.

资产在销售之后才完成了收益的整个过程，价格和成本才能客观地计量，并且此时的所有权已经转移。只有在特殊情况下，才采用其他方法，如时间过长的分期付款销售、长期建筑工程等。

3. 配比原则

配比原则强调费用和收入之间的因果关系，它的基本要求是费用必须联系收入在相同的期间予以确认。也就是说，收入按实现原则在某一期间确认，与收入有关的费用必须同期予以确认。配比原则有三个方面的含义：一是某产品的收入必须与该产品的耗费相匹配；二是某会计期间的收入必须与该期间的耗费相配比；三是某部门的收入必须与该部门的耗费相匹配。

4. 稳健性原则

稳健性原则是传统收益模式下的一项重要原则。传统会计将稳健性原则表述为预见所有可能的损失，但不预期任何不确定的收益。例如，企业在持有某项资产的过程中，资产的市价可能发生变动，当市价高于历史成本时，资产仍需按历史成本列示，不能确认由此发生的利得；而当资产的市价跌至成本以下时，则可调减资产账面价值，确认发生的损失。20世纪80年代以来，西方会计中对稳健性原则的应用有了一定的变化，不再片面强调预计可能的损失而不预计可能的收入，人们对稳健性的看法已经从蓄意低估净资产转变为尽量不高估收益或资产（不低估负债和费用）。

总之，历史成本原则、实现原则、配比原则和稳健性原则构成了传统收益报告模式的基础。历史成本原则决定收益计量的属性，实现原则和配比原则决定收益确认和报告的时点，稳健性原则是在确认费用或损失时对历史成本原则和实现原则、配比原则的修正。运用历史成本原则、实现原则、配比原则和稳健性原则的结果就是不确认未实现的价值增值。

在理论上，坚持仅报告已实现收益的依据来自对会计信息和会计工作本质特征的理解。财务报表与反映财务信息的其他手段相比，根本的差别在于前者必须通过会计确认，而后者则不需要。通过会计确认首先在于保证财务报表的要素特征，特别是收入的可靠性，应遵循会计惯例，财务报表的收益必须是可实现的、可观可信的，它反映了会计学家的传统观点。

（二）综合收益报告观

1. 传统收益报告模式面临的挑战

传统收益模式是工业时代的产物，随着社会的进步，传统收益面临着诸多挑战，主要包括：

一是传统收益注重当期的经营成果，是一种狭隘的经营成果观，其只反映已经实现的收益，而排斥其他未实现的价值增值。这就使当期收益报告不够全面，报表使用者无法对企业收益信息做出总体评价。例如，随着知识经济时代的到来，在传统收益模式下，必然导致对智力资本的低估或不能入账，这大大损害了信息的相关性和真实性。

二是传统收益注重实现原则，在收益产生之时不报告，而是推迟到实现之时再报告，这会导致对收益的确定存在时间误差。这就使收益表提供的信息严重滞后于证券市场的反应，降低了收益信息的质量，并且方便了管理层对利润的操纵。

三是随着经济环境的变化，会计目标的重心已由受托责任观向决策有用观转移，使用者对会计信息的质量和数量提出了更高的要求，这就使传统收益模式暴露出很大的局限性。传统收益表提供的信息只局限于经营目的和纳税，而不利于外部投资者的投资决策。

总之，随着社会的发展以及企业自身活动复杂性的提高，传统收益模式在提供决策有用的信息方面越来越显露出其固有的局限性。综合收益正是针对传统收益存在的问题提出的，它代表着经济环境和使用者对收益报告的要求。

2.综合收益观念的提出和简单透视

综合收益观念的提出无疑借鉴了经济学上的收益观，而其在会计学界的深入发展则发生于20世纪50年代至60年代的“本期营业观”和“综合收益观”之争，此后通过不断完善，在实践中逐渐占据上风。这里所谓的综合收益，就是一种总括的、综合的收益概念，只不过受制于传统的会计准则，直到目前为止还没有在会计实务中得到充分体现。收益观念的更新和会计实务反应的迟钝反映出传统会计原则和惯例对会计实务的深刻影响，尤其是会计准则制定机构基于社会各层面利益的考虑，并妥协于企业“收益平滑化”的需要，允许一些财富变动项目绕过收益表而仅仅体现为资产负债表中的权益变化。此类调和政策赋予现行财务报告体系诸多的“暧昧主义”色彩，正是因为此，也反映了收益报表改进的必要性。

关于综合收益（comprehensive income）的概念，早在美国财务会计准则委员会（FASB）发布的《论财务会计的概念》第五辑中就给出了一个规范性的解释：某一个体在报告期内，除与所有者之间的交易外，由于一切原因所导致的权益增减的程度和途径。美国财务会计准则委员会于1980年12月在原第3号财务会计概念公告（SFAC NO.3）《企业财务报表要素》中首次提出了“综合收益”的概念，将其定义为：“一个会计主体在某一期间与非所有者方面进行交易或发生其他事项和情况所引起的收益（净资产）变动。它包括这一期间内除所有者投入和所有者分配以外权益的一切变动。”它比传统收益概念的内容更加广泛，包括报告期内企业下列交易、事项和情况所产生的全部权益变动：（1）企业与其所有者之外的其他主体之间的交换交易和其他转让；（2）企业生产作业；（3）物价变动、偶然事件以及企业与周围经济、法律、社会、政治和物质环境交互作用的其他结果。

这一收益概念实现了会计收益观念的两大转变：一是财务呈报目标从“受托责任观”到“决策有用观”的重大转变；二是收益计量从“收入-费用观”到“资

产-负债观”的重大转变。它一方面揭示了收益所引起企业财富变动的性质，另一方面突出了收益来源和表现形式的多元化特点。与此同时，综合收益观念还形成对传统会计原则的挑战和突破，进一步推动了会计理论和实践的丰富和发展。

首先，综合收益观念挑战历史成本计量原则。历史成本决定了资产的入账价值，进而也决定了资产转移价值和费用计量的基础，并由此带来一系列问题：一是对于没有明确的历史成本支出而对企业发展极具重要意义的“软”资产项目不能在会计上得到应有体现，大大降低了会计信息的相关性和有用性；二是形成盈利的单一计量模式，而对于企业财富变化的各个不同侧面等其他经济收益来源关注不够；三是对于企业持有资产的价值变动导致的利得和损失无动于衷，扭曲了企业财富的整体真实价值。而综合收益观念则要求对于企业财富变化的各个不同侧面都给予应有的关注，并在“收益”上有所体现，这就势必改变企业的历史成本模式而适当重视对现有资产存量价值的重新计量，诸如公允价值等计价模式也随之浮出水面。

其次，综合收益观念突破了传统收益确认的实现原则的限制，或者说极力拓展了实现原则的内涵。传统的实现原则立足于可靠性的考虑而把收益和利得的确认建立在“已实现”上，而对于那些价值已经发生变化但尚未实现的事项和情况的影响并未在利润表上得以体现，这忽视了收益实现的潜在的时间性差异和累积影响，导致价值增值期间和收益报告期间的人为分隔，表现出重可靠性而轻相关性的局限性。而综合收益观念则将收益和利得的确认从“已实现”拓展到“可实现”和“已赚得”，对于尚未实现的净资产变动项目，如果有一定可靠程度的证据表明可以转换成现金或其他资产的要求权，也不妨在综合收益中加以确认，这同时也有助于消除传统实现原则的副产品，如绕过利润表的权益变动项目以及那些混杂于资产负债表但并不合乎资产、负债属性的递延项目，提高了企业财务状况的明晰性。

此外，综合收益观念对稳健性原则进行了“颠覆”。稳健性原则作为一种修正性惯例要求：一方面同“正统”的会计原则有时难以协调，并造成理论上的内在矛盾；另一方面表现在会计处理上具有主观随意性和“报忧不报喜”的内在不一致性，结果导致收益的人为波动，为盈余管理和利润操纵打开了“方便之门”，其缺陷是显而易见的。而综合收益观念相对更加“公平”地对待各有关交易和事项，与公允、中立、可比及一贯等原则保持了较好的协同，有时甚至为了提高收益信息的相关有用性，可以把不确定性和风险提高到可以容忍的水平，从而有助于满足不同利益群体的相关信息需求。这也是“决策有用观”取代“受托责任观”成为企业会计主要目标的重要体现。

针对以上几点，可以通过一个简单的例子加以说明。假如甲、乙两个主体投资于等量的股份，原始成本都是1 000万元，2年后甲转让其全部投资，收入1 600万元，会计上确认收益600万元，而乙则看好投资前景继续持有，根据现行会计制度规定，乙当年并不确认这部分可以“感受”到的收益，但我们又如何能够因此认定乙当年没有什么“收获”呢？其不合理性是显而易见的。进一步设想，如果乙转让股票后随即以等价买进，转手之间，收益增加了600万元，投资也提高到1 600万元，这样就可以在账面上实现资产和收益的“双丰收”。同时也可以看到，如此收益（即价值增值600万元）是从投资到转让整个持有期间（2年）的积累影响，并不单单是转让时才“赚取”的结果。可见，传统的历史成本、实现和稳健性原则共同促成了这些不合理情形的产生，而综合收益的优越性和经济实现性则得以彰显。由此可以进一步看出，综合收益观念不但提出对传统会计原则和惯例的质疑和挑战，同时还为作为会计计量基础的权责发生制和配比原则提供了更充分、更有益的诠释。

3. 综合收益观的理论内涵

（1）综合收益观根植于经济收益概念，使会计收益趋近于经济收益。

客观地说，收益这一概念最早出现在经济学中，经济学家的“收益”，我们一般称之为“经济收益”。

1776年，亚当·斯密在其著名的《国富论》中首先提出了收益的定义，他将其定义为“财富的增加”“那部分不侵蚀资本的可予消费的数额”。

1890年，艾尔弗雷德·马歇尔在《经济学原理》一书中，将“财富的增加”这一概念引入企业，提出了区分“实体资本”和“增值收益”这一重要的思想，并进一步具体地区分了资本和收益。

20世纪初期，欧文·费雪发展了经济收益理论，在《资本与收益的性质》一书中提出了收益的三种不同形态，即精神收益、实际收益和货币收益。

1946年，希克斯在《价值与资本》一书中，给收益下了一个至今在西方经济学中仍占有重要地位的定义，他认为收益是指在保持期末和期初同样富有的情况下，可能消费的最大金额。

1961年，爱德华兹和贝尔在《企业收益理论的计量方法》一书中，肯定了经济学收益观的理论价值，将经济收益与会计收益结合，提出了“企业收益”的概念，并进一步强调：任何完整的收益分析，都应考虑已实现的和未实现的持有利得，并按其来源进行分类。

综上，经济收益是指在期初、期末企业资本没有变化的情况下，企业本期可能用以消费或分配的最大金额，经济收益要求计算企业一定时期内全部财富的增加。这种财富既包括现行会计所能给予确认的财富，也包括自创商誉、智力资本等现行会计尚无法确认的财富。传统会计收益是指企业特定时期交易已实现的收入和相应费用之间的差额，不包括本期已产生但尚未实现的利得和损失，而且以现时价格计量收入、以历史成本计量费用，这就导致在物价变动及资产现行价值与历史成本相脱离的情况下，按传统收益确定的收益只能反映账面业绩。而综合收益包括报告期内除所有者投入和所有者分配外一切权益上的变动，它突破了传统收益的实现原则，反映的是企业已发生的全部经济交易、事项、情况所带来的权益变动。因此，综合收益非常接近于经济收益，但由于现行会计对一些重要的资源如自创商誉、人力资本等无形资产尚不能准确地确认，综合收益又不完全等于经济收益。

（2）综合收益采用了资产-负债观。

传统收益报告模式采用的是“收入-费用观”，资产负债表成了收益表的副产品，资产负债表中还包括递延借款和递延贷款这些并不符合资产和负债定义的项目，这使得资产负债表不能反映企业净资产的价值。同时，它只确定已实现的收益，而不考虑那些已确定而尚未实现的利得和损失，使收益的报告滞后于价值的增值。

而综合收益采用了“资产-负债观”，资产和负债的计价被认为是收益确定的前提，收益则是企业在一个时期内资产的增量，是资产、负债计价的副产品。因为资产、负债的计价是真实的，这使得收益可以获得较为客观的计量，同时在资产负债表中，不符合资产和负债定义的项目也将逐渐消失，使资产负债表的经济意义得以恢复。收益的计量取决于资产和负债的计量，其计量过程包括了企业在一定期间内资产、负债价值的全部变化，既包括已实现的收益，又包括已确定但尚未实现的利得和损失，因此对企业业绩做出了更全面的反应。

（3）综合收益体现的是损益满计观。

传统收益体现的是当期营业观，当期营业观认为只有那些由管理层控制并由当期决策引起的正常经营活动的结果才能包括在收益计算中，非常项目的利得和损失应直接列入留存收益。它强调的是当期经营成果或企业的效率及以此数据来预测将来的经营成果和盈利能力。

损益满计观则认为，收益是除股利分配和资本交易外特定时期内所有的交易或价值重估事项所确认的权益的总变化，包括非常项目的利得和损失。此观点以企业连续的整个历史经验为基础，着眼于通过若干会计期间的会计数据预测企业未来的经营成果和经营效率。由此可见，损益满计观更符合企业持续经营假设的要求，提高了会计信息的决策有用性。

（4）综合收益符合财务资本保持观。

传统收益观所遵从的实物资本保持原则，要求企业在生产过程中保持所有者投入资源的实际生产能力不变，企业收益就是期末净资产的实际生产能力大于期初净资产的实际生产能力的差额。

财务资本保持观要求所有者投入的货币金额保持完整，企业收益就是期末净资产的货币金额大于期初净资产的货币金额的差额。两种收益概念的主要分歧在于期初、期末净资产采用何种计量属性。综合收益观下期初、期末净资产采用现行价格计量，与其当前货币金额一致，因而符合财务资本保持原则。采用财务资本保持观，可以保证财务报表之间的项目有更好的勾稽关系。

4. 综合收益的报告模式问题

综合收益观念的演进尽管有半个世纪的历程，但综合收益报告模式作为一项制度化设计在部分国家付诸实施只不过十多年的历史，其间由于对衍生金融工具的公允价值计量问题的关注而被提上日程。当前西方主要发达国家和国际会计准则理事会几乎都致力于改进现有的收益报告，并积极探索综合收益报告的新模式。从世界范围看，主要以英国和美国的综合报告模式最为典型，但二者的准则之间也有很大的不同。

（1）英国的综合收益报告模式。

在财务报告中解释综合收益，必须对传统的损益表或收益表进行改进或扩展，英国是最早采取这一行动的国家，在收益报告改革中几乎一直充当着“急先锋”的角色。1991年，英格兰和威尔士特许会会计师协会（ICAEW）以及苏格兰特许会会计师协会（ICAC）发表了《财务报告的未来模式》研究报告，指出现行会计实务中某些财富的变动，如持有和转让非流动资产的利得和损失并不能在损益表中得到反映，因此他们主张改革传统的损益表，由反映主体从事一般经营活动所产生的财富变动的收益表与反映主体资产和负债价值变动的利得表来共同报告主体财富的变动。在此推动下，1992年10月，英国会计准则委员会（ASB）发布了第3号财务会计准则《报告财务收益》（FRS3），规定企业编制“全部已实现利得和损失表”，其和损益表一同表述报告主体的全部财务收益。这里的“全部已实现利得和损失表”是以第二收益报表的形式出现的，体现了英国的“创造性会计”特色。《报告财务收益》首次要求编制一个全新的业绩报表“全部已确认利得与损益表”作为对外披露的主要财务报表，与损益表共同表述报告主体的全部财务业绩。ASB对业绩报告的改革率先改变了财务业绩报表由单一的损益表构成的现状。1995年，ASB又发布了《财务报告的原则公告》征求意见稿，提出将损益表和全部已实现利得和损失表两表合一，统称为财务收益报表，进而继续开辟了收益呈报改革的新思路。这也成为IASC和ASB在此项目上进行合作的主要理由之一。随着IASC的改组，英国积极推动本国会计的国际趋同，ASB宣称不再制定本国的会计准则，而只发布国际准则的应用指南，并积极投身于国际财务报告准则的改进当中。英国关于综合收益报告的创造性设计也成为国际上的一个示范性文本而具有重要的参考价值。

（2）美国的综合收益报告模式。

FASB虽然早在1980年就提出了综合收益概念，但其在准则的制定上却落后于英国，并受到英国的启发。1996年10月，FASB发布了《报告综合收益》征求意见稿。在这份征求意见稿中，FASB建议企业按两种方式报告综合收益：一种是双表格式，即在传统收益表之外，单独编制一张“综合收益表”作为企业的主要报表，与传统收益表共同反映综合收益。另一种是单一报表格式，即将传统收益表和“综合收益表”合二为一，称为“收益与综合收益表”。1997年6月，FASB颁布了第

130号财务会计准则《报告综合收益》(SFAS130),列示了三种综合收益的报告模式,其中,第一种、第二种分别是上文征求意见稿中的双表格式和单表格式,第三种则是在权益变动中报告综合收益及其组成。SFAS130将第一种、第二种报告形式列为推荐使用的方法,但如果企业编制权益变动表并将其作为主要的报表,那么也可以通过权益变动表报告,称为权益变动表格式。

(3)国际会计准则委员会的综合收益报告模式。

受英、美等国家的影响,国际会计准则委员会(改组前称IASC,改组后称IASB)于1997年发布了修订版的国际会计准则《财务报告的表述》(IAS1),它借鉴英、美等国家的经验,提出收益呈报的革新要求。考虑到全部利得和损失对于评估报告主体财务状况的重要性,IASC提出用"权益变动表"和单独的"已实现利得和损失表"两种表对比加以列示,既可以将收益表和资产负债表联系起来,又可以反映当期非资本交易引起的权益变化。IASC改组后,国际会计准则理事会(IASB)积极推行收益呈报的革新。2002年年初,IASB启动了收益报告项目"综合收益报告",并与英国会计准则委员会携手实施该项目。从实施进展来看,尽管国际财务报告准则尚未正式发布,但IASB已经决定取消"专断"的净收益概念,取而代之的收益定义是"企业一定期间内除与股东交易外而进行的交易或发生的其他事项或情况所引起的权益(净资产)的变动",这显然指的是综合收益。从IASB设计的综合收益表来看,底线项目"综合收益"的数值即代表了公司真正的净值变动情况。但由于诸多问题纠缠不清,以至于其后两年内还没有形成讨论稿和征求意见稿之类的文件,直到2003年第四季度,根据IASB的规定,综合收益报告项目被"重新审议",并决定发出讨论稿,以继续完成该项目。综合收益报告的格式框架也几经改进,到目前为止基本达成这样的构想:报表横向由"合计"、"再计量前"和"再计量"三个栏目组成,纵向则包括"营业收益"、"筹资"、"税"、"现金流套期保值"和"综合收益"几个栏目。据此,传统的收益概念从根本上加以改变,也注定其必然引起众多的争议,综合收益报告无论就其形式还是内容而言,持续改进的努力还一直在进行中。

(4)综合收益报告模式的要点问题归纳。

综合收益报告的要点主要有五个方面:其一,综合收益信息应当以使用者易于获得的方式报告。这与综合收益计量的性质是一致的,具有一贯的概念依据。同时,可以保证业绩报告的完整性和可比性,还可以提高其他综合收益项目的透明度。其二,按照对使用者决策有用的方式划分综合收益项目。例如,着重区分盈利和综合收益,按照持续性标准划分盈利项目等。其三,详细列示综合收益额及其组成。其四,报告每股综合收益和每股盈利。其五,提供基于历史成本的收益附注。

从上面的分析我们不难看出,尽管在可预见的未来,传统收益表在实务中还将继续存在下去，但随着以价值计量为特征的会计准则的大量涌现，其他综合收益项目越来越多，综合收益表在整个财务报表中的地位也越来越重要，彻底改革了传统收益表，发展包括现行收益表在内的、内容更广泛的综合收益表，将是必然的发展趋势。

（5）综合收益报告尚需进一步研讨的问题。

关于综合收益的确认、计量和报告，有许多理论问题仍然没有得到妥善解决。

首先，综合收益表在整个报告体系中将处于什么样的地位？综合收益表是第一、第二还是第四报表？从世界各国会计实践的现状来看，综合收益报告还没有强制的统一格式：它可以与收益表合二为一，成为“收益与综合收益表”，传统净收益被作为综合收益的一部分；它也可以在收益表之外，成为单独编制的“综合收益表”；它还可以在业主权益变动表中详细报告其他综合收益。由于美国在世界会计领域的重要影响，综合收益表一经出炉，会计学界就称之为第四报表或第二收益报表。言外之意，它是在保留现有收益表的前提和基础上编制的另外一种收益报告表式，然而从国际会计改革的发展趋势来看，这种叫法已经站不住脚。在利润表之外另行编制综合收益表，意味着对传统利润观念和会计原则的妥协，尽管是出于对平稳过渡的考虑而遵循渐进式的改革思路，但实际中往往达不到应有的效果和意义。例如，根据美国流行的做法，同时出现净收益和综合收益两种不同的收益计量指标，而这都是用来反映企业财富变动，但结果却大有不同，令人费解和难以取舍，而且在实现时将进行重新分类和调整，核算烦琐又没有多少实质性意义，而且持有资产的利得和损失何时“实现”也容易受企业管理层的操纵。近年来，IASB在其报告收益项目中显著改变了这种做法，而推行单一的综合收益报告表式，突破了传统的净收益观念的约束。这样的话，综合收益报表就成为第一报表（收入-费用观）或者第二报表（资产-负债观），而绝不是第四报表或者第二收益报表。

其次，综合收益报告的会计程序是否可以进一步加以完善？IASB一再声称，其正在进行的收益报告项目仅仅解决的是综合收益的列报问题，至于确认和计量则不是这个项目研究的内容。在这里，综合收益被理解成财务报表上的一个差额，并被单独列示。这也许解决了绕过利润表而在资产负债表中直接列示的问题，但仅仅调整财务报表而不调整账户的做法意味着部分综合收益的形成绕过了严谨会计程序的加工，仍然给“暗箱操作”留有一定的余地。这也说明了会计准则制定机构意识到计量综合收益的合理性，但又受制于“收入-费用观”的局限而有些放不开手脚，以至于综合收益只有结果，而没有过程，只注重外在的信息披露，而未能将综合收益观念贯彻落实到会计的日常核算程序中。稳妥起见，有些学者建议可以考虑采用类似“彩色”账户体系的做法独立描述这部分权益的变化，这样既符合严谨的会计职业习惯，也符合从收益变化到权益变化而不是相反或平行的逻辑程序。

再次，综合收益报告到底是为谁服务？这里主要涉及编制综合收益表的目标导向和适用性问题。也许有了综合收益表，税法中将不再使用企业的收益报告，上市公司融资资格的确定可能会改弦易辙，利益相关者围绕收益进行的分配也会受到重大影响或做相应的调整等。无疑地，如何解决综合收益表的普遍适用性将成为收益呈报改革成败得失的一个重要筹码。综合收益报告提出对现行收益呈报模式进行改进的新思路，或许称得上一次革命性的转变，而由此带来的新问题，往往出现在“革命”的第二天，因此综合收益报告进入“立法”和实务之前，我们还需要慎重、周详的研究，需要认真权衡各方面的利弊得失，辅之以其他途径的配合和“补偿”，并向社会寻求尽可能广泛的支持，以促使收益呈报制度改革的顺利进行。

最后，在综合收益报告的国际大趋势下，我国应该采取什么样的应对策略？可以预见，综合收益报告取代利润表已经成为一个“在路上”的安排。基于现实国情，我国最新的会计制度安排，在强化会计信息谨慎性和可靠性的同时，距离相关性还有一段路要走。一方面，以历史成本和实现原则为基础确认的收益在人们心中的地位依然牢固。另一方面，基于传统的安排，现有的收益信息还成为政府税收和企业利润分配的依据，对政府的决策和管理起着特殊的作用，也是决定公司发行股票、上市、增资配股资格以及暂停或终止股票上市的重要依据。所以，变革现有的收益模式，必然会触动社会各方面的利益关系，需要各方面的协调和配合，甚至于法律、法规、政策、制度都要做相应的改变。可能的做法是将对会计信息进行重新加工、改制或者延伸，以适应自身的目的和特殊需要，但这已经不是会计本身所能解决的问题了。

（6）我国现行的综合收益报告形式。

我国现行会计准则的处理方法，是在原有利润表的净利润和每股收益之间，增加了“其他综合收益的税后净额”和“综合收益总额”两个项目，以反映企业在该会计期间所实现的综合收益。其中，综合收益是指企业在某一期间与其所有者身份进行的交易之外的其他交易或事项所引起的所有者权益变动。综合收益总额项目反映净利润和其他综合收益扣除所得税影响后的净额相加后的合计净额。其他综合收益是指企业根据其他会计准则规定未在当期损益中确认的各项利得和损失。我国现行会计准则中综合收益总额构成的相互关系，如图6-1所示。

二、三种合并报表理论的分歧

合并会计报表是以企业集团为完整会计主体编制的会计报表。编制合并会计报表首先碰到的问题，就是界定企业集团的范围，确定哪些被投资企业应当纳入合并会计报表的合并范围，需要确定编制合并会计报表时所采用的合并方法等。企业集团的界定、合并范围的确定以及合并方法的选择，直接关系到合并会计报表提供什么样的信息，以及为谁提供信息等一系列问题，对这些问题的讨论，在很大程度上依据于编制合并会计报表所采用的合并理论。根据不同的合并理论，其确定的合并范围和选择的合并方法也各不相同。

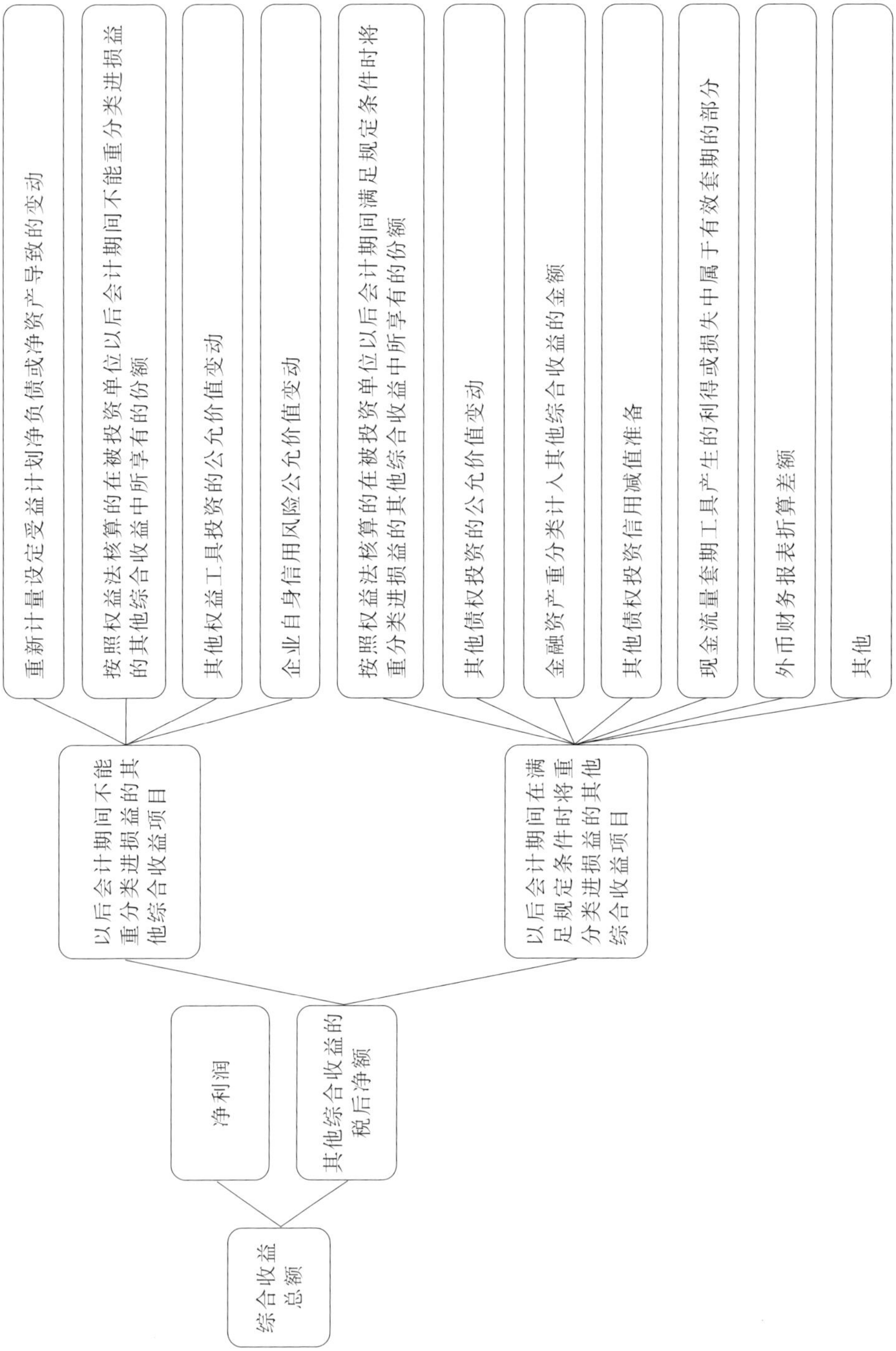

图6-1 我国现行会计准则中综合收益总额的构成

目前，国际上合并会计报表理论主要有实体理论、所有权理论和母公司理论。各国在编制合并会计报表准则时，并不是完全按照某一合并理论，而是以某一合并理论为主，同时还根据自身的实际情况兼用其他合并理论。

（一）实体理论（entity concept）

实体理论源于对复式记账的另外一种解释，即以人格化的企业作为设置账户和提供报告的依据。佩顿在其《会计理论》一书中，对主体理论做了比较系统的阐述，他认为会计的着眼点应当是企业这个主体，主张将债权人和所有者统一看作企业的权益持有人，并将所有权理论的基本会计等式“资产-负债=所有者权益”改写为“资产=负债+所有者权益”，或者以更简化的方式表述为“资产=权益”，以此为依据重新阐述复式记账原理。

主体理论区别于所有权理论的关键在于其对所有者权益的不同理解。在主体理论看来，不论是否被人格化，企业本身是独立存在的，不应将企业这一会计主体与其终极所有者的法律与经济行为混为一谈。根据实体理论，资产是会计主体自身收取一定商品、劳务或其他未来经济利益的权利，负债是会计主体自身的偿付义务，而资产与负债的差额——所有者权益，则是会计主体对其终极所有者的义务。从这个意义上来说，债权人与所有者都是会计主体的资源提供者（resource providers）或利益当事人，只不过债权人的利益索偿权优先于所有者。同样，收入代表社会主体的经营净成果。对于所有者来说，会计主体的净收益并不会自动归于所有者，只有会计主体宣布发放现金股利，净收益才成为所有者的财富。可见，主体理论的立论基础是：会计主体与其终极所有者是相互分离的、独立存在的个体。从产权理论的角度看，主体理论强调的是法人财产权，而不是所有者财产权。法人财产权是指法人有独立于其最终所有者的权利和义务。所有者投入资本后，与之相关的资产和负债的产权已经过户至法人主体，任何所有者都不能对法人主体的财产提出要求权。法人主体对财产的占有、使用、处置和分享收益的权利不是绝对的，而是受到其所有者意志的支配。

穆尼茨率先将主体理论引入合并会计报表的研究，从而提出了实体理论。实体理论认为，合并会计报表是企业集团所有成员企业所构成的经济实体的会计报表，编制合并会计报表是为整个经济实体服务的，它强调的是企业集团中所有成员所构成的经济实体，并不过分强调控股公司股东的权益，对于构成企业集团的成员企业的股东，应一视同仁，认为只要是企业集团成员企业的股东，不论是拥有多数股权，还是拥有少数股权，都是共同构成的经济实体的股东。

实体理论认为，母子公司之间的关系是控制与被控制的关系，而不是拥有与被拥有的关系。根据控制的经济实质，母公司对子公司的控制意味着母公司有权支配子公司的全部资产（而不仅仅是所有权资产）的运用，有权统驭子公司的经营决策和财务分配决策。由于存在控制与被控制的关系，母子公司在资产的运用、经营和财务政策上便成为独立于其终极所有者的一个统一体，这个统一体就应当是编制合并会计报表的主体。合并会计报表是企业集团所有成员企业所构成的经济实体的财务报表，编制合并会计报表是为整个经济实体服务的，是为了满足合并主体所有股东的信息需求，而不仅仅是为了满足母公司的信息需求。具体地说，合并会计报表是为了反映合并主体所控制的资源。根据这一点，当母公司编制合并非全资子公司的会计报表时，应当将子公司的全部资产、负债、所有者权益予以合并。同样地，在合并利润表上，也应当将子公司的全部收入、费用及净收益合并。这种合并方法往往被称为“完全合并法”，其主要特点包括：在组建母子公司联合体的过程中因收购兼并形成的资产、负债升（贬）值及商誉，应全部予以合并和摊销；母子公司之间的交易及未实现损益，应全部予以抵销；在合并资产负债表上，母公司未实际拥有的所有者权益反映为少数股东权益，作为合并所有者权益的一个项目单独列示；少数股东在子公司应享有的利润，视为合并净收益在不同股东之间的利润分配，应通过合并利润分配表予以反映，而不作为合并净收益的一个减项。采用实体理论编制的合并会计报表，应满足对整个企业集团生产经营活动管理的需要，更适合于雇员和经理人员等报表使用者。但是，它不能令人满意地解决隶属于一个以上集团或只是部分隶属于一个集团的企业合并会计报表的编制问题。

德国的合并会计报表在实务中更多地采用实体理论。

（二）所有权理论（proprietary concept）

所有权理论最早出现在对复式簿记的解释中。1818年，克朗赫尔姆（F.W. Cronhelm）在其《独特的复式簿记》一书中，完成了对这一理论的解释。1880年，斯普拉格首次提出了“资产=负债+权益”这一基本会计等式，此后，其又在1907年的《账户原理》一书中，以这一等式为依据创立了较为完善的所有权理论。

所有权理论认为，企业所有者是会计关注的中心，会计核算的最终目的在于计算和分析所有者的资产净值。一般地，最能体现所有权理论的会计等式为：资产-负债=所有者权益。从静态角度看，资产代表企业对所有者的价值，负债是所有者所承担的一种义务，两者之差为净资产，构成所有者权益，它体现了经济学上的财富概念。从动态角度看，企业获得的收入和发生的费用增、减所有者的净权益；企业的所有利润或损失，不管是否被分配，将直接影响所有者，而不是公司的财产。

可见，所有权理论的立论基础是：会计主体与其终极所有者（ultimate owners）是一个完整且不可分割的整体，会计主体充其量只是其终极所有者财务的存在形式或载体。从产权理论的角度看，强调终极财产权，即所有者对财产具有独占性、排他性的权利，拥有对法人财产的绝对支配权和最终处置权。

所有权理论运用于编制合并会计报表时，既不强调企业集团的各成员企业所构成的经济主体，也不强调企业集团中存在的法定控制关系，而是强调编制合并会计报表的企业对另一企业经济活动和财务政策具有重大影响的所有权。所有权合并理论是一种着眼于母公司在子公司中所持有的所有权的合并理论。这一理论的理论基础是前述逻辑：会计主体与其终极所有者是一个完整不可分割的整体，会计主体是其终极所有者财富的存在形式和载体，是所有者的化身；终极所有者得到的现金股利只改变了财富的存储空间。

母公司理论和实体理论都不能解决隶属于两个或两个以上的企业集团的企业合并会计报表编制问题。例如，某一企业的全部股份是由两个投资企业共同投资形成的，其各拥有50%的股份。在这种情况下，其中任何一个投资企业都不能对该企业实施控制，根据母公司理论和实体理论都很难确定该企业的会计报表应由哪一投资企业合并。因为在这种情况下，既没有单一的母公司，也没有少数股权的股东；既不存在法定支配权，也不存在单一的经济实体。为了弥补母公司理论和实体理论的不足，有的国家在编制合并会计报表时，就提出了所有权理论。

按照所有权理论，母子公司之间的关系是拥有与被拥有的关系，编制合并报表的目的是向母公司的股东报告其所拥有的资源。合并报表反映整个经济实体的财务状况、经营成果和现金流量变动，但合并报表主要的服务对象是母公司股东和债权人。采用该理论，既没有形成单一的母公司，也不存在少数股权；既不存在法定支配权，也不存在单一的经济主体，仅强调能对经济和财务政策产生“重大影响”的可能性的所有权。根据这一理论，编制合并会计报表时，对于子公司的资产与负债，只按母公司持有的股权的份额计入合并资产负债表；对于子公司的收入、费用与利润，也只按母公司持有的股权的份额计入合并利润表。这时，合并会计报表上的集团范围最为狭窄，被合并的公司的资产已不是该实体完整的财产。

概而言之，所有权理论主张采用比例合并法，其主要特点是：在组建母子公司联合体的过程中因收购兼并而形成的资产、负债升（贬）值及商誉，按母公司的持股比例合并和摊销，母子公司之间的交易及未实现损益，按母公司的持股比例抵销；合并会计报表上既不会出现“少数股东权益”，也不会存在“少数股东损益”。

这种会计报表编制理论虽然简便易行，但由于该理念所反映的企业集团范围最为狭窄，其并不适用于被视为一个合并会计报表整体的企业集团揭示其整个实体的经济状况，主要运用于通过协议共同控制被投资公司的情况。事实上，它通常用于揭示合资企业的财务状况。

（三）母公司理论（parent company concept）

母公司理论既有所有权理论的成分，也有实体理论的色彩，其是所有权理论和实体理论的结合。母公司理论是一种站在公司股东的角度，来看待母公司与其子公司之间的控股合并关系的合并理论。该理论将合并会计报表视为母公司本身的会计报表反映范围的扩大，视为母公司会计报表的扩充。编制合并会计报表时，采用的许多方法都是从母公司本身的股东利益来考虑的，强调合并会计报表主要是为母公司股东和债权人服务的，是为母公司现在和未来的股东编制的，是从母公司的角度来考虑合并范围和合并方法技术问题。它侧重反映的是母公司或控股公司的股东在合并的财务状况和经营成果中所占的份额，并不注重少数股东的利益和权益。

具体到合并会计报表的运用，母公司理论通过对所有权理论和实体理论的“扬长避短”，继承了所有权理论的合理内核，同时吸收了实体理论的合理外延而形成。在合并会计报表目的方面，母公司理论继承了所有权理论关于合并会计报表是为了满足母公司股东的信息需求而编制的理论，否定了实体理论关于合并会计报表是为合并主体的所有资源提供者编制的理论；在报表要素合并方法方面，摒弃了所有权理论狭隘的“拥有观”，采纳了实体理论所主张的视野更加开阔的“控制观”；在少数股东权益确认方面，则明显体现了对所有权理论和实体理论的折中和修正，既反对所有权理论将少数股东权益完全排除在合并报表之外的保守做法，也反对实体理论全额确认子公司可辨认净资产升（贬）值并按股权比例分摊给少数股东的激进的做法；在商誉确认方面，考虑到商誉是不确定性最高的无形资产，完全秉承了所有权理论的稳健惯例；在消除集团内公司间交易以及未实现损益方面，其又认同了实体理论的做法。

在母公司理论下，编制合并会计报表的目的，是向母公司的股东反映其所控制的资源；子公司的少数股东为合并主体提供了不可分割的经济资源，少数股东对子公司净资产及净利润的相应权益，应予明确体现；子公司的资产、负债以及净资产的账面价值与母公司对这些净资产的购买价格是两个独立的因素，后者包括母公司为了获得控股权而额外支付的溢价，子公司的账面价值是不可分割的，应100%予以合并，而母公司的购买价格超过子公司净资产账面价值的部分只与母公司的投资活动有关，因而应按母公司持股比例予以合并。鉴于此，编制合并会计报表时，子公司的净资产、资产和负债宜采用双重计价基础——成本（账面价值）与市价（公允价值）。

由于母公司综合运用了完全合并法和比例合并法对报表要素进行合并，按照这种观念合并并非全资拥有的子公司的会计报表时，具有以下主要特点：子公司的资产、负债、净资产、收入和费用100%予以合并；资产、负债的升（贬）值以及商誉按母公司的持股比例确认和合并；集团内公司间的交易及顺流交易所形成的未实现损益100%予以抵销，但逆流交易所形成的未实现损益则按母公司的持股比例予以抵销；在合并资产负债表上，少数股东权益既不作为负债，也不作为所有者权益，而是作为一个单独项目列示于负债与所有者权益之间，在合并利润表上，少数股东损益作为合并收益的一个抵减项目列示。

采用母公司理论，在确定合并会计报表的合并范围时，通常以法定控制为基础，以是否持有多数股权或者表决权来决定是否将被投资企业纳入合并范围，或者以通过一家公司处于另一家公司法定支配下的控制协议来确定合并会计报表的合并范围。

美国和英国的合并会计报表实务中，采用的主要是母公司理论。美国的合并会计报表受限于证券交易委员会和财务会计准则的规定。美国证券交易委员会规定合并会计报表必须反映母公司及其子公司的财务状况和经营成果，规定合并会计报表只合并拥有多数股权的子公司。美国第51号会计研究公报中，明确指出编制合并会计报表的目的是为母公司的股东和债权人的利益服务，认为持有另一公司50%以上的股份是编制合并会计报表的前提条件。英国编制合并会计报表时，将企业集团定义为母公司及其子公司，认为公司成为母公司的标准是其持有另一公司半数以上的股权投资。

国际会计准则委员会制定的有关合并会计报表的准则，基本上也是采用母公司理论。《国际会计准则第27号——合并财务报表和对附属公司投资的会计》中，将子公司定义为被另一企业所控制的企业；将企业集团定义为母公司及全体子公司。

（四）合并理论的比较

母公司理论、实体理论与所有权理论各有特点，在合并会计问题处理上的差异见表6-2。

表6-2　　三种合并理论的比较

差异项目	母公司理论	实体理论	所有权理论
对子公司净资产的计价	母公司股权部分按公允价值计价；少数股权部分按账面价值计价	全部按公允价值计价	母公司股权部分按公允价值计价；少数股权部分不予列示
对合并商誉的计量与列示	按母公司持股比例计算，与少数股权无关	按子公司净资产全部公允价值确定	按母公司持股比例计算，与少数股权无关
对子公司各会计要素的合并	全部合并	全部合并	按持股比例合并
对少数股东权益的列示	在负债部分单项列示	列作合并股东权益的一部分	不予列示
对少数股东损益的列示	在合并净收益前列作减项	列作合并净收益的组成部分	不予列示
对未实现内部损益的抵销	逆销按持股比例抵销；顺销百分之百抵销	百分之百抵销	按持股比例抵销

除上述三种比较主流的合并理论外，也有学者提出新的观点，认为控制是构建合并财务报告理论体系的理论依据，合并财务报告应主要为控制者服务，即控制者

服务论。控制者服务论提出的初衷是试图包容以上三大理论，并希望可以结束它们之间的无谓之争。该理论的提出者这样定义合并理论："控制者服务论，是指合并财务报表应主要为集团的控制者在评价经营者经营能力与业绩、进行未来投资决策和选定经理者阶层等方面提供有用信息"。这一理论强调，合并财务报表主要为控制者服务，合并财务报告信息理论上是现行成本信息和历史成本信息的有机融合，并且认为母公司理论和所有者理论都是对控制者服务论的具体化。

（五）合并会计报表应达到的基本要求

合并会计报表作为会计报表，也必须符合编制会计报表的一般原则和基本要求。这些基本要求包括真实可靠、全面完整和编报及时。合并会计报表与个别会计报表不同，它反映母公司或合资公司组成的企业集团整体的财务状况，反映的是若干法人共同形成的会计主体的财务状况。因此，合并会计报表的编制除遵循会计报表编制的一般原则和基本要求外，还应遵循以下原则和要求：

（1）以个别会计报表为基础编制。合并会计报表并不是直接根据母公司和子公司会计账簿编制的，而是利用母公司和子公司编制的反映各自财务状况和经营成果的会计报表提供的数据，通过合并会计报表的特有方法编制。事实上，在子公司很多的情况下，也很难直接根据各子公司的会计账簿编制合并会计报表。以纳入合并范围的母公司和子公司的个别会计报表为基础，可以说是客观性原则的要求在合并会计报表编制时的具体体现。

（2）一体性原则。合并会计报表反映的是企业集团的财务状况和经营成果，反映的是由多个法人企业组成的一个会计主体的财务状况，在编制合并会计报表时，应当将母公司和子公司各自发生的经营活动都从企业集团这一整体的角度进行考虑。因此，在编制合并会计报表时，对于母公司与子公司之间、子公司相互之间发生的经济业务，应当视同同一会计主体内部业务进行处理，以及视同同一会计主体之下的不同核算单位的内部业务进行处理。例如，母公司与子公司之间的应收、应付账款在个别资产负债表中分别作为资产和负债处理，但从企业集团整体来看，则属于内部资金的调拨问题。再如，母公司与子公司之间发生的购销业务，从企业集团整体来看，在母公司或子公司最终将商品售出企业集团以前，该销售业务并没有真正地实现。内部销售形成的存货，从企业集团整体来看，只是商品的存放地点发生转移，存货的价值不会发生增值，也不应当发生增值，为此，编制合并会计报表时需要将其中包括的未实现内部销售利润予以抵销。

（3）重要性原则。与个别会计报表相比，合并会计报表涉及多个法人主体，涉及的经营活动范围很广，有时母公司与子公司的经营活动甚至相差很大。这样，合并会计报表要综合反映这样的会计主体的财务状况，必然要涉及重要性原则的运用问题，以及重要性的判断问题。特别是在拥有众多子公司的情况下，更是如此。在编制合并会计报表时，必须强调重要性原则的运用。例如，一些项目对于企业集团中某一企业具有重要性，但对于整个企业集团不一定具有重要性，在这种情况下，根据重要性的要求对会计报表进行取舍具有重要意义。此外，母公司与子公司之间、子公司相互之间发生的经济业务，对整个企业集团财务状况和经营成果影响不大时，为简化合并手续也可以根据重要性原则进行取舍，可不对其进行抵销处理而直接编制合并会计报表。

第二节 财务报告的构成

随着信息使用者对会计信息的需求不断扩大，财务会计所要提供的信息种类和内容都明显增加，其报告形式也有许多新发展，单一的财务报表形式不再能满足信息使用者的要求，使用者希望从多渠道、多侧面、多角度了解企业的财务信息，从而有助于其进行广泛的经济决策。财务会计报告的构成内容是逐渐演化而成的，其内容是沿着下面的路径来发展和丰富的：账户余额表→资产负债表→收益表→财务状况变动表→现金流量表→财务报表附注→财务报表以外的财务信息和非财务信息。

现行财务会计报告的基本构成包括两大部分：一是财务报表；二是其他财务报告。

一、财务报表

财务报表通常包括资产负债表、收益表（利润表、损益表或利润及利润分配表）和现金流量表，这是国际主流的做法。我国现行的企业会计准则规定："会计报表至少应该包括资产负债表、利润表和现金流量表等报表"。

（一）基本会计报表及其附注

1. 资产负债表

资产负债表是反映企业在某一特定日期的财务状况的报表。资产负债表的项目，应当按资产、负债和所有者权益的类别分别列示。

2. 利润表

利润表是反映企业在一定会计期间的经营成果及经营情况的报表。利润表的项目，应当按利润的构成和利润分配的项目分别列示，利润分配部分各个项目也可以另行编制利润分配表。

3. 现金流量表

现金流量表是反映在一定会计期间现金和现金等价物流入和流出情况的会计报表。它将企业日常核算的权责发生制调整为收付实现制，分别经营活动现金流量、筹资活动现金流量和投资活动现金流量三个部分来反映，在每一大类中又具体按照流入和流出两个小项来分别反映。

在现金流量表出现以前，反映企业现金流量增减变动的报表是财务状况变动表，它是综合反映一定会计期间内营运资金来源和运用及增减变动情况的报表。财务状况变动表的项目分为营运资金来源和营运资金运用。营运资金来源与营运资金运用的差额为营运资金增加（或减少）净额。营运资金来源分为利润来源和其他来源，并分别列示。营运资金运用分为利润分配和其他用途，并分别列示。企业也可以编制现金流量表，反映财务状况的变动情况。

4. 会计报表附注

会计报表附注是为帮助理解会计报表的内容而对报表的有关项目等所做的解释。其内容主要包括：所采用的主要会计处理方法；会计处理方法的变更情况、变更原因以及对财务状况和经营成果的影响；非经常性项目说明；会计报表中有关重要项目的明细资料；其他有助于理解和分析报表需要说明的事项。

（二）财务报表组成的简单比较

为了便于比较，这里将美国和英国对财务报表包括的内容予以列示，以供参考：

美国FASB在1984年12月第5号概念公告中建议，财务报表应包括：

• 财务状况表（statement of financial position）；

• 盈利和综合收益表（statement of earnings or comprehensive income）；

• 现金流量表（statement of cash flows）；

• 所有者投入和分配表（statement of investment and distribution to owners）；

• 报表附注（包括表内使用括号的说明）（notes to financial statements, parenthesis disclosures）。

英国ASB在1995年11月关于财务报告的原则报告（征求意见稿）中提出的财务报表包括：

• 利润表（the profit and loss account）；

• 全部已确认利得与损失表（the statement of total recognized gains and losses）；

• 资产负债表（the balance sheet）；

• 现金流量表（the cash flow statements）；

• 报表附注（notes to financial statements）。

二、其他财务报告

其他财务报告主要揭示不能列入报表的非正式信息，其内容直接或间接地与会计系统所提供的信息有关。常见的其他财务报告包括：呈送证券管理机构的中期报告和年度报告；管理层的讨论与分析；经济分析和统计报告等。

其他财务报告与财务报表的主要区别有：

一是财务报表的项目及其金额来自日常账簿资料，并需通过在报表中再确认，确认要遵守基本准则和具体准则，符合公认会计原则。其他财务报告的资料也来自会计系统，但无须经过确认，也不必符合公认会计原则。

二是财务报表内项目都属于财务信息，报表项目连同金额是文字同数字（倾向于金额）描述相结合的整体，缺一不可。其他财务报告没有这种要求，它可以既有文字说明又有数字描述，也可以只是文字说明。实际上，很多其他财务报告的信息是分析与说明性的，文字较多。

三是财务报表中的项目有小计、合计和总计，项目之间必须符合一定的勾稽关系。而其他财务报告一般没有这种勾稽关系。

四是财务报表内容因来自过去的交易和事项，有会计凭证作为支撑，并应遵循公认会计原则进行确认、计量和报告，因此，它的真实性和公允性应由独立审计机构进行审计（auditing）。而其他财务报告因不具备上述条件，所以一般只是由审计师进行审阅（review）。在FASB第5号概念公告中有一张解释图，对区分财务报表和其他财务报告及其他相关信息的定位和特点非常有帮助，具体内容如图6-2所示。

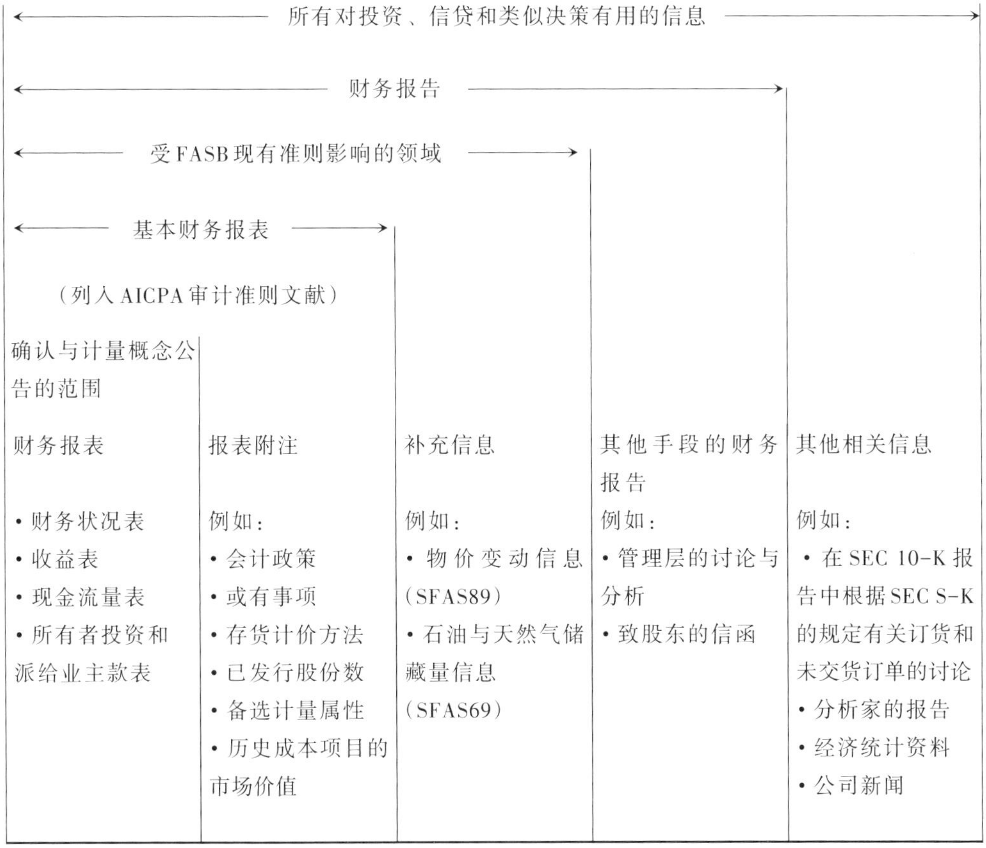

图6-2 FASB对财务报表、其他财务报告以及其他相关信息的区分

第三节 财务报告体系变革的一些主张

一、改良主义观点①

（一）改进会计报表计量属性

公允价值随着FAS115（美国财务会计准则第115号）的发布开始进入财务报表，并由FAS157推向极致，但也由此带来了一个真正的难题：它使财务报表由传统单一计量模式（历史成本计量）转变为混合计量模式——历史成本计量与公允价值计量并用。从此，按投入资本或承担义务的实际价值转化的资产或负债（按历史成本计量的资产或负债）与按预期的估计价格计量的资产或负债（按公允价值计量的资产或负债）相混淆，已实现方可确认的实际利得或损失与未实现即可确认的利得或损失（公允价值变动）相混淆。

重新审视以往有关公允价值计量应如何在财务报告中表述的观点，实际上，过去一直主张公允价值最好在表外披露，但是表外披露也存在其局限性。在表外披露的、按公允价值计量的资产和负债如果在该企业全部资产和负债中所占比重较大，即符合“重要性”（materiality）的质量特征，但却把这些资产和负债排斥在财务报表之外，就会影响到财务报表的“完整性”（completeness）。鉴于此，葛家澍等（2010）提出了双重计量模式，即同时采用历史成本和公允价值两种计量属性进行计量，形成三栏式财务报告，将传统以历史成本为主的财务报告变革为二者相结合的新的财务报告。作者认为，当前的现实是：按历史成本和公允价值的双重计量模式是现代企业财务报表不可避免的计量模式。金融创新不会由于金融危机而消失，可以预见，今后其将在更加严格的监管环境下茁壮成长。倘若我们承认这一现实，那么，可否设想从改进财务报表列报的技术入手，解决双重计量模式所引起的混淆问题？

葛家澍等（2010）提出，参考美国会计学会1966年为纪念学会成立50周年提出的著名报告《基本会计理论》（A-SOBAT）的附录中提出的建议（即将财务报表改作“历史成本”与“现行成本”双栏式，以应对当时剧烈的物价变动），把现行财务报表改为“历史成本”“公允价值”“合计”三栏，建议对现行报表中的“合计”按“历史成本”和“公允价值”加以分解，这样，合计数将由混合两种不同计量属性的模糊数字变为清晰可分辨的数字。即在今后的财务报表中，金额栏可设置为“历史成本”“公允价值”“合计”三栏。与反映物价变动的要求不同，不是所有的项目既可按“历史成本”计量，又可按“公允价值”计量，而是根据现行准则，

---

① 吴水澎，谢诗芬，薛祖云．会计理论［M］．北京：机械工业出版社，2007：236．
葛家澍，叶丰滢．双重计量在财务报表中列报的新探索［J］．厦门大学学报（哲学社会科学版），2010（1）：38-45．

凡准则要求或允许按公允价值计量的项目列报在“公允价值”一栏，凡准则要求按历史成本计量的项目，列报在“历史成本”一栏。这样，“合计”栏虽然仍把两种计量属性的金额加在一起，但由于在两个专栏中它们已经被分开，因此，“合计”栏的金额就不致因混淆实际数和估计数而丧失对外部信息使用者决策的有用性。

（二）扩大报告范围

一是扩大对人力资源、无形资源的报告。在现行会计体制下，人力资本方面的支出，不管金额多大，一律作为当期费用，这就使人力资源被大大低估。因此，有研究建议深入研究人力资源确认、计量的理论和方法，以及由此而产生的利益分配等问题，进而能够恰当地在财务报告中披露。

二是将社会责任等非财务信息包含在财务报告中。近年来，越来越多的公司，特别是上市公司以独立或包含的形式披露社会责任报告，社会责任报告模式开始出现。2011年，由彭华岗主编的《中国企业社会责任报告编写指南（CASS-CSR2.0）》将企业社会责任信息披露指标分为7大类共65个指标；2012年，中国平安保险（集团）股份有限公司发布了《2012年企业社会责任报告》，该报告对股东、客户、员工、环境和社会、合作伙伴等利益相关方责任的履行情况进行了报告。

（三）案例：南非的整合财务报告[①]

整合财务报告是改良主义的一种具体思路，属于扩大报告范围改革的一种具体框架建议。

实践部门和一些学者均指出，当前企业报告体系存在既过于复杂、信息超载，又不能真实反映企业价值创造和可持续发展能力并及时预警风险的缺陷。因此，整合现有各种财务与非财务报告并提高企业报告的决策有用性，已成为后危机时代会计变革的重要议题之一（汪祥耀等，2012）。非财务报告逐渐地被整合在环境、社会和治理（environmental，social and governance，简称ESG）三个方面，也称ESG三重底线报告。然而，仅是非财务信息的整合是不够的，非财务信息还需要与经济或财务信息做进一步的整合。未来的整合报告应是涵盖企业财务、环境、社会责任和公司治理这四个方面综合信息的报告体系。

自2002年丹麦诺维信发布世界上第一份整合报告以来，美国电力、荷兰飞利浦等世界500强企业也相继发布了整合报告。在全世界共同关注生态环境及可持续发展的背景下，国际整合报告委员会（IIRC）于2010年8月设立，南非、美国、澳大利亚等国家相继开展了前期研究和实践。近些年，整合报告在我国也开始得到重视，2011年1月，在北京召开了IIRC会议，与会者指出，企业报告体系不断向前发展，企业应关注整合报告与其价值之间的关系，从而预测企业的发展前景和价值

① 蔡海静，汪祥耀．实施整合报告能否提高信息的价值相关性［J］．会计研究，2013（1）．

创造能力。总体而言，目前整合报告领域的研究无论在理论层面还是在实践层面都还处于初创阶段，需要进一步的探索和完善。

南非是世界上第一个强制实施整合报告的国家。2010年2月，南非强制性要求约翰内斯堡证券交易所的上市公司遵循《金规则》（King111）编制整合报告，并在2010年3月之后的期间发布，否则需要解释不发布的原因。一份对南非实施整合报告制度后信息价值相关性的实证研究表明：在制度实施前，财务信息的价值相关性呈明显下降趋势，但整合报告实施后，下降趋势开始趋缓。这说明南非在正式实施整合报告制度前，投资者对财务信息的决策依赖程度已经有所下降，而通过增加非财务信息的披露，增强了企业报告信息的有用性。这一经验证据支持了国际社会倡导实施整合报告的目的，企业报告信息不能仅限于财务信息，更应该包括必要的非财务信息。

对于整合报告的必要性，实际上也存在一些疑问。财务、环境、社会责任和公司治理这四个维度都能独立地对企业价值产生影响，其各自维度的信息披露均能证明具有正面效应的价值相关性。整合了财务、环境、社会责任和公司治理这四维信息后的整合报告信息是否具有增量的价值相关性呢？单纯从机理上分析，整合报告将企业环境、社会责任、公司治理等非财务信息与历史性原则下的财务信息加以有效整合，这些信息能够整体反映企业价值的全貌，应该能够进一步提升传统财务信息和非财务信息的价值相关性。根据KPMG（2011）的一份调查显示，世界500强企业中前250家的12%的企业认为编制整合报告的动力是能够提升信息的价值相关性的，并能够提高企业的自身价值。

二、激进式变革观点

与上述渐进式的改革方式不同，国内外也出现了一些比较激进的改革主张。

（一）多层次的“彩色”报告模式

美国的Wallman提出的与传统财务报表相区别的“彩色”报告模式是较具有创新性的一种改革观点。在他看来，传统财务报告的核心——财务报表，所包含的信息必须符合确认的基本标准，一项要素要么进入财务报表，要么被排除在报表之外，好比“非黑即白”。Wallman针对FASB第5号概念公告中所确定的四条确认标准，一项一项地分别予以考虑，按照会计事项满足这些标准的情况，并将相关性列为必不可少的有用属性，建立了他所提出的分为五个层面的“彩色”报告模式：

① 在第1层面中，相关性、可靠性、可定义性和可计量性都符合要求，相当于财务报表的内容，可称之为核心信息层。

② 在第2层面中，相关性、可计量性、可定义性均符合标准，但可靠性有些问题，如“自创商誉”当作资产来计量就属于这一情况。

③ 在第3层面中，相关性与可计量性符合要求，但可定义性和可靠性有些问

题，如“顾客满意程度”的计量，既不符合要素的定义，又比较不可靠。

④ 在第4层面中，其他标准皆符合要求，但不符合可定义性，如关于风险的计量。

⑤ 在第5层面中，除相关性外，其他标准均有些问题，如一个企业的“持续经营价值”和“知识产权资本”的计量。

（二）按需报告的交互式报告模式

传统财务报告采用通用财务报告模式，是一种大批量生产模式，不能充分满足使用者的多样化信息需求。随着信息技术在会计领域的深入应用，有些学者和机构提出了人机互动专用报告模式，即使用者可以直接按照自己的需求通过计算机界面适时向企业索取专用报告，它可以满足不同使用者的不同信息需求。例如，英格兰和威尔士注册会计师协会（the Institute of Chartered Accountants of England & Wales，1998年）、苏格兰注册会计师协会（the Institute of Chartered Accountants of Scotland，1999年）、Boulton等（2000年）分别在《21世纪年度报告》《企业报告：不可避免的变化》《解释价值的秘密：成功的企业怎样在新经济条件下创造财富》等书中提出了人机互动式专用报告的设想。而国内学者提出的“大众传播报告模式”（肖泽忠，1996年）和“按需报告模式”（肖泽忠，2004年）也属于这一类型的报告模式，尤其是前者，还可以同时实现以下两种不同目的：满足不同使用者的信息需求和作为报告企业的宣传工具。

（三）企业价值报告模式[①]

对于形成企业核心竞争力的智力资本（如人力资源、企业形象、企业文化、组织机构、团队决策、客户关系等）和供应链系统等重要资源，由于不符合传统会计要素的定义而被摒弃在财务报告之外，或者说传统财务报告对此类事项束手无策，这是造成账面价值远远低于市场价值的根本原因。显然，以有形资产的计量和报告为核心的传统会计信息系统已经到了非变革不可的时候了，否则，一个无法反映企业真实价值的信息系统如何能取信于外部使用者呢？

站在会计信息使用者角度，企业财务报告越详细、越具体，使用者对企业的情况就越了解。比如，企业未来的获利方式及趋势如何？企业的智力资本和核心竞争力在哪里？企业管理层正在如何经营？在财务报告的使用者中，企业外部投资人和债权人尤其关注上述问题，并据此做出投资与贷款决策。然而，现行财务报告缺乏其应有的披露。据普华永道管理咨询公司（PWC）对企业、分析师与投资者的调查显示，40%的企业认为它们所提供的报告是非常有用的，但报告的使用方却有着不同看法，使用方认为现行报告非常有用的比例不到20%，认为财务报告一点用处没有的约占17%，其余则认为说不清或者介于非常有用与一点用处没有之间。这项

① 张家伦．企业价值报告：现代财务报告演进的必然趋势［J］．会计研究，2010（2）：28-34.

调查表明至少有1/3以上的使用者不满足于现行财务报告，要求披露更多的相关信息。

PWC在2001年提出了“企业价值报告（value reporting）”的改革建议，按照PWC的定义，价值报告是一种涵盖了财务与非财务层面的绩效评价指标的报告体系。它不同于前述的整合报告，其以企业价值为报告对象，不包括与绩效无关的报告内容。PWC的研究报告认为，企业价值报告在提升信息的透明度，让资本市场更多地了解有关企业未来价值方面具有如下作用：（1）增加股东价值；（2）提升对管理团队能力的信赖；（3）募集新资本的一种途径；（4）使更多的投资者愿意长期持有公司股份；（5）降低市场股价的波动性。

企业价值报告的提出，实际上将加速现代企业会计中管理会计和财务会计之间的融合。目前在我国，企业内部管理的价值信息由管理会计系统加工和提供，专门用于企业内部决策，外部使用者无法获得；企业财务状况和经营成果按照会计制度的规定，由企业财务会计系统加工、整理和提供，主要用于满足企业外部信息使用者的信息需求。而企业价值报告概念则要求把管理会计和财务会计中所有与企业价值决定相关的信息形成一个综合报告，简言之，就是要在现行财务报告所披露的企业价值结果之外，增加披露企业价值决定因素和决定过程方面的信息。

第四节　实务案例一：控制权与并表范围辨析

合并财务报表是指反映母公司和其全部子公司形成的企业集团整体财务状况、经营成果和现金流量的财务报表。合并财务报表的合并范围应当以控制为基础加以确定。一般情况下，当投资方直接或者间接享有被投资单位半数以上的表决权时，通常表明该投资方能够控制该被投资单位，应当将该被投资单位认定为子公司并综合考虑具体的情况。因此，在具体应用控制标准确定合并范围时，应当着重强调实质重于形式的原则，综合考虑所有相关因素进行判断，例如，被投资单位的各投资者的相对持股情况、投资者之间的相互关系、公司治理结构、各投资者对被投资单位的权利及承担的风险和收益的大小、日常经营管理的特点等因素，需要较多的专业判断。

一、实践案例

1.案例一

A公司为上市公司，B公司原为国有企业。当地国资委于2×12年与C公司签订协议，将B公司主要房屋、建筑物和机器设备等资产确定为实收资本，注册成立D公司并委托C公司在授权范围内组织日常生产经营活动和管理，但重大财务和经营决策仍需要得到委托方，即当地国资委的批准。C公司对D公司的经营权为期10年，从2×12年11月起开始计算。D公司生产经营产生的利润或亏损由C公司享有或承担40%，由B公司享有或承担60%。B公司投入的注册资本完全由B公司享有，C公司不享有该部分资产的产权。

经有关部门批准，A公司与C公司签订协议，A公司吸收合并C公司。吸收合并后，A公司未对D公司进行投资，但通过C公司与D公司的原协议持有D公司40%的收益权，而D公司的产权仍由B公司及当地国资委管理。

2×15年12月，A公司与当地国资委签订产权转让合同，受让D公司全部产权，包括由当地国资委持有的D公司的终极产权，以及当地国资委享有的D公司60%的收益权和C公司享有的D公司40%的收益权。对于D公司账面净资产与A公司投资成本之间的差额，A公司认为：C公司原组织、管理、控制D公司的生产经营，C公司对D公司形成控制。A公司吸收合并C公司并继承原C公司享有的对D公司的经营权和40%的收益权，因此，A公司对D公司形成控制。A公司可以比照购买子公司其他股东持有的股权的核算原则，将上述差异冲减合并财务报表的资本公积。

问题：A公司的上述会计处理是否正确？

2. 案例二

A公司为上市公司，2×15年12月与B公司共同投资设立C公司。C公司为中外合资经营企业，其中，A公司持股比例为51%，B公司持股比例为49%。C公司于2×15年12月开始正式运营，其董事会由7名成员组成，其中，A公司派出4名董事，B公司派出3名董事。A公司在2×15年年报、2×16年一季度报、2×16年半年报和2×16年三季度报中均将C公司纳入合并范围。

在2×16年年报中，A公司将C公司认定为共同控制企业，并将其核算方法由成本法改为权益法，A公司说明的主要理由为：

（1）C公司的年度工作计划必须由董事会一致表决通过，A公司认为，其在重要经营决策方面无法控制C公司。

（2）合营合同与公司章程规定特定事项必须由董事会一致表决通过，如C公司超过500万元的购买、转让、出售、出租或以其他方式处置任何固定资产、不动产以及其他设备；签订、实质性修改、解除或终止任何重大合同以及年度计划。

A公司认为，合并范围变更事项属于会计估计变更，不影响公司2×16年度合并财务报表中归属于母公司股东的净利润和归属于母公司股东的权益。会计师事务所对上述事项也出具了书面说明，认为该事项属于会计估计变更，在相关重大方面符合企业会计准则的有关规定。

问题：A公司在编制2×16年度合并财务报表时，合并范围变更事项属于会计估计变更的处理是否合理？

二、准则背景

我国企业会计准则的相关规定如下：

《企业会计准则第33号——合并财务报表》第七条对“控制”的定义是：“控制，是指投资方拥有对被投资方的权力，通过参与被投资方的相关活动而享有可变回报，并且有能力运用对被投资方的权力影响其回报金额。”

《企业会计准则第33号——合并财务报表》第十三条、第十四条与第十五条则进一步对表决权比例超过半数和未超过半数的情形做出原则性规定：

“第十三条　除非有确凿证据表明其不能主导被投资方相关活动，下列情况，表明投资方对被投资方拥有权力：

（一）投资方持有被投资方半数以上的表决权的。

（二）投资方持有被投资方半数或以下的表决权，但通过与其他表决权持有人之间的协议能够控制半数以上表决权的。

第十四条　投资方持有被投资方半数或以下的表决权，但综合考虑下列事实和情况后，判断投资方持有的表决权足以使其目前有能力主导被投资方相关活动的，视为投资方对被投资方拥有权力：

（一）投资方持有的表决权相对于其他投资方持有的表决权份额的大小，以及其他投资方持有表决权的分散程度。

（二）投资方和其他投资方持有的被投资方的潜在表决权，如可转换公司债券、可执行认股权证等。

（三）其他合同安排产生的权利。

（四）被投资方以往的表决权行使情况等其他相关事实和情况。

第十五条　当表决权不能对被投资方的回报产生重大影响时，如仅与被投资方的日常行政管理活动有关，并且被投资方的相关活动由合同安排所决定，投资方需要评估这些合同安排，以评价其享有的权利是否足够使其拥有对被投资方的权力。”

国际财务报告准则的相关规定如下：

目前的国际财务报告准则中对于控制的判断原则与我国企业会计准则是一致的。自2013年1月1日起生效的《国际财务报告准则第10号——合并财务报表》则对控制关系中的“委托人”和“代理方”给予了更多的指引。《国际财务报告准则第10号——合并财务报表》第B58段规定，当行使决策权的投资者（决策者）评估其是否控制被投资单位时，应当判断自身为委托人还是代理方。投资者也应当判断享有决策权的其他投资方是否为其代理。代理方是主要代表其他一方或者其他各方（委托人）活动的主体，因此，当代理方行使其决策权力时并不代表该代理方控制被投资单位。有时某委托人的权力可能由其代理方代为行使。某决策者并不仅仅因为其他方能够从其决策中获得收益而成为代理。《国际财务报告准则第10号——合并财务报表》第B59段规定，当该投资方评估其是否控制被投资单位时，某一投资方可能将其对某些特殊事项或者所有相关活动的决策权力授予某代理方，其应当将授予代理方的所有决策权视同为其自身持有的权力。

三、案例解析与讨论

1.对“控制”内涵的讨论

控制是指一个企业能够决定另一个企业的财务和经营政策，并能据以从另一个企业的经营活动中获得利益的权力。从这个定义可以看出，其核心要素包含以下几个部分：

① 控制的内容是被控制方的财务和经营政策。这些财务和经营政策一般通过表决权来决定，也可能通过其他方式来决定。

② 控制的性质是一种权力。其可以是一种法定权力，也可以是通过公司章程或协议、投资者之间的协议授予的权力。

③ 控制的目的是获取经济利益。其包括增加经济利益、维持经济利益、保护经济利益，或者降低所分担的损失等。

关于控制的内容，实务中存在一定的困惑，如投资者需要对所有事项都有决定权还是仅仅对部分事项拥有决定权即可判断为存在控制？究竟哪些决策属于“财务和经营政策”的范畴？

监督管理部门建议，在确定控制的内容时，对投资单位的决策事项的表决需要区分为实质性参与条款与保护性条款。在判断控制的时候，应该只考虑实质性参与条款，不考虑保护性条款。一般来说，保护性条款是指出于保护全部或部分投资者（尤其是小股东）利益的目的，对于与公司正常经营活动无关，或者因为其金额非常重大、性质非常特殊等原因，会严重影响到公司正常业务的决策，适用更为严谨的决策程序（如需要全体股东表决通过等）。下面这些决议内容很可能属于保护性条款：对公司增加或者减少注册资本做出决议；对发行公司债券做出决议；对公司合并、分立、变更公司形式、解散和清算等事项做出决议；修改公司章程等。

另外，“财务和经营政策”强调的是“政策”的制定，并不一定需要包括政策的日常执行。有些情况下，投资者可能制定了财务和经营政策，而将这些政策的执行委托给管理层或者其他代理方。例如，某些承包经营的安排中，受托方根据委托方确定的财务和经营政策，只负责所承包企业的日常经营活动。再如，一些酒店的所有者会与酒店管理公司签订合约，将酒店的日常经营活动交给酒店管理公司负责，所有者对酒店的经营方针、规定、年度预算等拥有决策权，所有者支付给酒店管理公司的管理费与酒店的经营业绩挂钩。在这些情况下，酒店管理公司很可能是以“代理人”的身份去执行委托人制定的政策。

实务中，还需要注意区分持股比例和表决权比例，尤其是在某些企业类型中，表决权比例与持股比例通常是不一致的。例如，在有限合伙企业中，经常可以看到这样的情形，普通合伙人的出资比例很低，但普通合伙人是执行合伙人，对合伙企业事务具有控制权。再如，在中外合资经营企业中，董事会作为日常经营最高决策机构，投资者的表决权体现为其在董事会的席位，有可能与投资者的出资比例不对等。

即使在表决权比例超过半数的情况下，也不能直接判断其拥有控制权，实务中存在这样的情形：投资者在被投资单位的表决权比例超过半数，但是被投资单位的一部分重要财务或经营政策需要2/3或者全部表决一致才能通过。在这种情况下，投资者对被投资单位仍然没有控制权。

控制的判断是一个较为复杂的问题，以上分析也不能涵盖所有的方面，但总体来说，都需要紧扣“控制”定义的核心要素，结合被投资单位的法律形式、投资合同、章程、董事会设置等方面综合考虑。

2. 案例解析

根据以上的讨论，上述两个案例的合理处理方式如下：

1）案例一

本案例中，A公司吸收合并C公司后，继承了C公司2×12年与当地国资委签订协议中约定的相关权利和义务，即由A公司组织D公司生产经营、管理控制，A公司按照40%的比例享有或承担D公司生产经营产生的利润或亏损。因此，控制权判断的关键在于分析A公司（吸收合并前的C公司）对D公司的经营和管理是以委托人（principal）身份还是以代理人（agent）身份进行的。本案例中，A公司（吸收合并前的C公司）仅仅能在授权范围内组织日常生产经营和管理，重大的财务和经营决策仍需要得到当地国资委的批准，可见其经营管理权力在实质上仍受到较大的限制和制约，很可能只是承担代理管理的角色。

另一方面，根据本案例背景，从“当地国资委于2×12年与C公司签订协议”看，“B公司投入的注册资本完全由B公司享有，C公司不享有该部分资产的产权”，以及“A公司吸收合并C公司后，未对D公司进行投资，仍通过原协议持有D公司40%的收益权，而D公司的终极产权由当地国资委管理”。据此，我们认为，A公司实质上也并不享有D公司的财产权和剩余收益权，这部分权益由委托人，即当地国资委享有。

综上所述，就经济实质而言，A公司（吸收合并前的C公司）实际上充当的是受托进行日常经营管理的角色，代表其委托人，即当地国资委对D公司的生产经营进行管理。

A公司与当地国资委签订产权转让合同，受让D公司全部产权和剩余收益权后使其成为A公司的全资子公司，A公司应从此时起将其纳入合并范围，并按照非同一控制下企业合并进行相关会计处理。

2）案例二

本案例中，A公司于2×16年变更其合并范围的依据是合营合同、公司章程及其约定，如某些特定事项及年度工作计划等必须董事会一致表决通过等。然而，A公司在编制2×15年年报和2×16年一季报、半年报、三季报时，这些条款就已经存在了。在此类条款未发生修订的情况下，A公司据此判断是否对C公司具有控制权时，前后不应当出现判断差异，相应地，A公司合并范围也不应当出现变更。A公司上述调整既不属于会计政策变更也不属于会计估计变更的范围。该案例关键的判断在于，根据合营合同、公司章程的约定，A公司对C公司是否具有控制权。

首先，案例背景资料中提及，合同价值超过500万元的购买、转让、出售、出租、处置固定资产的事由必须由董事会一致表决通过。据此，我们认为，首先应当分析该条款为有实质性意义的条款还是保护性条款。如果就C公司的日常经营性质而言，固定资产的购置、租售事项并非小概率事件，则很可能将此条款认定为有实质性意义的条款而非保护性条款。此外，还应当分析，相对C公司的实际经营规模而言，应当可以将其判断为一项有实质性意义的条款而非保护性条款。

其次，我们也注意到案例背景资料中提及，签订、实质性修改、解除或终止任何重大合同以及年度计划必须由董事会一致表决通过。该条规定也在很大程度上表明A公司对C公司的重大经营政策没有控制权。

如果结合上述两点的分析，A公司对C公司始终不具有控制权而仅能实施共同控制的情况下，C公司为A公司的合营企业，不能纳入A公司的合并范围，A公司自始至终都应将C公司作为合营企业核算。A公司在2×15年年报和2×16年一季报、半年报、三季报连续四个会计期间将C公司纳入合并范围，而从2×16年起不将C公司纳入合并范围的处理方式并不符合企业会计准则的相关规定。因此，A公司在编制2×16年度合并财务报表时，将合并范围作为会计估计变更处理是不合理的，应当将在此前将C公司纳入合并范围事项作为会计差错更正处理。

第五节 实务案例二：出售子公司附回购权是否出表

一、实践案例

2×16年1月，A（上市）公司与C公司合伙成立B合伙企业。其中，A公司持有99.93%的财产份额，为唯一有限合伙人；C公司持有0.07%的财产份额，为普通合伙人及执行合伙人。A公司认为其作为唯一有限合伙人，持有B合伙企业99.93%的财产份额，承担了B合伙企业大部分风险和报酬，构成对B合伙企业的控制，因此在2×16年将B合伙企业纳入合并报表范围。

B合伙企业认购L（上市）公司1%的股权，总投资额101 017万元，其中已支付66 488万元，尚有34 529万元投资款需按照投资进度分期支付。截至2×17年12月31日，L公司1%股权对应的市值约为137 800万元。

2×17年12月，A公司资金紧张，向S公司寻求资金支持，S公司要求提供担保。因A公司其他所有资产都已被抵押，A公司提出以B合伙企业的财产份额进行质押融资，但由于合伙企业份额的质押登记工作没有相应的质押登记管理部门受理，A公司无法实现B合伙企业财产份额的质押，因此，A公司以转让B合伙企业的财产份额作为保证措施进行融资，并明确约定了财产份额的回购权。上述交易概况，如图6-3所示。

图6-3 交易框架图

2×17年12月28日，A公司与S公司签订关于B合伙企业的《财产份额转让协议》，双方约定A公司将所持有的B合伙企业99.93%的财产份额转让给S公司，转让价格为76 387万元。2×17年12月29日，双方根据转让协议办理工商登记变更手续，B合伙企业的有限合伙人变更为S公司。

根据转让协议的约定，自协议签署之日起，S公司对受让的B合伙企业财产份额享有所有权及有关权益，协议同时约定：（1）S公司有权根据市场状况通过对外转让或清算等方式将B合伙企业的财产份额处置变现，承担全部投资损失；两年内A公司拥有优先购买权，若A公司放弃优先购买权，将享有S公司处置B合伙企业所得超额收益的10%；（2）A公司自协议签订之日起未来两年内，有权单方面提出按照S公司实际支付的转让价款76 387万元加上每年9%的资金成本，回购B合伙企业的财产份额。

在编制2×17年度财务报表时，A公司将转让B合伙企业的99.93%财产份额事项作为处置子公司处理，并在合并财务报表中确认投资收益9 268万元。

问题：A公司在2×17年度财务报表中将转让B合伙企业财产份额事项作为处置子公司进行会计处理是否恰当？

二、案例解析与讨论

1. 讨论思路

分析A公司在2×17年底是否应将B合伙企业出表，首先需结合B合伙企业是否构成业务，确定所适用的具体会计准则。

（1）如果B合伙企业构成业务，则需根据合并财务报表准则，分析A公司是否丧失了对B合伙企业的控制权。合并财务报表准则对“控制”的定义为：“控制，是指投资方拥有对被投资方的权力，通过参与被投资方的相关活动而享有可变回报，并且有能力运用对被投资方的权力影响其回报金额。本准则所称相关活动，是指对被投资方的回报产生重大影响的活动。”

此外，《〈企业会计准则第33号——合并财务报表〉应用指南》（2014年修订）第二章中对潜在表决权的规定也影响投资者是否拥有控制权的判断，其规定是：“潜在表决权是获得被投资方表决权的权利，例如，可转换工具、可执行认股权证、远期股权购买合同或其他期权所产生的权利。确定潜在表决权是否赋予其持有者控制权力时需要考虑下列三方面：①潜在表决权工具的设立目的和设计。②潜在表决权是否为实质性权利，判断控制权力时仅考虑满足实质性权利要求的潜在表决权。③投资方是否持有其他表决权或其他与被投资方相关的表决权，这些权利与投资方持有的潜在表决权结合后是否赋予投资方拥有对被投资方的权力。”

（2）如果B合伙企业不构成业务，则可穿透B合伙企业的外壳，根据金融资产转移准则分析是否应终止确认底层金融资产（即L公司的1%股权）。

《企业会计准则第23号——金融资产转移》（2017年修订）第八条明确规定了企业如何评估金融资产所有权上风险和报酬的转移程度：

“企业在评估金融资产所有权上风险和报酬的转移程度时，应当比较转移前后其所承担的该金融资产未来净现金流量金额及其时间分布变动的风险。

企业承担的金融资产未来净现金流量现值变动的风险没有因转移而发生显著变化的，表明该企业仍保留了金融资产所有权上几乎所有风险和报酬。如将贷款整体转移并对该贷款可能发生的所有损失进行全额补偿，或者出售一项金融资产但约定以固定价格或者售价加上出借人回报的价格回购。

企业承担的金融资产未来净现金流量现值变动的风险相对于金融资产的未来净现金流量现值的全部变动风险不再显著的，表明该企业已经转移了金融资产所有权上几乎所有风险和报酬。如无条件出售金融资产，或者出售金融资产且仅保留以其在回购时的公允价值进行回购的选择权。”

2. 案例解析

在B合伙企业构成业务的情况下，结合“控制”定义的三要素分析：（1）A公司拥有对B合伙企业的潜在表决权，因为A公司在未来两年内可随时以固定价格回购B合伙企业99.93%的财产份额，且该潜在表决权在2×17年年末是价内期权（因为该财产份额的市场价格高于其回购价格），因此，该潜在表决权使A公司拥有对B合伙企业的权力；（2）虽然A公司在尚未回购B合伙企业的财产份额之前不能直接享有B合伙企业的经营成果，但A公司可通过行使回购权而享有该财产份额的价值上涨以及B合伙企业当期已实现但尚未分配的利润，因此，A公司实质上享有B合伙企业的可变回报；（3）A公司可结合B合伙企业财产份额的市场价格、B合伙企业的经营成果和利润分配情况等，通过回购时间的选择影响其可变回报的金额。

综上所述，在B合伙企业构成业务的情况下，A公司在2×17年年末实质上仍然控制着B合伙企业，不应将其出表。

在B合伙企业不构成业务的情况下，A公司应根据金融资产转移准则，判断是否已将底层金融资产所有权上几乎所有的风险和报酬转移给了S公司，从而确定是否应将底层金融资产出表。例如，底层金融资产L公司的1%股份在未来两年内价格大幅上升时，A公司很有可能行使回购权而分享此增值的利益，意味着该项交易并未使底层金融资产的几乎所有报酬转移给S公司。A公司在判断时，应当比较转移前后该金融资产未来现金流量净现值及时间分布的波动使其面临的风险，通过计算判断风险和报酬的转移程度。在计算金融资产未来现金流量净现值时，应当考虑所有合理、可能的现金流量波动。

第六节 实务案例三：合并中取得资产的列报问题

一、实践案例[①]

A公司是上市公司，2×13年A公司收购B公司，该交易为非同一控制下企业合并。B公司资产中包括一项应收账款——S公司850万元，已计提坏账准备50万元，账面价值及公允价值均为800万元；B公司的固定资产原值为1 500万元，累计折旧300万元，净值1 200万元（公允价值为2 200万元）。

A公司在其合并财务报表附注中将合并B公司时取得的固定资产的公允价值分为“原值”和“累计折旧”列报。

2×14年11月，由于S公司有了新股东的注资，经营情况有了明显的改善，并且现金流量充裕，因此，B公司估计合并前确认的对S公司的应收账款可以全额收回，从而在当月转回了与S公司应收账款相关的坏账准备50万元。A公司在编制2×14年合并财务报表时也将其体现为坏账准备的转回，增加当期利润50万元。

问题：A公司是否应将非同一控制下企业合并中取得的固定资产分为“原值”和“累计折旧”列报？A公司是否应在2×14年合并财务报表中转回坏账准备50万元？

二、案例讨论

非同一控制下企业合并采用购买法核算。购买方在期末编制合并财务报表的时

---

① 中国证券监督管理委员会会计部．上市公司执行企业会计准则案例解析［M］．北京：中国财政经济出版社，2016：83.

候，应该以购买日确定的被购买方各项可辨认资产、负债的公允价值为基础对子公司的财务报表进行调整。实务中，由于对购买法的理解不够全面和透彻，一些公司在编制合并财务报表时对非同一控制下企业合并取得子公司的资产负债表的后续处理存在一些误区。

购买法的理念是被购买方的资产负债表都是在购买日这一天购入的，既然是新购入的资产，应收款项和固定资产的初始计量中自然也不应出现备抵科目，其思路类似于购买一项应收款项或者二手固定资产。根据金融资产转移准则，购买一项应收款项时按照公允价值进行初始计量；根据固定资产准则，购买固定资产时按照历史成本计量，初始计量时原则上不会确认坏账准备和累计折旧。

《企业会计准则第20号——企业合并》规定："企业合并形成母子公司关系的，母公司应当设置备查簿，记录企业合并过程中取得的子公司各项可辨认资产、负债及或有负债等购买日的公允价值。编制合并报表时，应当以购买日确定的各项可辨认资产、负债及或有负债的公允价值为基础对子公司的财务报表进行调整。"

《国际财务报告准则第3号——企业合并》实施指南第41段指出，对于企业合并中取得的、以购买日公允价值计量的资产，购买方不应在购买日确认单独的估价备抵，因为未来现金流量不确定的影响已经包括在公允价值计量中。

企业合并发生后，被购买方的资产负债表在被购买方自身的财务报表与在购买方的合并报表中的计量基础有所不同：

在被购买方自身的财务报表中，原则上仍然按照持续经营假设，被购买方作为一个持续存在的会计主体，其资产、负债均应以历史成本为基础进行计量，后续发生的一些交易和事项的会计处理也应该基于历史成本计量。

在购买方的合并财务报表中，根据企业会计准则的规定，被购买方的资产、负债均应该按照购买日的公允价值进行计量。购买法的理念是被购买方的资产、负债都是于购买日这一天购入的，在购买日初始计量，购买日的公允价值成为被购买方资产、负债在合并报表中的历史成本。相应地，被购买方后续发生的一些交易和事项的会计处理也应该基于这些资产、负债在购买日的公允价值。

因此，本案例中，在购买日将被购买方的资产、负债纳入购买方的合并财务报表时，被购买方应收款项坏账准备和固定资产累计折旧这两个备抵科目不应该出现金额。在后续计量中，当有证据表明被购买方的应收款项能够被全额收回，在被购买方自身的财务报表中需转回坏账准备；但在购买方的合并财务报表中，由于并不存在坏账准备余额，应收款项按照摊余成本计量，不应该体现坏账准备转回。当最终被购买方全额收回该应收款项时，在购买方的合并财务报表中，其收回金额与应收款项余额的差额直接计入收回当期的损益。

另外，根据企业会计准则讲解的相关规定，非同一控制下企业合并中，购买方通过企业合并取得被购买方100%股权的，被购买方可以按照合并中确定的可辨认资产、负债的公允价值调整其账面价值。实务中，如果被购买方依据上述规定调整了其资产、负债的账面价值，则其后续交易和事项的会计处理在自身的财务报表中与在购买方的合并财务报表中原则上应该是一致的。

第七节 实务案例四：估计变更与差错更正辨析

近年来，上市公司财务报告存在会计估计变更或差错更正的情况较为常见，这一现象引起了人们的关注。确定某一事项是作为会计估计变更还是差错更正进行处理，通常需要职业判断。虽然会计估计变更和前期差错更正存在本质上的区别，但在会计实务中有时也难以区分。

一、税务扣除项目未及时扣除情况下应做估计变更还是差错调整

（一）实践案例

A公司为上市公司。2×13年，A公司由于为其有业务往来的B公司的银行贷款提供担保而确认了相应的预计负债，计入当年的营业外支出。该担保与A公司取得的应纳税收入相关。2×15年，担保责任实际履行完毕，A公司在2×15年企业所得税汇算清缴期间向主管税务机关申请了3亿元担保损失税前扣除。若不考虑担保损失，A公司2×15年应纳税所得额为1亿元，所得税费用为0.25亿元。A公司认为，上述担保损失符合税前扣除条件，但能否扣除最终须经主管税务机关认定，而主管税务机关的认定存在不确定性。A公司在披露2×15年年报时，尚未取得主管税务机关就担保损失扣税认定的批复文件，因此，其在2×15年年报中确认了应缴所得税负债0.25亿元，并确认了同等金额的当期所得税费用。同时，截至2×15年所得税缴纳截止日，A公司因未能取得主管税务机关的批复文件，实际据此缴纳2×15年所得税。

2×16年9月，A公司取得主管税务机关批复：为B公司银行贷款提供担保发生的担保损失共计3亿元，可以从应纳税所得额中扣除，并确定可从2×15年度的应纳税所得额中扣除1亿元，剩余2亿元可在2×16年度（含）及以后年度的应纳税所得额中扣除。

问题：A公司在2×16年取得主管税务机关批复，可从2×15年度应纳税所得额中扣除的1亿元担保损失及0.25亿元所得税费用应追溯调整计入2×15年度还是2×16年度？

（二）准则背景

我国企业会计准则的相关规定如下：

《企业会计准则第28号——会计政策、会计估计变更和差错更正》第八条规定："会计估计变更，是指由于资产和负债的当前状况及预期未来经济利益和义务

发生了变化，从而对资产或负债的账面价值或者资产的定期消耗金额进行的重估和调整。”

《企业会计准则第28号——会计政策、会计估计变更和差错更正》第十一条规定：“前期差错，是指由于没有运用或错误运用以下两种信息，而对前期财务报表造成遗漏或误报：（一）编报前期财务报告时能够合理预计取得并应当加以考虑的可靠信息；（二）前期财务报表批准报出时能够取得的可靠信息。”

（三）案例解析与讨论

会计估计变更与差错更正有时难以区分，尤其是在区分会计估计变更和由于会计估计错误导致的差错更正的情况下。区分二者的关键是判断前期做出的会计估计是否存在错误：如果在做出会计估计的当时没有考虑或没有正确运用编报财务报表时能够合理预计的可靠信息，那么这一会计估计就是错误的，属于前期差错，需要遵循差错更正的会计处理方法；反之，如果当时做出的会计估计是以当时存在的、能够取得的可靠事实为基础的，而后的会计估计变更又是由于资产和负债的当前状况及预期未来经济利益和义务发生了变化而做出的，那就属于会计估计变更，使用会计估计变更的处理方法。

本案例中，A公司从2×13年起为B公司履行银行贷款担保责任，至2×15年履行完毕，共发生3亿元贷款担保损失。A公司在披露2×15年年报之时，尚未取得主管税务机关批复文件（批准有关担保损失可以从应纳税所得额中扣除）。A公司于2×16年9月取得的主管税务机关批复文件不属于编制A公司2×15年度财务报表时“能够合理预计取得并应当加以考虑的可靠信息”，也不属于2×15年度财务报告批准报出时“能够取得的可靠信息”。因此，A公司2×16年9月取得主管税务机关批复后对相应所得税费用和应交所得税的调整不属于前期差错。

A公司于2×16年9月取得主管税务机关批复文件，直接导致与A公司2×16年度应纳税所得额和所得税费用相关的预期经济利益和缴税义务发生了变化，应属于会计估计变更，故应根据准则规定采用未来适用法。

所以，本案例中，主管税务机关批复可从2×15年度应纳税所得额中扣除的1亿元担保损失，不应追溯调整2×15年度财务报表，而应从2×16年度应纳税所得额中扣除；其余的2亿元担保损失，可以根据A公司2×16年至2×19年应纳税所得额大小和主管税务机关批复文件规定进行相应会计处理。

二、折旧年限估计变更的适用时点

（一）实践案例

2×19年4月，A（上市）公司发布公告称，经董事会审议通过“关于公司固定资产折旧年限会计估计变更的议案”，决定调整公司固定资产预计使用寿命，其中房屋建筑物预计使用寿命从原定的20~30年调整为20~40年。A公司在公告中解释此项变更的原因为：A公司2×18年购置了一栋办公楼，该办公楼的预计使用寿命为40年。

问题：A公司的该项估计变更应该从何时开始适用？

（二）案例解析与讨论

会计估计是以最近可以得到的信息为基础所做的判断。随着时间的推移，如果赖以进行估计的基础发生变化，或者由于取得了新的信息，可能不得不对会计估计进行修订。对变更后的会计估计应该从何时开始采用，企业会计准则要求采用未来适用法。

《企业会计准则第28号——会计政策、会计估计变更和差错更正》第九条规定："企业对会计估计变更应当采用未来适用法。会计估计变更仅影响变更当期的，其影响数应当在变更当期予以确认；既影响变更当期又影响未来期间的，其影响数应当在变更当期和未来期间予以确认。"

《国际会计准则第8号——本期净损益、基本错误和会计政策的变更》第28条也规定："对某项会计估计变更的影响采用未来适用法确认，意味着该变更适用于自估计变更日开始的交易。"

实务中，企业普遍清楚地认识到会计估计变更应该采用未来适用法，但在执行过程中，具体应该从何时开始采用变更后的会计估计仍存在不一致的看法。例如，应当从报告年度的期初、导致变更的事件发生日，还是从管理层批准会计估计变更的日期开始，按照新的会计估计进行会计处理，存在不一致的地方。这些应当根据背景信息，做出不同的判断，典型的情形有：

（1）报告年度内新增的某些资产，其特征与原资产有所不同，从而对新资产采用新的会计估计。这种情况是对新资产采用新会计估计，严格来讲并没有变更原来的会计估计，因此，应该对新资产初始确认后就采用新的会计估计，并在财务报告披露中予以体现。

（2）报告年度内发生的某一事件，导致原来赖以估计的基础发生变化。如果仅仅是由某一事件导致的会计估计变更，那么变更后的会计估计应该从该事件发生时点开始；如果该项会计估计变更需要得到企业管理层的批准，则还需要结合会计估计变更的客观原因与管理层主观判断因素来综合考虑适用时间。

（3）随着信息和经验的积累，企业逐渐发现原来的方法已经不再适用或者不够准确，从而需要进行变更。此时，企业很难找到某一确切的时点来作为估计变更的适用时间，在这种情况下，需要管理层在客观信息的基础上进行更多的主观判断和决策，因此，通常应该以管理层做出改变会计估计的决定之后开始适用。为方便实务操作，新的会计估计最早可以自最近一期尚未公布的定期报告（如季报、半年报）开始使用，原则上不能追溯到更早的会计期间。

本案例中，A公司原有房屋建筑物的预计使用寿命都在20年到30年之间，而新增的办公楼预计使用寿命为40年，因此，需披露房屋建筑物的预计使用寿命为

20~40年。这属于对新资产采用新的会计估计，并不是会计估计变更，应该从该办公楼达到预定可使用状态开始即按照40年计提折旧。

第八节　并购行为的并表效应：上汽案例

一、并购过程介绍①

1. 上汽集团收购上海通用1%股权

2009年12月3日，上汽集团董事会发布《重大资产重组事项暨停牌公告》，告知公司正在准备重大资产重组，股票即日起停牌，6日后恢复交易。2009年12月4日，上汽集团全资子公司上海汽车香港投资有限公司（以下简称“上汽香港”）与通用汽车中国公司（以下简称“通用中国”）签订《附条件生效的转让上海通用1%股权的股权转让协议》。2009年12月4日和5日，上汽集团分别发布了《第四届第十一次董事会会议决议公告》和《第四届第七次监事会会议决议公告》，会议通过了《关于上汽集团符合重大资产重组条件的议案》和《关于收购上海通用1%股权暨公司重大资产重组方案的议案》，同时发布了《重大资产购买报告书（草案）》。上述转让协议中还同时约定：当上汽集团能够依据中国企业会计准则将上海通用的销售收入合并进入其财务报表时，通用中国有权从上汽香港处回购该转让股权。

2010年3月23日，上汽集团发布了《重大资产重组事项最新进展的提示性公告》，说明中国证监会已核准其重组方案，同日正式发布了《重大资产购买报告书》。该报告书中指出：上汽集团通过其全资子公司上汽香港以现金方式收购通用中国持有的上海通用1%的股权，支付对价为8 475万美元及该对价从2009年6月1日（包含）至成交日（包含）之间按年利率11%计算的利息。2008年，上海通用的营业收入为564.94亿元，占上汽集团同期营业收入的比例为53.4%，因此，此次股权增持并购行为构成上汽集团的重大资产重组。

本次交易发生前，上汽集团已持有上海通用50%的股份。2006年，上汽集团自身重大资产重组后，上海通用作为上汽集团最重要的合营公司之一，纳入日常经营和财务管理体系。上汽集团通过全资子公司上汽香港现金收购通用中国持有的上海通用1%的股权，其并购交易结构如图6-4所示。

本次交易完成后，上汽集团直接持有上海通用50%的股权，并通过上汽香港间接持有上海通用1%的股权，合计持股比例为51%，并购后具体的股权结构如图6-5所示。

---

① 田雯．财务报表合并范围变化对企业并购行为及效果的影响研究［J］．财会案例评论，2015，1（1）：135-168.

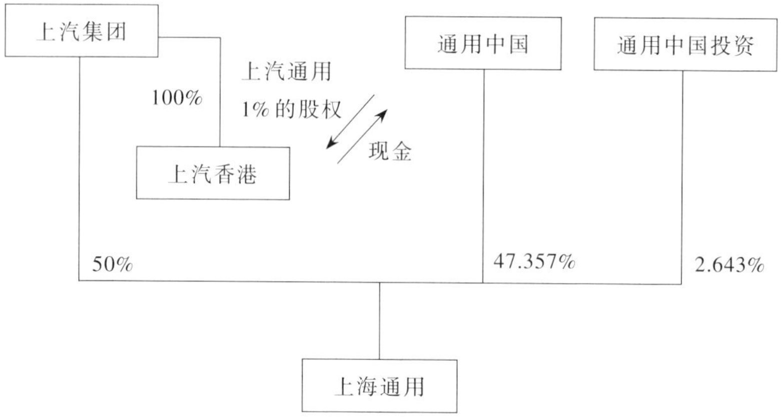

图6-4 并购交易结构

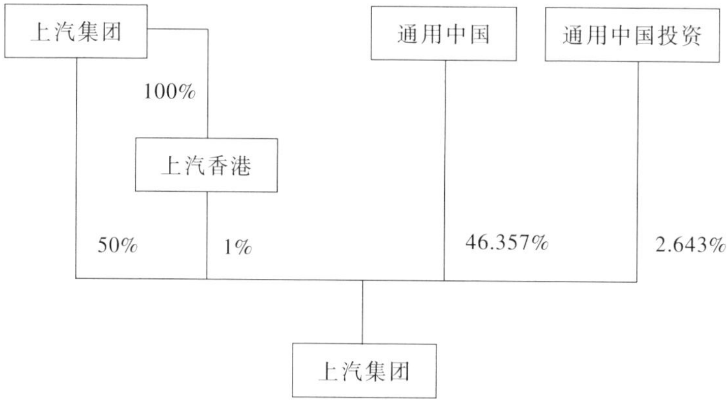

图6-5 并购完成后的股权结构

在本次交易之后，上汽集团成为上海通用的母公司。上汽香港增派1名董事进入上海通用董事会，此时，上海通用董事会中，上汽集团与通用中国的席位将由原来的5∶5调整为6∶5。通过此次并购，上海通用成为上汽集团控制的子公司，进入上汽集团财务报表合并范围，其财务成果全部计入上汽集团的合并财务报表中。

2010年2月26日，上汽香港支付了91 401 219美元，上汽集团收购上海通用的过户及相关工商登记手续全部完成，上汽集团宣告并购完成。

2. 通用中国回购上海通用1%股权

后续，2011年10月27日，上汽集团出资2 499万美元与通用汽车共同投资成立上汽通用汽车销售有限公司，上汽集团持股51%。该合资公司的成立，使得上汽集团在不对上海通用实施控制的情况下，仍可通过销售公司将上海通用的销售收入纳入合并报表。根据《转让上海通用1%股权的股权转让协议》中的相关约定，销售公司的成立预示着通用中国回购上海通用股权的条件已经基本具备。2012年5月24日，上汽集团召开董事会审议批准了《关于上海通用1%股权回购事项的议案》。

上汽集团同意通用中国以现汇方式收购上汽香港所持上海通用1%的股权，交易价格为91 401 219美元及该对价从2010年2月26日到交易款项支付日所产生的利息，年利率为4.86%，最终交易价格确认为103 017 085美元。交易完成后，上汽集团和通用汽车对上海通用的持股比例从51：49转化为50：50，董事会席位变更为6：6。2012年8月16日，相关工商变更登记事项完成。上汽集团自2012年9月1日起不再合并上海通用的会计报表。交易完成后，上汽集团依旧保持其全球第八大汽车企业的地位。

二、准则背景分析

1. 处于准则变化时期

上海通用的1%股权被反复转让，与企业会计准则的变革有直接关系。财政部于2006年12月发布了《企业会计准则第33号——合并财务报表》（以下简称CAS33），并于2014年对其进行修订，但在2014年的修订中合并范围并无改变，仍以控制为基础。CAS33是在财政部1995年《合并会计报表暂行规定》、1996年《关于合并会计报表合并范围的复函》以及1999年《关于资不抵债公司合并报表问题请示的复函》的基础上，借鉴《国际会计准则第27号——合并财务报表和对附属公司投资的会计》的规定及我国企业的实际情况而制定的。CAS33中关于合并范围的规定较之前发生了一系列变化，这些变化对上市公司的并购行为产生了一定的影响。

对照2006年财政部颁布的合并财务报表准则与之前的规定，一个重要的变化是合营企业不符合合并范围的要求不再纳入合并范围，合营企业使用权益法代替比例合并法，比例合并法也因此被废除。准则关于比例合并法的规定见表6-3。

表6-3 准则关于合营企业的合并规定对比

准则名称	规定内容
财会〔2000〕25号《企业会计制度》第185条规定	企业在编制合并会计报表时，应当将合营企业合并在内，并按照比例合并法予以合并
《企业会计准则第33号——合并财务报表》（2006年）	投资企业对于与其他投资方一起实施共同控制的被投资单位，应当采用权益法核算，而不是比例合并法

比例合并法是在2000年《企业会计制度》中提出的核算合并财务报表中合并合营企业财务状况和经营成果的方法。比例合并法要求合营者在编制合并财务报表时，将其合营企业的资产负债表、利润表、现金流量表各项目按照合营者持股比例逐项计入合营者财务报表的同类项目，最终将合营企业的相关营业成果和资产规模按比例纳入合并财务报表的方法。相应地，应该在个别财务报表“长期股权投资——合营企业”中依据合营者的持股比例编制抵销分录，抵销其在合营企业中的股东权利。

CAS33规定，将合营企业剔除出合并财务报表的合并范围，不再将其纳入合营者的合并财务报表中。权益法要求合营者按照应享有或应分担被投资单位实现净利润或发生净亏损的份额，调整长期股权投资的账面价值，同时确认当期投资收益。

2. 准则变化的原因

CAS33中取消比例合并法主要出于以下两方面原因：

第一，取消比例合并法源于新会计准则体系中合并报表理论的变迁。新会计准则体系的显著变化之一就是合并财务报表编制理论的变化，由原先基于所有权理论和母公司理论的做法向侧重于实体理论进行转变。在所有权理论原则下，在企业合并过程中被合并方不是由其全资控制的，编制合并财务报表时，母公司应当以其自身实际持有的股权为依据，按照持股比例确认合并；而在母公司理论原则下，在企业合并过程中将少数股东权益作为一般性质的负债进行会计处理，合并商誉作为合并方支付的多余对价应当完全归属于母公司，其计算基础是被合并方的净资产的公允价值，合并报表中商誉的列示全部来自母公司。相对于母公司理论将母、子公司的关系看作拥有和被拥有，实体理论则认为母、子公司的关系应该是控制和被控制。在控制关系下，母公司有权支配受其控制的子公司的全部资产，能够决定子公司的经营和财务政策，并且从其经营活动中获得利益，母、子公司完全可以看作一个整体，不需考虑比例问题。因为在控制关系下，子公司的所有资产都被母公司实际控制，与被母公司所拥有的效果是一样的，那么，在编制合并财务报表时就应直接将子公司的财务报表全部纳入，而不是按照持股比例计入。实体理论认为，合并财务报表应为整个经济实体提供数据，因此，少数股东权益同样要充分反映在合并财务报表中。对比上述合并报表理论，母公司理论强调母公司的股东权益，而实体理论则认为应给予同为经济实体的少数股东平等的地位。因此，实体理论提供的集团合并报表更为综合，更有利于各报表使用者根据合并财务报表做出科学决策。因此，新会计准则体系选择实体理论作为合并财务报表理论。

第二，取消比例合并法是因为新会计准则关于控制实质的定义。CAS33中的“控制”是指子公司能且只能由一方实施控制，而合营企业并不符合这一控制概念。也就是说，合营企业的资产、负债及所有者权益和相关损益都不能被哪一方控制，因此合营企业不再满足纳入合并财务报表的条件，比例合并法因失去了存在的意义而被取消。新会计准则中，控制的实质被重新定义，判断标准也随之发生变化，概念基础由股权扩展至无股权，从形式上的控制延伸到实质上的控制。CAS33第七条规定：合并财务报表的合并范围应当以控制为基础加以确定；控制是指一个企业能够决定另一个企业的经营和财务政策，并据以从另一个企业的经营活动中获取利益的权利。新会计准则还增加了“控制”的具体应用标准，规定见表6-4。

表6-4　　　　　　　　　　　　“控制”的具体应用标准

情　形	纳入合并范围的条件
母公司拥有其半数以上表决权	(1) 母公司直接拥有被投资单位半数以上表决权
	(2) 母公司间接拥有被投资单位半数以上表决权
	(3) 母公司以直接和间接方式合计拥有被投资单位半数以上表决权
母公司拥有其半数以下表决权	(1) 通过与被投资单位其他投资者之间的协议，拥有被投资单位半数以上表决权
	(2) 根据公司章程或协议，有权决定被投资单位的经营和财务政策
	(3) 有权任免被投资单位的董事会或类似机构的多数成员
	(4) 在被投资单位董事会或类似机构占多数表决权

3. 准则变化对合营企业并表问题的影响

在上述准则变更的背景下，当合营企业盈利且营业收入数额占合并报表编制者的收入较大份额时，新旧会计准则交替之际，合并利润表中的营业收入、营业利润、利润总额等主要财务数据将会发生明显的变化。

据上汽集团年报披露，2006年的营业收入和利润总额采用新旧会计准则产生的差异见表6-5。

表6-5　　　准则变更导致上汽集团2006年合并营业收入和利润的差异　　　金额单位：元

项　目	按新准则	按旧准则	差　异	差异幅度
营业收入	19 559 497 886	30 502 982 127	-10 943 484 241	-35.88%
利润总额	1 334 952 707	1 508 081 033	-173 128 326	-11.48%

资料来源：根据上汽集团2007年合并财务报表整理而得。

从表6-5中可以明显地看出，新会计准则应用之后，上汽集团营业收入直接减少了约109亿元，占旧会计准则下营业收入的35.88%，利润总额减少了约1.7亿元，减幅达到11.48%。

新会计准则下，营业收入的减少主要是由CAS33中合并范围变化导致的，新会计准则的应用对上汽集团的营业收入、利润总额等项目产生了重大影响，直接导致上汽集团合并财务报表中营业收入和利润总额等项目大幅度缩水。调查表明，2006年上汽集团拥有15家合营企业，其中，上海通用和上海大众的实力最为雄厚。上海通用和上海大众并非上市公司，其财务数据的收集存在困难，我们仅以上海通用2007年年报、2008年年报及2009年半年报数据，结合上汽集团同期营业收入进行比较分析，具体见表6-6。

表6-6 上海通用营业收入占上汽集团的比重

项　目	2007年	2008年	2009年上半年
上海通用营业收入（万元）	6 401 016.20	5 649 392.09	3 495 664.93
上汽集团营业收入（万元）	10 438 425.27	10 589 225.50	6 158 519.17
上海通用营业收入/上汽集团营业收入（%）	61.32	53.35	56.76

从表6-6中可以明显地看出，上海通用营业收入占上汽集团营业收入的比重相当高，各年均超过50%。

三、并购行为的报表效应

如上文所指出，合营企业盈利且营业收入占合并报表编制者的收入比重越大，新旧会计准则交替时合并利润表中的营业收入、营业利润、利润总额等主要财务数据的变化越显著。为此，上汽集团采用新会计准则后，为了消除合并范围变化导致的报表营业收入、营业利润和利润总额等项目的大幅缩水，谋求通过并购手段将其合营企业上海通用重新纳入并表范围，以更完整地反映自身资产状况、盈利能力和经营业绩。

2009年到2010年这次并购事件确实是基于改变并表范围的目的，上汽集团在其2010年2月23日发布的《重大资产购买报告书》中直接说明了此次并购是出于规避新会计准则中合并范围变化对企业合并财务报表产生的巨大负面影响的动机，通过并购上汽通用1%的股权从而使上汽集团对其拥有51%的股份，同时增加1名董事，使上汽集团掌控的董事席位数超过半数。经过这些调整后，上汽集团就符合了新会计准则中所定义的“控制”的条件，从而能够再次将上汽通用纳入并表范围。其原文描述是：“根据新会计准则的相关规定，本公司持股50%的上海通用无法纳入合并报表范围，致使本公司的资产状况、盈利能力和经营业绩无法得到完整反映，给广大投资者充分了解本公司的财务状况带来了一定的不便。本次交易完成后，本公司将合计持有上海通用51%的股权，从而可将其纳入合并报表范围，上海通用的资产状况、盈利能力等将在本公司财务报告中得到更加真实、全面的展现，本公司的主营业务亦将更加突出。”

上汽通用最初是上汽集团与通用集团基于共同利益需求而设立的合营企业，通用中国并不想就此放弃共同控制权，通用中国出让1%的股权只是应上汽集团的要求而做出的临时协助安排。为了协调这种冲突，在《上海汽车集团股份有限公司重大资产购买报告书》中专门设置了股权回购条件。该报告书的第一章“重大事项”第三部分“拟购买资产被回购的风险”中明确写道：根据上汽集团全资子公司上汽香港与通用中国签署的《股权转让协议》，“如上汽集团能够依据下文规定的中国企业会计准则直接或间接合并上海通用业务产生的销售收入进入上汽集团的财务报表，通用中国应有权从上汽香港处回购所转让的股权。通用中国和上汽香港将尽最大努力至诚合作，寻求上汽集团根据适用的法律、法规和中国通用的会计准则直接或间接合并上海通用业务产生的销售收入进入上汽集团财务报表的方法。一旦发现此等方法，双方应立即实施。双方同意可由通用中国的关联公司行使该回购权。如果通用中国希望自行或由其任意一家关联公司行使回购权，则应提前30天书面通知上汽集团，回购股权的价格为《股权转让协议》规定的对价加上对价利息。同时，在本交易完成后的任何时间，上汽香港均有权向通用中国行使转让股权的卖出权。如果上汽香港选择行使卖出权，则应提前30天书面通知通用中国，卖出股权的价格为《股权转让协议》规定的对价加上对价利息。”

2010年完成并购后，按照现行企业会计准则的规定，上汽集团的合并报表确实产生了显著变化，并带来了其他连锁反应，具体分述如下：

1. 并购后合并利润表产生显著变化

从表6-7中2008—2011年上汽集团合并利润表营业收入、营业利润和利润总额三项指标的纵向对比可以看出，2010年重新将上汽通用纳入并表范围后，营业收入有了大幅增长，增长率高达124.42%，是四年数据中最突兀的一项。因而可以说，此次并购实现了上汽集团扩大并表营业收入的初衷。需要说明的是，表6-7中2009年营业利润和利润总额增长率分别出现9倍多和18倍多的惊人增长，是因为2008年金融危机导致国内汽车市场整体滑坡和控股子公司韩国双龙汽车破产给上汽集团带来的巨大冲击所致，2008年上汽集团各项利润为负，亏损较大，2009年通过调整，上汽集团迅速消化负面影响，利润转正，由于2008年的利润基数低，导致2009年的利润增长相对数出现异常高值。2010年并购完成后，上汽集团2010年合并利润表各项利润数值翻了两番以上。综上所述，上汽集团此次并购的并表效应非常明显，营业收入和利润数值均出现显著提高。

表6-7　**上汽集团并购前后合并利润表项目变动幅度**

项　目	2008年	2009年	2010年	2011年
营业收入增长率（%）	1.41	31.87	124.42	38.75
营业利润增长率（%）	-117.40	969.40	220.31	54.40
利润总额增长率（%）	-108.21	1 889.77	210.39	57.50

2. 并购后世界排名发生变化

“世界500强”是美国《财富》杂志以企业年销售收入作为排名依据评选出的全球规模最大的500家公司的简称。《财富》世界500强排名是世界上极具影响力的榜单之一，每年发布一次。2004—2012年，上汽集团在《财富》世界500强中的排名见表6-8。

表6-8　上汽集团在《财富》世界500强中的排名变化

年 份	排 名	营业收入（百万美元）	排名变化
2004	461	—	—
2005	未上榜	—	
2006	402	18 000	+59
2007	未上榜	15 300	
2008	373	22 600	+29
2009	359	24 882.2	+14
2010	223	33 628.9	+136
2011	151	54 257.2	+72
2012	130	67 254.8	+21

从表6-8中可以明显看出，2010年上汽集团由于并购产生的并表效应，使其销售收入出现巨幅增长，从而使其在《财富》世界500强中的排名得到了大幅度攀升，一举提高了136个名次，跃至第223名，企业的世界影响力明显提升。

3. 并购后对股价的影响

上汽集团通过公布并购决策，向市场传递营业收入增长、合并报表改善的消息，市场给出了良好的反应。上汽集团并购消息发布日后的股价变化，如图6-6所示，其形成了一波持续1个月左右的上升行情。

图6-6　上汽集团股价变化图（2009年5月—2011年6月）

第九节　其他列报难点项目讨论

一、预付设备款列报问题[①]

1. 案例资料

A公司为上市公司。该公司2×13年预付给供应商1 000万元用于进口某机器设备。2×11年12月31日，该机器设备尚未到货。A公司通过查阅《企业会计准则——应用指南》附录中的账务处理，注意到“1123预付账款”中指出“企业进行在建工程预付的工程价款，也在本科目核算”。A公司因此将该笔1 000万元的预付设备采购款在“预付账款”科目进行核算。在编制2×14年年度财务报表时，由于《〈企业会计准则第30号——财务报表列报〉应用指南》中给出的财务报表格式将“预付账款”作为一个单独的报表项目列示于流动资产，A公司将这笔1 000万元预付设备款包含在流动资产的“预付款项”中进行列报。

问题：用于购建固定资产的“预付款项”在资产负债表中应该如何列报？

2. 案例讨论

首先，不能仅仅根据日常核算时所使用的会计科目来决定资产负债表中的列报。《企业会计准则——应用指南》附录中只是对企业的会计科目设置和日常会计核算提供指引，而在编制财务报表时，确定资产分类还是应该根据其实际情况，遵循《企业会计准则第30号——财务报表列报》中有关流动性分类的原则进行考虑。

其次，用于购建固定资产的“预付款项”应该列报为流动资产还是非流动资产的问题，实务中一直存在不同的观点：

一种观点认为，如何列报预付工程设备款应该取决于应付账款结转为其所购买的资产期间。如果预付账款预计将在未来1年（或者一个营业周期）之内结转为其他资产，则预付账款应作为流动资产列报，否则应作为非流动资产列报。

另一种观点认为，判断预付账款作为流动资产还是非流动资产应该依据该预付账款所购买的标的资产的类别来决定。例如，为购买存货支付预付账款应当列报为流动资产，为购买固定资产而支付的预付账款则应该列报为非流动资产。

根据《企业会计准则第30号——财务报表列报》（2014年修订）第十七条规定：“资产满足下列条件之一的，应当归类为流动资产：（一）预计在一个正常营业周期中变现、出售或耗用。（二）主要为交易目的而持有。（三）预计在资产负债表日起一年内变现。（四）自资产负债表日起一年内，交换其他资产或清偿负债的能力不受限制的现金或现金等价物。”从预付账款的性质分析，企业显然不是为了出售或耗用的目的而持有预付账款，因此在考虑预付款项的分类时，应当重点分析其

① 中国证券监督管理委员会会计部．上市公司执行企业会计准则案例解析［M］．北京：中国财政经济出版社，2016：302.

“变现”的时间。我们认为，这里“变现”的含义并不是指将该项资产处置后收回现金，而是指该项资产的经济利益的预期实现方式。因此，我们需要从预付账款所包含的经济利益的实现方式和时间来分析其在资产负债表中的分类。从预付账款的性质来看，预付账款是企业为了购买某项资产而预先支付的合同价款。通常情况下，企业为取得某项资产而支付预付款，在评价其经济利益时，并不会以该笔预付款是否成功地转化为其所购买的资产作为依据，而是会将其视为该项资产的一部分，分析该项资产的经济利益是否实现。例如，企业为购买存货或固定资产而支付一笔预付款，企业并不会以该笔预付款项已经结转为存货或固定资产就视为其经济利益已经实现，而是会关注该笔款项所购买的存货的出售或者耗用情况、所购买的固定资产的使用情况，从而判断该笔款项经济利益的实现情况。因此，在分析预付账款经济利益的预期实现方式时，预付账款经济利益的实现应该取决于其最终形成的资产的经济利益实现的时间及方式。

此外，从为报表使用者理解财务报表所传达的信息来看，正常情况下，为购买长期资产而支付的预付账款不可能在短期内变现，而是会转化为一项非流动资产，企业在未来较长的时期内使用该项非流动资产并从中获利。在这种情况下，如果将预付账款分类为流动资产，则很可能对报表使用者产生误导，使其对企业的流动性、短期偿债能力等做出错误的评价，进而影响报表使用者的经济决策。

因此，我们认为，为购建固定资产而预付的款项，日常会计核算时在“预付账款”科目中反映，在期末编制财务报表时，应分类为非流动资产，列示于其他非流动资产，并在附注中披露其性质。

公司应注重区分核算科目与报表列报的区别，原则上不管日常核算采用什么科目，在进行报表列报时，都应该按照《企业会计准则第30号——财务报表列报》中关于流动性与非流动性的划分原则进行判断，合理确定相关项目在报表中的列报方式。

二、增值税借方余额列报问题

1. 案例资料

A公司为上市公司。2×13年，A公司因扩建生产线而购买了大量机器设备，为此支付了可抵扣的增值税进项税额15 000万元，其中13 000万元未能在当年实现抵扣，而需要留待以后年度继续抵扣。根据A公司的年度财务预算，其在2×14年度实现的销售收入预计为1.5亿元，由此产生的增值税销项税额约为2 550万元。2×13年12月31日，A公司的待抵扣增值税进项税额导致“应交税费——应交增值税”科目出现借方余额。在编制2×13年度财务报表时，A公司将该应交增值税的借方余额直接包括在资产负债表中的“应交税费”项目，作为负债进行列报。

问题：待抵扣增值税进项税额导致的应交增值税借方余额的列报是否正确？

2. 案例讨论

本案例中，应该从以下两个层面分析该应交增值税借方余额的列报：

第一，应该以借方余额列示为负债（应交税费）的减项还是重分类列示为资产。对于应交增值税的借方余额如何列报，企业会计准则并未给出非常具体的指引，因此在会计实务中也一直存在两种观点：

一种观点认为，根据《企业会计准则——应用指南》附录，“应交税费”科目用于核算企业按照税法等规定计算应缴纳的各种税费（包括增值税），而该科目期末贷方余额反映企业尚未缴纳的税费；期末如为借方余额，反映企业多交或尚未抵扣的税费。此外，根据企业会计准则讲解，资产负债表中的“应交税费”项目应当根据“应交税费”总账科目的余额填列。因此，无论“应交税费”科目的期末余额是借方还是贷方，都直接在资产负债表中的“应交税费”项目列报。

另一种观点认为，根据《企业会计准则——基本准则》给出的资产和负债的定义，应交增值税的借方余额已经不再符合负债的定义，而符合资产的定义。因此，在资产负债表中应当重分类为一项资产，而不应当作为负债项目的抵减项进行列报。

我们更倾向于上述第二种观点。在考虑某一项目在资产负债表中列报为资产还是负债时，应当首先根据《企业会计准则——基本准则》中有关资产和负债的定义进行判断。

应交增值税的借方余额主要是由于累积的可抵扣的进项税额大于销项税额所致，尚未抵扣的进项税额可以在未来继续用于抵扣企业的销项税额。从资产的定义来看，尚未抵扣的进项税额是由于企业过去的交易或者事项形成的并由企业拥有或者控制，虽然其不能直接给企业带来现金流入，但是其未来可以减少企业的现金流出，因此也属于预期能够为企业带来经济利益的资源，符合资产的定义，在资产负债表中应当作为资产，而不应当作为负债项目的抵减项进行列报。

第二，如何判断其流动性分类。如前所述，根据《企业会计准则第30号——财务报表列报》第十三条的有关规定，应当从待抵扣增值税进项税额所包含的经济利益实现的方式和时间对其流动性进行分析。正如上文第一个问题中所论述的，对企业而言，待抵扣增值税进项税额为企业带来的经济利益在于其未来用于抵扣增值税销项税额时，减少企业支付增值税产生的经济利益的流出。因此，本案例中，A公司预计能够在2×14年用于抵扣的待抵扣增值税进项税额2 550万元应当在资产负债表中分类为流动资产，列示为“其他流动资产”项目，而其余的10 450万元，由于其经济利益不能在1年内实现，应当分类为非流动资产，列示为“非流动资产”项目。

会计论道与课程思政：

有效内控是财务报告完整性的基本保障

XQ股份公司对其重要的子公司MR的采购、费用支付、重大合同签批等重要内控流程无明确的授权审批额度和审批程序，因此生产经营各环节内控均存在不同程度的缺失。在信息披露方面，XQ股份公司称，MR公司加入中航贵飞工业联合体，在五个方面进行深度合作。为完成上述合同，MR公司自2018年3月28日起，陆续与相关公司签订系列合同，开展业务合作，合同金额共计约9 270.12万元。截至2019年12月31日，MR公司累计向上述相关公司预付账款6 334.38万元；2020年4月26日，MR公司与其中两家公司分别签订协议，终止此前一系列合同。2019年年末，MR公司对相关6 334.38万元预付账款全额计提坏账准备。XQ股份公司作为上市主体未披露上述框架协议阶段性进展及不再履行相关合同的情况；另外，公司2018年、2019年年度报告中未披露商誉减值测试过程中计算现金流量现值采用的折现率，预计未来五年销售收入增长率区间发生变化的原因。上述情形不符合《公开发行证券的公司信息披露编报规则第15号——财务报告的一般规定》第十九条的相关规定。

资料来源：证监会.关于对XQ股份公司采取责令改正措施的决定［EB/OL］.［2021-12-08］.http://www.csrc.gov.cn/xinjiang/c104370/c1609024/content.shtml.

课程思政问题：财务报告质量不仅取决于会计准则的约束，而且在很大程度上取决于公司治理和内控的有效性。

思考题

1.报告综合收益的必要性和面临的现实困境是什么？

2.我国企业会计准则中对合并财务报表的规定采用的是哪种理论依据？它有什么缺陷？

3.请结合上汽集团并购案例谈谈企业会计准则与企业行为之间的关系。

4.上汽集团并购案例中，上汽通用2010年重新纳入并表范围后的并表效果与2006年之前的并表效果有什么不同？

第七章

信息技术发展与BRL报告模式

学习目标

- 理解信息技术与财务报告变革之间的关系
- 了解XBRL的基本原理
- 了解XBRL的应用现状

第一节　信息技术与财务报告形式变革的关系[1]

会计史学家迈克尔·查特菲尔德说过，“会计主要是应一定时期的商业需要而发展的，并与经济的发展密切相关”。为了适应不同时代的社会经济的发展，财务报告形式也必须有相应的变革，因此，财务报告形式也是动态的和发展变化的。总体而言，驱动财务报告形式发展的因素来自企业自身、社会、成本、技术等多个方面。

首先，企业自身的因素。财务报告形式的产生和有效推广离不开各企业的自主参与。而企业所有者采用一种财务报告形式的动力无非是为了满足财务信息使用者的需要，为了树立声誉，为了筹集资金，为了持续经营。简而言之，财务报告形式受企业财务报告目标的驱动。

其次，会计职业团队等权威机构的介入因素。一种财务报告形式的最终确立，

① 田云. 信息技术条件下财务报告模式的研究［D］. 成都：西南财经大学出版社，2007.

离不开权威会计组织或政府的强制和推广。因为一种财务报告形式的潜在利益对于不同企业来说可能是不同的，对于一些企业可能弊大于利，而同时允许过多的财务报告形式共存，又会带来过高的转换成本。因此，为了使整个社会资源得到有效配置，权威机构有必要介入新财务报告形式的确立和推广。

再次，成本效益因素。推动一种新的财务报告形式，必然会带来新旧财务报告形式的替换成本，如相关技术设备的更新换代成本、人员培训成本以及新旧模式的衔接成本等。只有当一种模式所能带来的效益高于实现这种模式的转换成本时，这种模式才能为企业所广泛接受。

最后，技术因素。决定如何提供财务报告的重要环节就是技术条件。财务报告形式的演进，都是在一定的理论基础之后，寻求相应的技术来具体实现。一种新的财务报告形式在拥有社会需求之后，还需要具备两个方面的条件才能付诸实现：一是成本效益可行，二是技术上可行。

信息技术，一般认为就是获取、处理、传递、储存、使用信息的技术。从广义上讲，凡是与上述各方面相关的技术都可以称为信息技术。根据信息技术的不同应用领域，一般可将信息技术分为四类，即感测技术、通信技术、计算机技术和控制技术。计算机技术在信息技术中处于一个核心位置，信息采集、信息传递、信息控制都离不开计算机技术这一核心。信息技术的应用过程，即社会各领域的信息化过程，在这个过程中，传统的手工模式被电子化模式取代，信息技术不仅减轻了人类计算的工作量，也改变了人类数据存储和交换的模式，进而改变了人类的活动本身。

信息技术的发展逐步推动了财务报告形式的变革，传统财务报告形式以纸张为媒体，信息技术出现后，随着计算机存储技术的进步，磁盘与光盘逐渐成为财务报告的新载体。财务报告的传输也相应地转变为电子方式。数据载体和传输方式的转变，可以消除信息处理过程中的诸多分类环节，利用同一基础数据可以实现信息的多维重组。计算机网络的发展，又为财务报告带来了网络载体，减少了财务信息产生、传播和利用之间的时滞，使得生成、传输与利用之间的联系更加密切。信息技术使得财务报告的时效性更强、信息量更大、发布面更广，成本也大大降低。由于计算机处理的差错率低，严格按照程序进行数据处理，保证了财务信息质量的真实性、完整性、公开性和公允性，提高了信息披露的规范性，有利于遏制财务信息失真的现象，减少对信息的垄断、操纵，逐步消除了由信息披露不及时和信息不对称所造成的灰色现象。

第二节　XBRL的提出与基本应用框架[①]

一、XBRL的提出及其价值

1998年4月，美国注册会计师Charles Hoffman提出了XBRL的构想。XBRL是在XML（Extensible Markup Language，可扩展标识语言）的基础上发展起来的网络财务报告专用语言。我国深圳证券交易所对XBRL的解释为：XBRL是XML在财务报告信息交换方面的一种应用，是目前应用于非结构化信息处理，尤其是财务信息处理的最新技术。XBRL以XML方式表述商业报告内容，因而其能够直接为使用者或其他软件所读取，并被用于进一步的处理。XBRL可免费在全球范围内使用，并且促进商业信息在全球各类软件应用中的自动交换和可靠提取。经过多年的发展，XBRL已经成为世界性的主流选择，应用于金融监督、政府监管和企业内控等众多领域。

XBRL技术框架的核心是财务报告分类标准，分类标准制定的优劣，会直接影响XBRL推广和应用的效果。越来越多的国际组织、政府机构和公司开始重视分类标准的制定和应用，美国、中国、日本、澳大利亚、英国、荷兰等国家的相关政府部门相继发布了各自的分类标准，强制或鼓励企业报送XBRL格式的财务报告，因此，获得XBRL国际组织认可的分类标准日渐增多。全世界目前有7套分类标准获得XBRL国际组织最高级别的Approved认证，有31套获得稍低级别的Acknowledged认证。但是，不同的分类标准往往采用不同的架构模型，架构差异势必会影响XBRL的进一步推广和应用，这是与XBRL的初衷相违背的。2007年10月，国际会计准则理事会（International Accounting Standard Board，IASB）、美国证券交易委员会（U.S. Securities and Exchange Commission，SEC）和日本金融厅共同发起了“可互操作分类标准架构”项目，以实现三方分类标准的架构趋同。

二、应用的技术框架

XBRL的技术架构包括XBRL技术规范、分类标准和实例文档三部分，如图7-1所示。

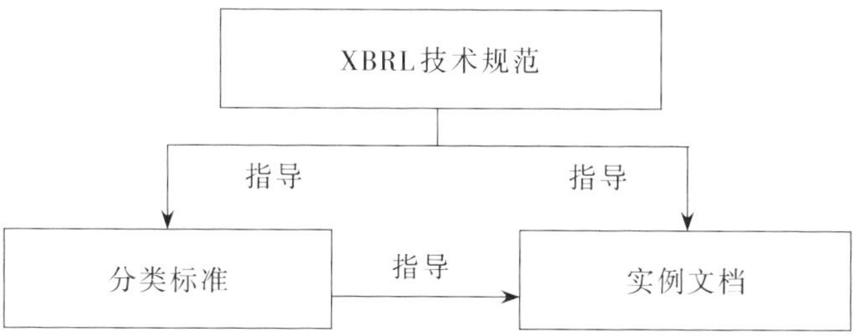

图7-1　应用的技术框架

① 应唯，王丁，黄敏，等．XBRL财务报告分类标准的架构模型研究［J］．会计研究，2013（8）：3-9.

XBRL技术规范定义了XBRL的工作机制和语法规则，以及如何根据相关业务标准制定相应的分类标准，是分类标准制定的基础，由XBRL国际组织负责制定和维护，要求分类标准和实例文档的制定者共同遵守使用。

分类标准是XBRL技术的核心部分，是不同国家、行业或机构根据XBRL技术规范、自身的会计准则、法律和监督条款等制定的，适用于本地区或本行业的会计概念和关系的集合，是XBRL的“业务字典”，也是生成和解读实例文档的基础。目前，分类标准的制定需要遵守的技术规范主要包括：XBRL2.1规范、财务报告分类标准架构1.5规范和维度1.0规范等技术规范及相关补充文件。

实例文档是企业财务报告的数据实体，由企业根据XBRL技术规范和分类标准制作而成，实例文档中每个事实数据都与分类标准中已定义的概念相对应，因此，脱离分类标准的独立实例文档是没有意义的。此外，各行业主管部门和企业可根据自身的实际需要和相关规定，对其所使用的分类标准进行扩展，并根据XBRL技术规范和扩展分类标准制作实例文档。

三、分类标准的物理架构

分类标准的物理架构是制定者为了加强分类标准的可读性和易用性，而采取的具体层级结构的文件组织方式。不同的物理架构会对扩展者和其他技术人员学习、使用和维护分类标准产生直接影响。根据分类标准的规模大小和层次级别不同，制定者应尽量采用易于目标用户阅读和使用的物理架构。分类标准的所有文件一般会置于一个根文件夹内，根文件夹的命名中应包含分类标准的名称和发布时间或版本。根文件夹下至少应包含元素声明文件夹和入口文件夹。元素声明文件夹定义分类标准的元素及其属性；入口文件夹是计算机访问相应可发现分类集的起点。可发现分类集是指从入口文件出发，解析过程中发现和引用的所有文件集合。如果分类标准需要使用维度技术，可以建立一个独立的维度文件夹，此文件夹中包含建立维度关系所需的所有文件，也可以根据需要，不设立单独的维度文件夹，而是将维度信息分散定义在元素声明文件夹和入口文件夹中。

分类标准在XBRL技术中有着极为重要的作用，因此，具有良好针对性和稳定性的分类标准，将对XBRL技术的推广和应用产生积极的影响。如果分类标准的物理架构具有很强的针对性，能够最大限度地满足制定机构的实际需求，那么在发布新版本和进行扩展时，修改原始物理架构的可能性就会降到最低，从而保证分类标准的稳定性。一般在分类标准制定的前期，就需要确定其架构模型，但是，目前世界上对于分类标准的架构模型没有一个统一的分类和使用建议。因此，如何在分类标准制定的前期，选择一个具有较强针对性的架构模型，以保证分类标准的稳定性，已经成为所有分类标准制定者共同面临的一个难题。

国际上典型分类标准的物理架构有四类：基于会计准则的架构、基于行业领域的架构、基于报告模板的架构和基于技术规范的架构。图7-2就是基于会计准则的一种物理架构。

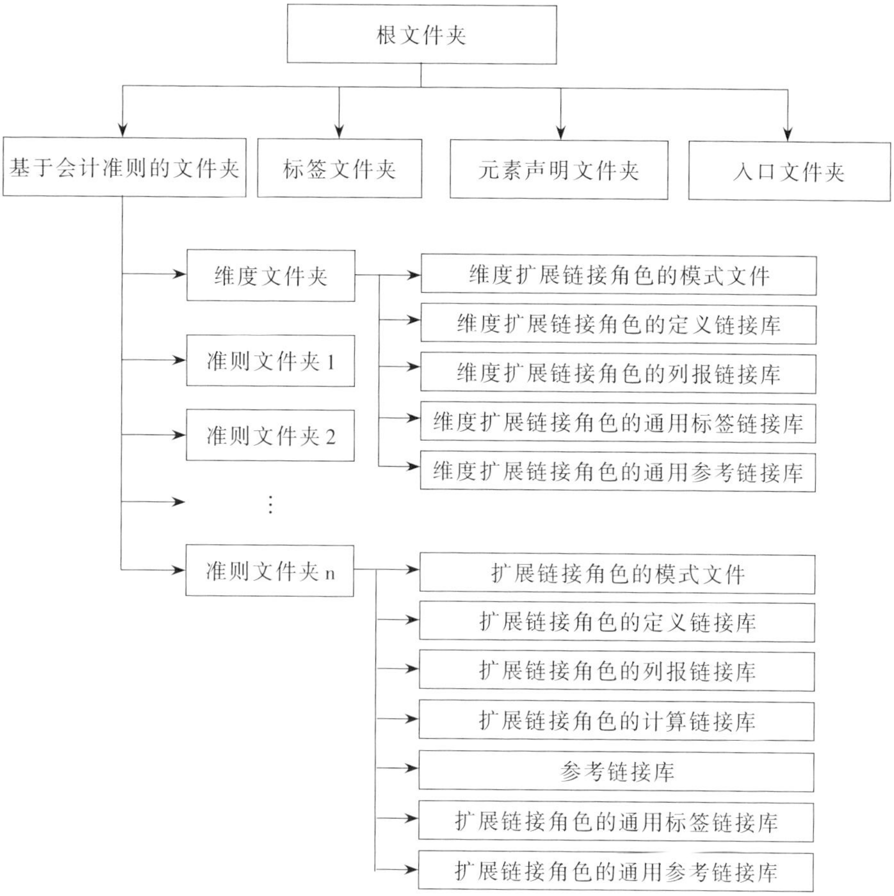

图7-2　分类标准的物理架构（基于会计准则）

第三节　XBRL应用现状[①]

一、国外应用情况

随着2008年5月30日美国证券交易委员会（SEC）发布消息，要求上市公司在未来3年内在公司网站和SEC提交基于XBRL格式的财务报告，世界各国全面加速了XBRL财务报告的推广。加拿大证券交易委员会在2007年1月19日推出了XBRL自愿报送计划；英国从2010年开始强制公司报送基于XBRL格式的纳税文件；日本东京证券交易所从2006年开始引入XBRL报送系统，到2008年第二季度，日本

① 赵现明．XBRL技术下的企业财务报告——研究综述及启示［J］．经济与管理研究，2012（2）：120-128．
封海燕，贾博，秦翔．我国上交所和深交所XBRL财务报告应用的比较研究［J］．会计之友，2014（22）．

已经强制要求所有的上市公司报送XBRL格式的年报文件；韩国在2007年10月推出了XBRL自愿报送计划。

二、我国应用情况

中国证监会从2002年5月开始按照《上市公司信息披露电子化规范》的标准制定相关工作，于2004年1月依据国际最新的XBRL2.1规范和财务报告分类标准架构（FRTA）的相关规定，确定了XBRL的技术规范。2005年6月，中国证监会正式颁布《上市公司信息披露电子化规范》和《证券交易数据交换协议》等8项标准。2010年3月，XBRL中国地区组织向XBRL国际组织申请成为XBRL国际组织的正式国家地区成员。自2011年起，财政部组织开展了通用分类标准实施工作。参与实施的企业采用XBRL编制并向财政部报送年度财务报告。截至2013年底，实施范围涵盖18家银行（包括上市银行）、13家中央国有大型企业、5家保险公司以及34个省、自治区、直辖市、计划单列市的169家地方大型企业。截至目前，我国有上海证券交易所和深圳证券交易所成为XBRL国际组织的直接会员，是我国全面推动XBRL发展的主要力量。

以上海证券交易所（以下简称上交所）为例，2003年10月，上交所成立XBRL联合工作小组，开始XBRL的理论研究和应用探索，选定原宝钢集团、上汽集团等50家上海本地上市公司进行XBRL年报摘要应用试点工作，成功地将XBRL应用于上市公司2003年年报摘要、2004年第一季度报告、2004年半年报摘要、2004年年报摘要和年报全文披露。2005年，上交所开通了XBRL查询及XBRL实例文档下载的网站。2006年，由上交所自主开发的中国基金信息分类获得XBRL国际组织认证。2008年，上交所要求沪市上市公司在披露2008年年报时，提交一份常规PDF格式年报的同时，必须提交一份XBRL格式的年报全文。目前，上交所XBRL财务报告应用情况是，上交所自主研发的3个XBRL分类标准已获得XBRL国际组织的认可，处于国际领先地位。证券投资者及财务信息使用者可以在上交所的网站直接了解XBRL格式的上市公司的基本情况、会计数据和业务数据、公司治理结构、监事会报告、财务报告明细数据等，而且还可以直接从上交所的网站下载查看上市公司PDF版本的公告，分析历史数据和同行业不同公司的数据比较。目前，上海证券交易所主要有上市公司、基金及金融类三个不同类别的XBRL分类标准，如图7-3所示。

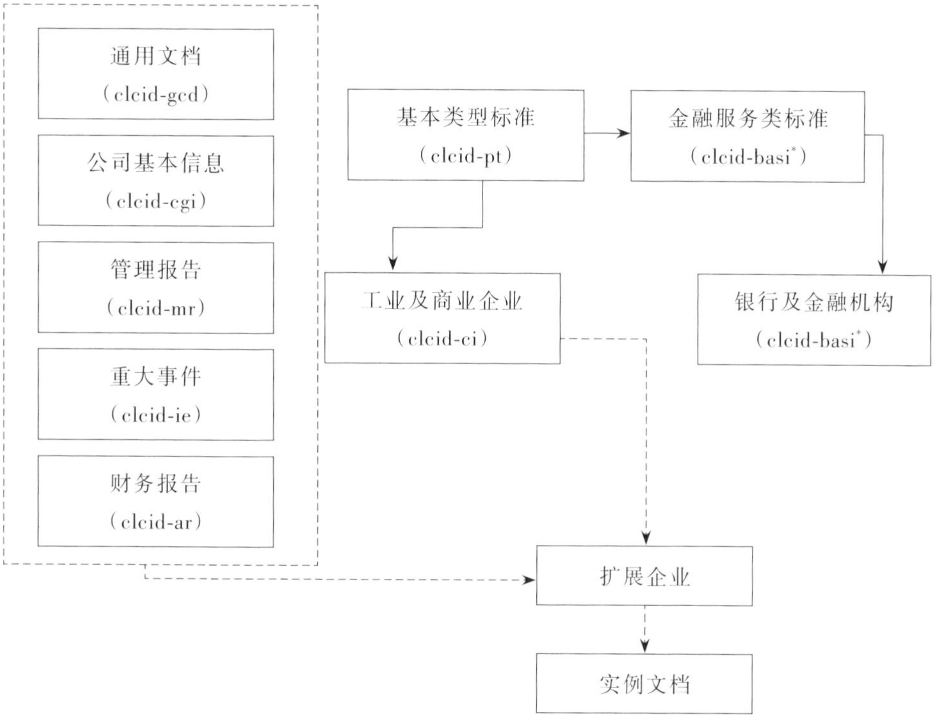

图7-3　上交所XBRL分类标准框架

资料来源：根据XBRL中国（www.xbrl-cn.org）整理而得。

第四节　XBRL对现行会计理论的挑战①

一、凸显了现行会计理论的一些缺陷

在信息技术加深应用的背景下，现行会计理论体系在传统方式下可以接受的一些缺陷逐渐变得凸显，为信息使用者所诟病。例如：

（一）不能解决利益相关者在信息需求上的差异性

财务报告用户都是企业利益相关者，财务报告需要为他们提供对投资决策有用的信息和管理层受托责任履行情况的信息，但是承载企业财务信息的财务报告，其可容纳的财务信息量是有限的，只能将用户共同需要的一般性的信息置于其中。所谓共同需要的一般性的信息，实际上是对用户按重要性排序，排序在前的用户的需要构成了共同需要的大部分内容，由此而构建了通用财务报告的概念。例如，美国财务会计概念公告认为用户按重要性排序可以分为：投资者和潜在投资者、贷款者

① 张天西．网络财务报告：XBRL标准的理论基础研究［J］．会计研究，2006（9）．
赵现明．XBRL技术下的企业财务报告——研究综述及启示［J］．经济与管理研究，2012（2）：120-128．

和潜在贷款者、管理层、董事、顾客、职工、财务分析和咨询人员、经纪人、证券承揽人、证券交易所、律师、税务机关、管辖机构、立法者、工会等。国际会计准则理事会和我国财政部发布的基本准则也都对用户进行了排序。随着环境的不断演变，出现了一些新的情况，通用财务报告信息的局限性不断地暴露出来。利益相关者概念的提出，实际上将用户获取财务信息的权力放到了基本同等的地位，财务报告只为重要客户服务的理念开始受到质疑；而且，由于不同利益相关者具有利益冲突性，通用信息实际上把不同利益集团和不同利益层次对财务信息的需求平均化了，这种平均化的信息是不可能满足利益相关者需要的；利益相关者对所需信息的质量要求越来越高，对财务报告提供的信息越来越不满，管理当局通过不断制定规则来扩充财务报告信息以满足这种诉求，但是需求总是大于供给，各国财务报告的改进跟不上需求的提高，反而招致越来越多的批评。XBRL技术的发展已经可以满足多种编报目的的需要，甚至可以编制自定义财务报告。互联网的普及与完善，也使财务报告信息的网络传输和使用成本大大降低，应该说，提供差异性财务报告的条件已经具备。但是，由于受到通用财务报告理论的局限，自定义财务报告无法取得有意义的进展，这方面的研究也远远落后于实际需要。

（二）不能满足用户对企业所披露信息的验证需求

一方面，当今时代，企业集团这类企业形式明显增多，传统企业边界变得模糊，集团内企业出现很多“不规则交易”和“不透明交易”，企业收益真实性的风险增加，信息使用者希望能自主对企业报告的信息进行验证；另一方面，验证技术和估值模型不断发展，思路不断增多，在有效数据支撑下，能够起到良好的信息验证作用，但受到通用报告模式的局限，很多分析工具无法取得必要的数据，从而不能产生应有的效果。XBRL带给用户的最大便利是可以利用工具进行财务信息的分析和计算，如果财务报告不能提供更多的有用数据，工具本身也就失去了意义。

（三）缺乏对财务信息微观世界的细化定义

现行会计理论将财务报告信息类别归纳为财务状况、经营成果、现金流量、管理方面责任等，总体上讲是一种综合性信息，其由各种原始信息组合而成，是一种概括性信息。实际上，现有用户不仅需要了解企业的综合性信息，还需要了解构成综合性信息的基本元素有哪些、这些元素是通过什么样的方式和程序进行组合的、是否还有其他的组合方法等。另外，财务报告提供的综合性信息大部分是经过人为加工而成的，具有很多的判断和假设，报告的结论往往具有一定的主观成分，只有分析构成信息类别的原始元素，才可以把握信息类别的性质，并对信息的可靠性加以确认。

二、对审计方法的挑战

XBRL的应用还带来了另一个新的问题，即如何保证电子形式的XBRL报告中的数据是可靠的，这就需要对XBRL数据进行审计。而对XBRL数据的审计要求必然导致对传统审计程序、管理层责任和法律责任的重新界定。为了给审计师一定的指导，美国上市公司会计监督委员会于2005年发布了《关于XBRL格式财务报告的问题与回答》，就XBRL数据的审计提出了指导性意见，鼓励自愿报送的公司对数据进行第三方鉴证，审计报告要说明XBRL数据是否精确地反映了相对应的SEC要求披露的EDGAR文件。同年，美国上市公司会计监督委员会发布了补充文件，明确了XBRL数据审计的重要性。当年只有美国科技公司运用了美国上市公司会计监督委员会提出的标准，提供了审计师出具审计意见的XBRL数据。

传统审计中，审计师依赖通用会计准则作为标准评价管理者出具的财务报告，最终给出审计意见。然而，这一方法不能完全适用于XBRL数据的审计。对于用何种审计方法和手段提供XBRL数据可靠性的审计报告，审计师还没有明确的标准。目前，SEC仅仅要求XBRL数据真实、全面地反映传统的财务报告中的所有信息，而对于XBRL文件中分类标准、实例文档的审计，SEC并没有给出具体的标准。XBRL国际组织的认定工作组指出，对于XBRL数据的审计，传统的会计准则不能提供足够的指导；相关的技术标准，如XBRL技术规范和基于会计准则的分类标准，可以为XBRL数据审计过程中采用的标准提供一定的基础，但是在XBRL数据的生成过程中还有许多概念和实际问题需要解决，包括数据层面的重要性水平、数据错误的认定等。XBRL国际组织的认定工作组研究发现，目前各国的XBRL报告都是在传统财务报告模式的基础上将其转换成XBRL格式文件，并且将这两种类型的文件同时呈报给内部和外部使用者。因此，可以认为目前阶段的审计重点还是如何真实、完整地将传统格式报告转化为XBRL格式报告。在可预见的将来，XBRL格式的报告将作为基本的报告形式对外呈报，而传统格式的报告将成为基于XBRL格式报告的一种副产品，在这样的情况下，我们就更加需要特别的程序确认XBRL格式报告的真实性和有效性。

在未来，对于XBRL格式报告的审计，至少在以下几个方面与传统报告下的审计不同，需要重新定义，包括：审计目标和通用审计准则、审计计划、对会计实体和实体环境的理解以及重要性水平和错误呈报的理解、审计的重要性、对应所评估风险的审计程序、审计证据等。

会计论道与课程思政：

信息技术变革与人的全面自由发展

对于互联网来说，我们虽然是后来者，接入国际互联网只有20多年，但我们正确处理安全和发展、开放和自主、管理和服务的关系，推动互联网的发展取得了令人瞩目的成绩。目前，互联网越来越成为人们学习、工作、生活的新空间，越来越成为获取公共服务的新平台。以哲学的视角来看，互联网技术的变革正在有力推动着“人的全面自由发展”这一马克思主义最高命题在未来的最终实现。“人的全面自由发展”意味着在生产力高度发达的情况下，人的发展能够实现

"两个摆脱"与"两个走向"，即摆脱私有制的束缚走向"人的解放"与摆脱旧式分工的束缚走向全方位发展。互联网在20世纪的诞生及其在21世纪的快速变革，为"两个摆脱"与"两个走向"提供了重要的物质条件，因为互联网技术变革将促进生产关系进步，互联网技术变革有利于知识文化传播，基于互联网平台、共享式的学习方式，让知识的传播变得简易化和大众化，逐渐消弭因贫富差距带来的"知识鸿沟"。人们只需拥有能够接入互联网的终端设备，便可如同置身"象牙塔"，共享并学习到一流的科学文化知识。

资料来源：人民论坛理论研究中心.互联网技术变革下人的全面自由发展[EB/OL].[2016-07-26].http://theory.people.com.cn/n1/2016/0726/c40531-28584657.html.

课程思政问题：新一代信息技术在会计领域的不断加速运用，也将促进会计人员的全面自由发展，使会计人员能够学习更全面的知识，能够从繁重的重复性工作中解放出来，更多地从事管理和决策支持的工作。

思考题

1.XBRL报告模式相对于传统报告模式能够给信息使用者带来哪些好处？

2.请谈谈在我国应用XBRL所面临的主要阻力。